注册国际投资分析师考试指定用书（2024）

衍生产品估值与分析

国际投资专业人士学习平台
瑞士投资专业人士培训中心　编著
中 国 证 券 业 协 会

中 国 证 券 业 协 会　编译

中国财经出版传媒集团
中国财政经济出版社
北京

图书在版编目（CIP）数据

衍生产品估值与分析／国际投资专业人士学习平台，瑞士投资专业人士培训中心，中国证券业协会编著；中国证券业协会编译．－－北京：中国财政经济出版社，2024．7

注册国际投资分析师考试指定用书．2024

ISBN 978－7－5223－2753－2

Ⅰ．①衍… Ⅱ．①国… ②瑞… ③中… Ⅲ．①金融衍生产品－估价－资格考试－教材 ②金融衍生产品－投资分析－资格考试－教材 Ⅳ．①F830．95

中国国家版本馆 CIP 数据核字（2024）第 034705 号

责任编辑：马　真　　　　　　责任校对：胡永立

封面设计：中通世奥　　　　　　责任印制：党　辉

衍生产品估值与分析

YANSHENG CHANPIN GUZHI YU FENXI

中国财政经济出版社 出版

URL：http：//www.cfeph.cn

E－mail：cfeph@cfeph.cn

（版权所有　翻印必究）

社址：北京市海淀区阜成路甲 28 号　邮政编码：100142

营销中心电话：010－88191522

天猫网店：中国财政经济出版社旗舰店

网址：https：//zgczjjcbs.tmall.com

北京鑫海金澳胶印有限公司印刷　各地新华书店经销

成品尺寸：185mm×260mm　16 开　18.25 印张　282 000 字

2024 年 7 月第 1 版　2024 年 7 月北京第 1 次印刷

定价：56.00 元

ISBN 978－7－5223－2753－2

（图书出现印装问题，本社负责调换，电话：010－88190548）

本社质量投诉电话：010－88190744

打击盗版举报热线：010－88191661　　QQ：2242791300

前　　言

注册国际投资分析师（CIIA）考试由注册国际投资分析师协会（Association of Certified International Investment Analyst，ACIIA）主办。ACIIA是由欧洲金融分析师联合会、亚洲证券分析师联合会以及欧洲、亚洲、大洋洲和拉丁美洲的近30个国家和地区的投资分析师组织，于2000年6月联合成立的国际性专业机构，其宗旨是推行投资分析领域的国际标准。CIIA考试涵盖了投资分析师应当掌握并熟练运用的各类专业知识，其专业水准得到了注册国际投资分析师协会各成员国家和地区，以及部分其他专业组织的广泛认可，通过CIIA考试是具有在不同国家或地区从事金融服务业工作能力的重要标志之一。

中国证券业协会于2001年成为ACIIA的会员，此后开始推动引入CIIA考试，并于2006年3月11日在我国组织了首次CIIA考试。CIIA考试作为我国证券行业多层次人才教育培训体系的重要组成部分，对促进证券行业专业人员提升专业素养和国际视野，积极服务资本市场高水平制度型开放具有积极意义。同时，CIIA考试充分尊重不同国家或地区的投资分析专业人员学习和工作的法律环境和语言环境，允许使用中文参加考试，非常适合我国从事投资分析、财富管理、企业融资以及投资银行等工作，特别是需要在不同国家和地区工作的专业人士报考。截至2024年6月，我国境内共有2288人通过了CIIA考试。

近期，注册国际投资分析师协会发布了2024版注册国际投资分析师考试教材，新版英文教材在逻辑结构和层次上重新进行了梳理，更新了部分内容，主要包括：一是各本教材中局部内容调整。根据理论知识和市场实践发展，更新各本教材的局部内容，如《公司财务》中增加租赁相关内容，《衍生产品估值与分析》中增加多种期货合约、套期保值的介绍，更新期权定价模型、套利关系的内容，细化信用衍生品的介绍等。二是新编《投资组合管理》，增加现代投资组合理论、有效市场假说与行为金融、多因子模型和因子投资、客户目标及投资策略、资产负债管理、国际投资、可持续投资、绩效度量与评价、投资经理的选择、股票投资组合管理、交易所交易基金、另类投资、金融科技和数据分析等内容，重新梳理了章节构成。三是优化逻辑、体例，考虑教材内容体系庞大，各本教材对部分章节知识的排布顺序进行了调整，使内容由浅入深、循序渐进，增强逻辑性，重新编排了章、节、小节、知识点编号。四是更新了数据、案例，增加了一些新的企业经营案例、年报分析案例等，更新了各类图表、案例中的数据，时间信息与近期市场进程同步。

为便于报考人员学习、掌握相关知识体系，中国证券业协会组织专家对英文原版教材进行了翻译。在历时数月的2024版《注册国际投资分析师考试指定用书》翻译工作中，专家们对整套7本教材逐字逐句研读、斟酌、修订，力求信、达、雅，但由于编译工作浩繁，时间紧张，书中难免有所疏漏、不足甚至错误之处，恳请读者批评指正。

如有任何意见和建议，欢迎发送邮件至 zybzb@sac.net.cn。

中国证券业协会

2024年7月

目 录

第1章 衍生产品导论 ……………………………………………………… 1

第2章 远期和期货市场 …………………………………………………… 4

  2.1 引言 ………………………………………………………………… 4
  2.2 远期和期货合约的基本特征 ……………………………………… 5
  2.3 期货市场的交易机制 ……………………………………………… 8
      2.3.1 多头与空头 …………………………………………………… 8
      2.3.2 到期日的收益和损失 ………………………………………… 8
      2.3.3 平仓 …………………………………………………………… 10
      2.3.4 交割程序 ……………………………………………………… 11
      2.3.5 期货合约的盯市 ……………………………………………… 12
      2.3.6 杠杆效应 ……………………………………………………… 15
      2.3.7 期货报价 ……………………………………………………… 16
      2.3.8 世界主要期货市场 …………………………………………… 18
  2.4 期货估值和分析 …………………………………………………… 21
      2.4.1 基差 …………………………………………………………… 21
      2.4.2 期货的理论价格 ……………………………………………… 23
  2.5 各种期货合约实例 ………………………………………………… 32
      2.5.1 股票期货 ……………………………………………………… 32
      2.5.2 外汇期货 ……………………………………………………… 40
      2.5.3 商品期货 ……………………………………………………… 50
      2.5.4 利率期货 ……………………………………………………… 56
      2.5.5 其他期货合约 ………………………………………………… 76
      2.5.6 进一步的考虑 ………………………………………………… 77

2.6 运用期货的套期保值策略简介 ········· 82
2.6.1 套期保值比率 ········· 83
2.6.2 完全套期保值 ········· 84
2.6.3 基差风险与相关性风险 ········· 84
2.6.4 最小方差套保值比率 ········· 86
2.6.5 使用多个期货合约的套期保值 ········· 91
2.6.6 套期保值例子 ········· 91
2.6.7 运用期货进行套期保值相关问题的简要回答 ········· 93

第3章 期权市场 ········· 95

3.1 引言 ········· 95
3.2 期权合约的定义和基本特征 ········· 96
3.2.1 期权的主要特征 ········· 96
3.2.2 看涨期权和看跌期权 ········· 99
3.2.3 看涨和看跌期权与远期和期货合约的对比 ········· 104
3.2.4 股票期权的例子 ········· 106
3.3 基本的期权策略* ········· 109
3.3.1 价差策略* ········· 109
3.3.2 宽跨式（Strangle）和跨式（Straddles）期权* ········· 112
3.4 套利关系 ········· 116
3.4.1 引言：无套利原则 ········· 116
3.4.2 到期日的期权价值 ········· 117
3.4.3 一般套利关系 ········· 117
3.4.4 基本关系：看跌－看涨平价关系 ········· 125
3.5 B&S期权定价模型 ········· 129
3.5.1 风险中性定价 ········· 130
3.5.2 无红利的股票欧式期权定价 ········· 130
3.5.3 支付已知红利的股票欧式期权定价 ········· 135
3.5.4 美式期权 ········· 137
3.5.5 B－S模型的局限性 ········· 137

3.6 期权价格的敏感性分析 …………………………………………………… 138
　3.6.1 德尔塔（Delta） …………………………………………………… 139
　3.6.2 伽马（Gamma） …………………………………………………… 142
　3.6.3 拉姆达/欧米茄（Lambda/Omega） ……………………………… 149
　3.6.4 西塔（Theta） ……………………………………………………… 150
　3.6.5 柔（Rho） …………………………………………………………… 151
　3.6.6 维伽（Vega） ………………………………………………………… 152
3.7 波动率和相关主题* ………………………………………………………… 153
　3.7.1 利用历史数据估计波动率* ………………………………………… 153
　3.7.2 隐含波动率和波动率微笑 ………………………………………… 154
　3.7.3 波动率指数（VIX） ………………………………………………… 157
3.8 其他标的资产的期权 ……………………………………………………… 159
　3.8.1 股指期权 …………………………………………………………… 159
　3.8.2 期货期权 …………………………………………………………… 164
　3.8.3 认股权证 …………………………………………………………… 168
　3.8.4 外汇期权 …………………………………………………………… 170
　3.8.5 利率上限，利率下限和利率双限 ………………………………… 173
3.9 奇异期权* …………………………………………………………………… 177
　3.9.1 路径独立期权* ……………………………………………………… 177
　3.9.2 路径依赖期权* ……………………………………………………… 182
　3.9.3 运用数值方法对奇异期权定价* …………………………………… 185
3.10 附录：二叉树定价模型 …………………………………………………… 186
　3.10.1 一期二叉树模型 …………………………………………………… 186
　3.10.2 多期二叉树模型 …………………………………………………… 191
　3.10.3 美式看涨期权和看跌期权 ………………………………………… 197
　3.10.4 二叉树模型的极限情况 …………………………………………… 199

第4章 互换和信用衍生品*

4.1 引言* ………………………………………………………………………… 202
4.2 互换* ………………………………………………………………………… 202

4.2.1 定义和特征* …… 203
4.2.2 互换运用策略* …… 214
4.2.3 互换的定价与价值* …… 222
4.2.4 其他类型的互换* …… 226
4.3 信用衍生品* …… 230
4.3.1 信用衍生品市场的机制* …… 230
4.3.2 市场参与者* …… 232
4.3.3 制度框架* …… 234
4.3.4 信用违约互换（CDS）* …… 236
4.3.5 信用联结票据* …… 247
4.3.6 其他信用违约互换产品* …… 250
4.3.7 信用违约互换的利差波动* …… 251
4.3.8 信用衍生品：信用违约的互换估值* …… 252
4.3.9 信用衍生品的作用* …… 257
4.3.10 2008年金融危机的后果* …… 259

习题：问题 …… 262
习题：解答 …… 270
后记 …… 283

第1章 衍生产品导论

衍生工具是一种其市场价值会随着某标的资产的价格变动而变动的金融合约。标的资产可以是商品、货币、债券、股票、指数等。大多数时候，衍生产品的形式是买卖双方现在达成协议，内容涉及在未来某个时点上以事先约定的价格所可能发生的标的资产交易。"衍生"一词表示衍生工具的价值完全是从标的资产的价值中推导衍生出来的。

衍生工具不是新生事物，它们已经存在了很多年。根据期货业协会（Futures Industry Association）的资料，目前人们所知的最早的衍生产品交易可以追溯到公元前 2000 年。那时，阿拉伯湾的商人对出口到印度的货物进行寄售交易。对最早的期权合约和市场操纵企图的描述可以在亚里士多德所著的《政治学》①的第 9 章中找到。农产品期货市场于 19 世纪中叶起源于芝加哥，为商人和生产者提供了一种在农产品运达目的地之前对其价格进行套期保值的途径。然而直到 20 世纪 70 年代初，随着在 1944 年布雷顿森林会议中建立的、由国际货币基金组织所维持的固定汇率制的瓦解，衍生产品才迎来了转折点。货币汇率开始自由浮动，因而增加了外汇套保和投机的需求。不久以后，有通胀性质的石油价格冲击和失控的利率波动更助长了对衍生工具的需求。

如今，衍生品市场的规模非常巨大。国际清算银行 2017 年 12 月搜集的数据显示，以未平仓的名义金额计算，全球衍生品市场达到了 612 万亿美元②。投资专家和金融工程师不断地创造出复杂的新型金融衍生产品。然而，对于这些最新产品中的大多数，我们仍然能够从以下三个方面进行分析：

---

① 米利都（Milerus）贫困潦倒的哲学家泰利斯（Thales）擅长预测，他预言秋季时橄榄将会大丰收。他对自己的预测很自信，于是与当地的橄榄压榨行业业主签订协议，将很少的一笔钱存放在业主那里，以换取在丰收时对橄榄压榨池的专用权。

② 由于这些类别的覆盖范围是不完整的，如果国际清算银行排除交易所交易权证和商品衍生工具的统计数据，这个数目肯定更大。

- 交易地点（Market Place）：可分为场外交易（OTC）和在衍生品交易所内进行的交易（完全标准化的合约）两种。根据国际清算银行的数据，在未平仓合约的名义总金额中，只有13.2%是在场内进行交易的。
- 标的资产类型（Type of Their Underlying Asset）：可以是金融工具、实物资产，或者是更为广泛的任何可以度量的风险因素（如温度、运费等）。
- 衍生产品类型（Type of Product）：四种主要的基础类型是远期、期货、期权和互换。它们在与标的资产价格的挂钩方式和期初期末的收益有所不同。

为了理解金融衍生品市场的巨大成功，我们需要记住金融市场上的风险不是按照市场参与者的意愿进行分布的。衍生品的主要优点就是为投资者提供了风险转移的工具，将风险从不愿承担风险的投资人转移给其他愿意承担风险的市场参与者。这促进了风险的分散化，提高了市场效率，也吸引了新的市场参与者。

如今，衍生工具的使用者主要有：
- 抵御市场不利方向变动的套期保值者。
- 在未来市场的预期变动上下赌注的投机者。
- 利用市场的不完备性赚取无风险收益的套利者。
- 创造新的金融工具的金融工程师。

下文将对这些功能进行详细阐述。

按风险类别和工具类型分类的场外交易和未平仓衍生品金额分别见表1-1和表1-2。

表1-1　　　　按风险类别和工具类型分类的场外交易金额　　（单位：10亿美元）

	1998年二季度	2010年二季度	2017年二季度
所有合约	80 277	601 043	531 912
外汇合约	21 713	67 913	87 117
远期和外汇互换	14 858	34 943	50 847
货币互换	2 672	21 895	25 535
期权	4 159	11 075	10 679
其他	24	1	56
利率合约	56 395	492 347	426 649
远期利率协议	7 375	55 493	68 334
利率互换	40 246	385 041	318 871

续表

	1998年二季度	2010年二季度	2017年二季度
期权	8 743	51 810	39 112
其他	31	4	332
权益关联合约	1 563	6 262	6 570
远期和互换	175	1 932	3 210
期权	1 388	4 330	3 360
商品合约	474	3 357	1 862
黄金	220	656	520
其他贵金属	53	131	53
其他商品	201	2 570	1 288
信用衍生产品	120	31 089	9 577
信用违约互换	…	30 718	9 354
单名工具 Single-name instruments	…	18 585	4 570
多名工具	…	12 134	4 784
指数产品 Index products	…	7 476	4 441
其他衍生产品	11	74	137

表1-2　　按风险类别和工具类型分类的未平仓衍生品金额　　（单位：10亿美元）

	1998年12月	2010年12月	2017年12月
期货	8 072	21 249	33 669
利率	8 040	21 077	33 381
外汇	32	172	289
期权	4 669	41 062	47 315
利率	4 621	40 917	47 191
外汇	49	144	124

数据来源：国际清算银行。

第 2 章　远期和期货市场

2.1　引言

让我们以一家航空公司今天销售 1 年后到期的航班机票为例。毋庸置疑，机票必须以至少涵盖航班运营成本的价格出售，其中的一项成本是航空燃油。今天，航空燃油价格为每桶 88 美元。如果从现在起 6 个月后价格上涨至每桶 120 美元，并在接下来的 6 个月内保持在该价格附近，那么会发生什么呢？机票已经售出，航班必须运营。在该示例中，航空公司面临价格风险，可能希望通过今天锁定购买航空燃油的价格来尽可能消除或减轻其影响。航空公司可以通过购买航空燃油远期合同来实现这一目标。

另一个例子是一家金矿公司计划开始在阿根廷的一个新露天矿中开采黄金。目前的黄金价格为每盎司 1 250 美元。该公司需要进行巨额初始投资来建设矿山并开始生产黄金。尽管以目前的金价来看，该项目非常有利可图，但显然，该公司担心未来几年金价会下跌。在不利的情况下，已经进行初始投资的黄金开采公司将不得不以低得多的价格出售其黄金产品，并且可能会蒙受损失。在这种情况下，公司可能希望通过出售期货或远期合约来锁定从其矿山中提取的贵金属的价格。

远期（Forward）和期货（Futures）合约由来已久。1637 年前后的荷兰郁金香狂热事件就源于郁金香远期的交易，而最早的期货合约大概可以追溯到 1650 年前后日本大阪的淀屋（Yodoya）大米交易市场。但是随着芝加哥逐渐成为美国中西部谷物的主要存储、销售和配给中心，远期和期货市场的组织结构开始在美国形成。最初，这些远期和期货市场是为了帮助农作物生产者和消费者管理其每年在粮食收获、销售和加工时所面临的价格风险。随着 1848 年芝加哥交易所的创立，合约逐步标准化，并很快受到商人和食品加工者的青睐。自此，期货市场和现货市场（Spot Market）一起开始蓬勃发展。目前，我们可以找到各种资产类别的期货和远期合约：股票、股指、债券和短期利率、大宗商品、货币、房地产或更奇异的资产，例如，波动率指数、加密货币，甚至天气。

2.2 远期和期货合约的基本特征

市场交易流程分为三步：交易、清算和交割。在现货交易中，三个步骤之间的时间间隔非常短，也可以称为"即时发生"。具体来说，这意味着以协议价格进行的支付和以标的资产进行的交割是即时发生的，或者在交易日后的几天之内发生。相反，在远期或期货交易中，交易和清算是即刻进行的，但交割却是在事先约定的将来的某个日期进行的。也就是说，在交易时没有钱货易手，协议价格的支付和标的资产的交割要在未来进行。

远期合约是交易双方私下签订的一种协议，根据合约规定，一方（卖方）将在未来某一指定的交割日（到期日，或称交割日），按约定数量或金额（合约规模）和协议价格［远期价格（Forward Price）］向对方（买方）交割相应资产［称为标的资产（Underlying Asset），如股票、商品、外汇、债券等］。合同是私下签订的，在双方同意的情况下，合同的条款可以根据特定的需求来设计。

【例2-1】某农场主今天（$t=0$ 时刻）同意3个月后以380美元/吨的单价卖给食品加工厂10吨小麦，货款支付和货物交割都将在3个月后进行。该远期合约可防止未来可能的价格波动带来的损失，从而保护了交易双方的利益。远期合约是私下签订的，而不是在有组织的市场或交易所中进行的。

在远期交易中，合约签订之时通常没有现金转移。从某种意义上说，远期合约只是承诺在未来进行交易。尽管双方在订立合同时已约定所有的条款，但是资产交割和支付的义务却要在未来履行。因此，远期合约有交易对手风险（Counterparty Risk），即当价格发生波动时，其中的任何一方会有宣布破产的动机，可能确实是其无法承担损失，也可能是由于宣布破产对其更具有吸引力（尽管这样做不合乎道德）。因此，远期合约的履行要求所有参与者都采取合规的行为，远期交易只产生于具有同等信用风险的互信双方之间，影响了远期市场的流动性。为了更有效地解决交易对手风险，下面介绍期货合约。

期货合约是双方之间订立的标准化合约（Standardized Contract），合约一方（卖方）同意在未来某一时刻［到期日（Marturity Date）或交割日（Delivery Date）］，按双方商定的协议价格［期货价格（Future Price）］向对方（买方）交割固定数量或金额（合约规模）的资产（标的资产）。

【例2-2】以货币期货合约为例，6月，交易双方按1.2000的价格成交了一张芝加哥商品交易所9月到期的欧元/美元期货合约。这句话如何理解？

根据芝加哥商品交易所的规定，该期货合约卖方需要于9月第三个星期三之前的两个交易日向期货合约买方支付125 000欧元，并按约定价格收取150 000美元对价（1.2000×125 000）。

与远期合约不同的是，期货合约的所有条款都是由交易所设定的标准化条款，而不是由市场参与者或某些交易商确定的。这些条款包括每张合约包含的数量、交割日期、交割程序（Delivery Procedures）以及对货物品质的规定。

【例2-3】美国洲际交易所（Intercontinental Exchange，ICE）的子公司纽约棉花交易所提供冷冻浓缩橘汁的期货合约。期货合约的基本条款如表2-1所示。

表2-1　　　　纽约棉花交易所冷冻浓缩橘汁期货合约的基本条款

交易屏幕名称	FCOJ-A期货
交易代码	OJ
交易单位	15 000磅橘汁冷冻体（允许误差3%）
交易时间	上午10:00至下午1:30（纽约时间）
报价单位	以美分和1/100美分为单位进行报价
交易月份	1月、3月、5月、7月、9月、11月
最小变动价位	每磅5/100美分（每份合约7.5美元）
交割方式	实物交割
交割等级	不低于62.5白利糖度①的美国A级橘汁
交割地点	佛罗里达州、新泽西州、特拉华州和加利福尼亚州的交易所指定交割仓库
交割源头	美国、巴西、哥斯达黎加和墨西哥
交割方法	桶或罐，由卖方选择
首次通知日	合约月份的第一个工作日
最后交易日	每月最后一个工作日之前的第14个工作日
最后通知日	合约月份最后一个交易日之前的第5个交易日

数据来源：美国洲际交易所。

---

① 白利糖度是衡量果汁含糖量的标准，分级是由美国农业部执行的。

每个期货交易所都有自己的清算所（Clearing House）。其功能为交易结算、交割管理以及保证合约各方的履约。买卖双方签订期货合约时，意味着他们无保留地同意合约中规定的价格、数量、到期月份和标的资产。清算所有义务从合约卖方手中买入合约并将其卖给合约的购买方。买卖双方之间不存在法律关系，事实上，他们互不相识。也就是说，如果交易者 A 想要卖出期货合约，而交易者 B 想要买入期货合约，则交易者 A 会卖给清算所，再由清算所卖给交易者 B。这使得两位交易者的违约风险都降低了。清算所的存在使得买卖双方能够各自平仓而无须获得对手的同意。

为了降低自身面临的交易对手风险并保证期货交易所的财务安全，清算所建立了市场参与者缴纳可退还定金的程序，包括：

- 合约各方缴纳初始保证金（Initial Margins），保证金通常表示为合同价值的百分比。
- 对所有合约进行逐日盯市（Market to Market），即在每一个交易日结束时，要求交易者支付期货头寸的名义损失。

这两种交易机制是期货市场与远期市场最明显的差异。远期交易是双边交易，没有清算所、初始保证金或标价要求。然而，监管机构在 2008 年金融危机之后，对远期交易进行了调整。监管机构要求远期合同由中央对手方（CCPs）执行，他们在远期市场上充当清算所。现在，如果两个代理人想签订远期合同，他们必须将其提交给中央交易商，然后中央交易商将成为两个代理人的对手方（即中央交易商 CCP 将成为希望购买资产的代理人的卖方，以及希望出售资产的代理人的买方）。这种方法被称为"更替"。为了消除或减少任何代理人的违约风险，中央交易委员会将采用与交易所清算所相同的程序：交纳初始保证金和按市价计算的要求。对于具有非常特殊条件的重大定制的远期交易，我们仍然可以看到一些双边协议，但它们是例外，而不是常规。

注意，清算所也负责监督最后交易日后期货合约的交割。

历史上，交易所还曾提供期货交易所需的场地、电脑和交易方法。旧的期货交易方式为在交易池（Trading Pits）中公开喊价（Open Outcry），即客户向其经纪人发出期货订单，经纪人将订单送至交易所的交易场地，场内交易员和交易所会员之间相互传递买卖订单，或用可见的信号传递买卖信息。如今，大多数市场都转为了电子交易（Electronic Trading），即买卖订单在电算化的交易系统[①]中进行配对和排序。配对成功将会被立即执行，而剩余的订单会按照价格优先和时间优先的原则进行排序。买方订单中的最高价格被列为当前买入报价（Current Bid Price），而卖方订单中的最低价格被列为当前卖出报价（Current Ask Price）。

表 2-2 总结了远期和期货的主要区别。

表 2-2　　　　　　　　远期和期货的主要区别

	期货合约	远期合约
交易方式	在有管理的交易所中交易	通过 CCPs 场外交易
合约条款	标准化的条款	所有条款都可协商
违约风险	由交易所的结算所承担	由 CCP 承担

此后，除非特殊说明，我们将忽略期货合约和远期合约的区别。

2.3 期货市场的交易机制

2.3.1 多头与空头

在期货和远期市场中有两种可能的头寸，即多头和空头。买入期货合约称为多头（Long Position），多头方有义务按确定的价格在交割日买入标的资产。出售期货合约的称为空头（Short Position），空头方有义务在交割日以确定的价格卖出标的资产。

我们经常说，多头方买入期货，而空头方卖出期货。其实，这只是一种方便的理解，因为双方实际上并不是要买卖合约，而只是按共同的协议，分别担任合约的其中一方。

2.3.2 到期日的收益和损失

在到期日，期货合约多头的收益/损失为：

$$损益_{多头} = k \cdot (S_T - F_{0,T})$$

[①] 请注意，有些合约在交易时间内进行场内交易，而在其他时间以电子方式进行交易。

其中，k——合约规模，S_T——标的资产在到期日 T 的现货价格，$F_{0,T}$——在 0 时刻确定的在 T 时刻交割的期货价格（执行价格）。

图 2-1 显示了购买期货合约的损益。当标的资产价格高于原定的期货价格（结算价格）时，期货多头收益随标的资产价格增加而等额增加。当价格下降到结算价格以下时，多头价值则等额减少。

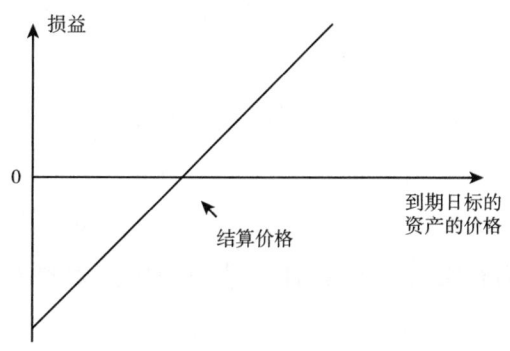

图 2-1 买入期货合约的损益

虽然期货多头的损益与在结算价格买入标的资产投资者的损益完全相同，但是从现金流的角度看，买入一份期货合约不需要立即支付全部价格，而只需支付初始保证金。因此，尽管最终的损益是相同的，但收益率是完全不同的。

期货合约空头的收益/损失为：

$$损益_{空头} = k \cdot (F_{0,T} - S_T)$$

图 2-2 显示了卖出期货合约的损益。当标的资产价格高于原定的期货价格（结算价格）时，期货空头收益随标的资产价格下跌而等额减少。当价格下降到结算价以下时，空头价值则相应地等额增加。

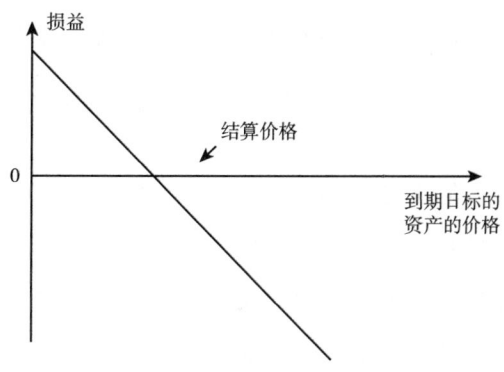

图 2-2 卖出期货合约的损益

从以上两个公式和图中可以清楚地看到，期货多头的收益等于期货空头的损失，反之亦然。因此可以说，期货市场是零和博弈（Zero Sum Game），所有头寸的收益或损失之和为 0（因为每一个多头都被一个空头所抵销）。

【例 2-4】6 月，交易双方按 1.2000 的价格成交 1 份芝加哥商品交易所的 9 月欧元/美元期货合约。合约规模为 125 000 欧元。在随后的 9 月的第三个星期三之前的两个交易日，欧元/美元的即期汇率牌价为 1.1920。交易双方盈亏是多少？

在到期日，卖方应按约定价格 150 000 美元（125 000×1.2000）向买方支付 125 000 欧元。但此时 125 000 欧元的市值为 149 000 美元（1.1920×125 000），因此，空方盈利 1 000 美元，多方损失 1 000 美元。

若期货持有者仍有义务在交割日以某一确定的价格买卖标的资产，则称期货头寸未平仓（Open），即仍然暴露于价格变动的风险之中。

2.3.3　平仓

标准化合约的好处是便于交易。特别是期货头寸可以在到期日之前被平仓或对冲。对头寸进行平仓的意思是，进行与初始交易方向相反的交易。例如，如果一位投资者是期货多头，则他可以在任意时刻对相同的期货合约进行空头交易，无须与原来的空方签订新的期货合约。这样交易的最终结果是，投资者不再持有任何头寸。同样地，期货空头可以对相同的期货合约进行多头交易，其结果也是不再持有任何头寸。此时，投资者的损益是由两份相互抵销的合约中的期货未来价格变动所决定的。

【例 2-5】6 月，交易双方按 1.2000 的价格成交芝加哥商品交易所交易的 9 月欧元/美元期货合约。到期前 1 个月，9 月欧元/美元期货合约的报价为 1.1920。期货合约的买方可能考虑平仓。

买方可能参与另一笔交易，以 1.1920 的价格卖出 1 份 9 月欧元/美元期货合约。在到期日，他将会收到 125 000 欧元，并按合约规定支付 150 000 美元对价；卖出 125 000 欧元，并按合约规定收取 149 000 美元对价。不论到期时汇率如何变动，1 000 美元的利润就此锁定。

在远期合约中，对冲交易通常是不可能实现的。因为远期合约是高度个性化的，所以很难找到愿意接受相同交割条款的对手。

一些交易所可能会为期货合约设置每日价格最大波动幅度限制，以便给市场充分的时间消化重要事件的影响，避免造成大的市场波动和投机恐慌。价格最大波动幅度限制通常是以在前日收盘价基础上每交易单位加减几美分或美元的方式来表示的。当期货价格上涨幅度达到每日限额时，则当日之内不能以更高的价格进行交易，只有到下一个交易日才可以。相反地，一旦期货价格下跌幅度达到每日限额时，则当日内不能以更低的价格进行交易，只有到下一个交易日才可以。由于每日价格最大波动幅度限制，可能存在无法按照意愿将已有的期货头寸变现的情况。

类似地，一些交易所可能会设置头寸限额（Position Limits），对每一位交易者的最大持仓合约数量做出规定。

2.3.4　交割程序

期货合约是具有法律约束力的合同，任何人只要持有停止交易的到期期货合约头寸都必须履行合约义务，即买入（接收）或卖出（交付）标的资产。

实践中，交割日可能会发生很多问题：交割品质量不符合买方要求，交割地点不理想，标的资产不存在（例如长期国债期货，或者股指期货），标的资产短缺，在到期前突然出现的价格操控，或者不想收到合约中约定的标的资产（想避免某个清晨会有 5 吨土豆堆积在你草坪上的难看景象）。由于这些原因，运用期货管理价格风险敞口的市场参与者通常并不希望按照期货合约的条款进行标的资产交割。因此，在多数情况下，期货市场上的头寸通常会在交割日前通过反向交易对冲掉。大多数的合约变现是滚动式的，即在对已到期合约进行反向交易的同时，建立另一月份相应的合约头寸。

然而在某些情况下，交割确实会发生。我们在后文中讨论期货合约的定价机制时会看到，交割维持了期货合约价格和现货市场价格之间的基本联系。在这种情况下，期货合约的公正性就极大地依赖于交易所提供准确、及时交割服务的能力。通常来说，交割可以按如下两种形式中的一种进行：实物交割和现金结算。

实物交割（Physical Delivery）是指实物标的资产的交割、接收和支付。如果在合约说明书中提供了标的资产的交割，且交割是可能的，那么实物交割会发生在基于具体资产的金融期货合约中。在到期日（Fulfilment Date），期货合约的标的资产进行交割，交割过程明确了买方收到标的资产同时向卖方支付的具体金额。实物交割的期货合约通常给予卖方一定的灵活性，使其可以选择交付的标的资产的等级（优质选择权）、交货地点（地点选择权）和交货（在一段时间内）时间（时间选择权）。

现金结算（Cash Settlement）指通过支付或收取现金来结清金融期货头寸。现金结算适用于基于抽象资产工具的期货合约（例如股指期货），或者适用于合约文本中有如此规定的情况。若采用现金结算，则无须在实际上履行合同，即不必交割标的资产。在这种情况下只需结算进入和退出合同的价格差异所带来的损益。

2.3.5　期货合约的盯市

保证金和盯市是交易所和CCPs在期货交易中所采用的两种降低对手违约影响的机制。

考虑这样的情形：某投资者打电话给他的经纪人，要求买入一份期货合约。因为期货合约的任何一方都要面对可能的损失，经纪人要求期货买方和卖方在构建头寸之前提供担保品。担保品的形式可以是现金或证券，并且必须存入保证金账户（Margin Acount）。

在签订合约时所要求存入该账户的初始金额称为初始保证金。初始保证金数量根据标的资产价格的波动性而设定，但通常是期货合约基本价值的5%到15%[①]。初始保证金用于弥补因价格波动造成的损失。

在每个交易日末，期货价格可能涨也可能跌。投资者未平仓头寸的损益将导致保证金账户余额的调整。如果有收益，投资者可以从保证金账户中取出超过初始保证金数额的存款。如果有损失，保证金账户的余额减少。为确

---

① 小额投资者在期货交易中最常出现的一个错误就是认为初始保证金即为投资。初始保证金只是为构建期货合约的多头或空头头寸而需支付的定金。

保该账户余额永远为正数，规定了维持保证金制度。若账户余额低于维持保证金（Maintenance Margin）水平，投资者就会收到追加保证金的通知，并且他必须在很短的时间内把保证金水平增加至初始保证金水平；否则，经纪商将强行平仓（见图2-3）。

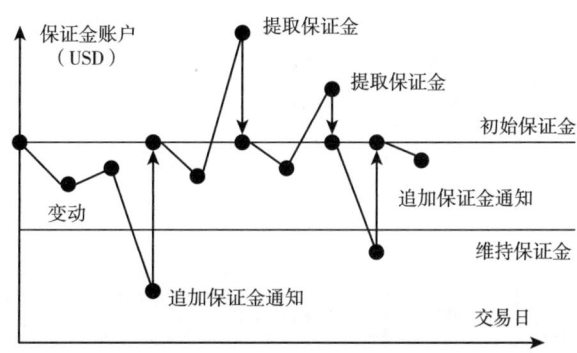

图2-3 逐日清算与保证金变动

期货合约的每日清算制度就称为盯市。盯市制度的结果是期货合约每日清算盈亏，而不是在最后一次性结算。实际上，期货合约每天都进行平仓并按新的期货价格更新合约。

注意：

- 某些经纪商对投资者保证金账户余额支付利息。
- 某些经纪商可能也接受政府债券或股票作为初始保证金，但通常要在其公允市场价值的基础上打折。
- 初始保证金和维持保证金的最低额是由交易所规定的，经纪商可自行决定是否要求其客户提供金额更大的保证金。

【例2-6】假设1月14日，投资者在纽约商品交易所（COMEX）购买了1份2月1日到期的100盎司黄金的期货合约。表2-3列示了保证金和盯市调整，初始保证金为4 185美元，维持保证金为3 100美元（初始保证金是维持保证金的135%）。若保证金账户余额低于维持保证金水平，投资者将收到追加保证金通知，并将保证金账户添加至初始保证金水平。若保证金账户余额高于初始保证金水平，则投资者可以从保证金账户中提取超额的部分。

表 2-3　　保证金和盯市调整　　（单位：美元）

日期	期货价格	收益/损失	保证金账户初始余额	现金提取	追加保证金通知	保证金账户期末余额
1月14日	1 290		4 185			4 185
1月15日	1 289	-100	4 085			4 085
1月16日	1 294	500	4 585	400		4 185
1月17日	1 290	-400	3 785			3 785
1月20日	1 292	200	3 985			3 985
1月21日	1 289	-300	3 685			3 685
1月22日	1 285	-400	3 285			3 285
1月23日	1 284	-100	3 185			3 185
1月24日	1 284	0	3 185			3 185
1月27日	1 285	100	3 285			3 285
1月28日	1 294	900	4 185			4 185
1月29日	1 299	500	4 685	500		4 185
1月30日	1 304	500	4 685	500		4 185
1月31日	1 309	500	4 685	4 685		0
净收益	19	1 900				0

这样，如果投资者的价格预期没有达到，投资者就必须考虑支付大量变动保证金的可能性，下面举例说明。

【例2-7】某投资者买入两份黄金期货，初始保证金为每份合约4 185美元（总额8 370美元），维持保证金为3 100美元（总额为6 200美元）。6月1日合约订立时期货价格为1 282.00美元，6月22日按1 270.60美元的价格卖出合约。表2-4列示了保证金账户的逐日结算与保证金变动情况。

6月9日，保证金账户余额下降到比维持保证金水平低510美元，投资者收到从经纪商处寄发的追加保证金通知，要求增加2 680美元的保证金（以使得保证金账户余额恢复到8 370美元）。表中假设投资者在6月10日交易收盘时追加保证金。

6月22日，投资者卖出两份合约结清头寸。尽管保证金账户的最终余额高于初始保证金，交易策略仍然损失3 080美元。

注意，投资者可以在6月10日从保证金账户提取部分现金，因为这些天其账户中有超额保证金，表中假设并没有发生提取。

表 2-4 保证金账户逐日结算与变动情况 （单位：美元）

日期	期货价格	日收益/损失	累计收益/损失	保证金账户余额	追加保证金数额
	1 282.00			8 370	
6月1日	1 276.00	-1 200	-1 200	7 170	
6月2日	1 274.20	-360	-1 560	6 810	
6月3日	1 278.40	840	-720	7 650	
6月4日	1 276.20	-440	-1 160	7 210	
6月5日	1 275.40	-160	-1 320	7 050	
6月8日	1 272.80	-520	-1 840	6 530	
6月9日	1 268.60	-840	-2 680	5 690	2 680
6月10日	1 269.20	120	-2 560	8 490	
6月11日	1 265.60	-720	-3 280	7 770	
6月12日	1 267.40	360	-2 920	8 130	
6月15日	1 256.00	-280	-3 200	7 850	
6月16日	1 266.00	0	-3 200	7 850	
6月17日	1 268.20	440	-2 760	8 290	
6月18日	1 263.40	-960	-3 720	7 330	
6月19日	1 268.00	920	-2 800	8 250	
6月22日	1 270.60	520	-2 280	8 770	

2.3.6 杠杆效应

初始保证金只占了期货合约价值的很小比例，因此，相比于标的资产交易而言，期货交易使得市场参与者可以运用杠杆（Leverage），相比于期货合约头寸的价值而言，初始保证金数额小到可以忽略不计。所以，期货合约价值的小幅波动也能引起相对损益的巨大变化，可能大赚，也可能大赔。

【例 2-8】DAX 指数期货市场是衍生于德国证券交易所（Deutsche Boerse，DTB）的主要股票指数——DAX 股票指数，订立一份 DAX 指数期货需要支付的初始保证金是 30 000 欧元。如果 DAX 指数报价为 13 200 点，则期货价值总计 330 000 欧元（即指数值乘以每点价值 25 欧元）。

若 DAX 指数上升 1% 至 13 332 点，则期货头寸的价值上涨 $132 \times 25 = 3\ 300$ 欧元。这意味着投资资本（初始保证金）获得 11% 的收益；相反，期货价格下跌 1% 将会导致 11% 的损失。

很明显，若标的资产价格的变化与投资者预期相反，杠杆效应对投资者不利。

2.3.7 期货报价

媒体对大多数金融期货合约报价的格式大致相同。同样地，交易所几乎持续发布和更新期货报价以及前几天的结算价格。表2-5是2018年5月22日的玉米期货结算报告实例（2018年5月23日报告），该报告摘自CME集团的官方网站。

表2-5　　　　　期货报价示例（2018年5月22日）

玉米（ZC）5 000蒲式耳；美分/磅

到期时间	开盘价	最高价	最低价	最后成交价	变动	结算价（结算）	成交量估计值	前一日的未平仓合约数
2018年7月	402.2	407.0	401.0	404.0	2.0	404.6	153 128	811 230
2018年9月	410.4	415.4	409.4	413.6	2.2	413.4	55 526	295 843
2018年12月	420.2	425.0	419.2	422.4	2.2	423.2	81 650	508 118
2019年3月	428.4	433.0	427.6	431.0A	2.0	431.2	12 573	119 323
2019年5月	433.4	437.2	432.2	435.2	1.6	435.4	2 136	27 253
2019年7月	437.4	441.0	436.2	438.6	1.2	439.2	5 057	56 184
2019年9月	414.0	416.4	413.6	415.4A	1.0	415.4	387	17 764
2019年12月	418.0	420.4	417.4	419.0	0.4	419.4	6 571	48 002
2020年3月	429.0	429.0	428.6	428.6	0.4	428.0	6	1 749
2020年5月	433.4	433.4	433.4	433.4	不变	432.0	3	71
2020年7月	437.0	437.0	436.0	436.0	0.4	436.0	15	534
2020年9月	—	—	—	—	0.4	424.4	0	36
2020年12月	420.4	421.0	430.4	421.0	0.4	420.2	9	908
2021年7月	—	—	—	—	0.4	432.0	0	17
2021年12月	—	—	—	—	不变	421.2	0	104
总计							317 061	1 887 136

数据来源：CME集团。

表 2-5 中,第一行描述标的资产、合约规模和报价惯例。从左至右,各列内容为:

- 到期时间:合约的到期月份。
- 开盘价:第一笔买价(或中间价),或第一笔交易成交价。
- 最高价:最高卖价,或交易当天合约最高成交价。
- 最低价:最低买价,或交易当天合约最低成交价。
- 最后成交价:合约在公开叫价时段的最后交易价格。后面的"A"表示最后的价格是买方报价,而"B"表示最后的价格是卖方报价。
- 变动:与前结算价相比,当前结算价增加或减少的数额。
- 结算价(结算):用于盯市结算的合约收盘价。
- 成交量估计值:当日交易的合约数量。
- 前一日的未平仓合约数:目前所有未平仓的期货合约(单边)累计总额,即在任意特定时刻的多头和空头仓位总计。随着市场中双方的头寸增加,持仓量也随着增加,随着交易者平仓,持仓量减少。交易程序是对未平仓的头寸进行结算,结算方式是实物资产交割或现金交割,如表 2-6 所示。

表 2-6　　　　　　　　持仓量示例

时期	交易者1	交易者2	交易者3	持仓量
0				0
1	空头	多头		1
2		空头	多头	1
3	多头		空头	0

在报价表下方,我们可以找到期货在交易当日的成交量估计值(对所有交割月份)和前一日未平仓合约数(对所有交割月份)。

将报价转换为实际价值时,要乘以合约规模。在我们的玉米期货的例子中,所有报价都需要乘以 5 000 得到一份期货合约的发票价格(单位:分)。

此外,每一份期货合约都有不同的最小变动单位(也译作最小报价单位,Tick Size)和最小变动价值(也译作价位值,Tick Value)。这些信息通常不会在报价屏幕上显示出来,而需要查看交易所提供的合约文本以获取这些信息。

- 最小变动单位(Tick Size)是价格可以变动的最小数值。例如,欧元期货市场的最小变动价位是 0.0001，这就意味着价格可以变动的最小幅度是从 1.2902 上升至 1.2903 或下降至 1.2901。最小变动单位（Tick Size）也叫作最小价格变动（Minimum Price Change）。

- 最小变动价值（Tick Value）是一个最小变动单位的金额。例如，欧元期货市场的最小变动金额为 12.50 美元，这就意味着价格每变化 0.0001，则交易的损益将变化 12.50（0.0001×125 000）美元。最小变动价值（Tick Value）也叫作最小价值变动额（Minimum Value Change）。

2.3.8 世界主要期货市场

从定义上说，期货交易所是进行期货交易的唯一场所。历史上，交易所的特征是进行公开喊价的场内交易。而近年来，很多交易所都已采用了电子交易平台，能够在多方参与的环境中将市场参与者的买单和卖单自动匹配以执行交易。

在美国，有两个集团拥有最多的主要交易所：总部位于芝加哥的商品交易所（CME）集团和总部位于亚特兰大的洲际交易所（ICE）。CME 集团的交易所主要包括国际货币市场（IMM）、芝加哥期货交易所（CBOT）、芝加哥商品交易所（CME）、纽约商品交易所（NYMEX）和商品交易所（COMEX）。ICE 是前纽约贸易委员会（NYBOT）的美国洲际交易所（ICE Futures US）的所有者，并通过和其子公司交易的方式在其他地区开展业务。这些子公司包括欧洲洲际交易所（ICE Futures Europe）、加拿大洲际交易所（ICE Futures Canada）和新加坡洲际交易所（ICE Futures Singapore）。除此之外，还有其他交易所，例如，明尼阿波利斯谷物交易所的硬质红粒春小麦（HRSW）合约，或第一芝加哥（OneChicago）的单一股票期货合约。

在欧洲，欧洲期货交易所（Eurex）和泛欧证交所（Euronext）是两大泛欧交易所。一些国家也有自己的交易所，例如，西班牙的 Mercado Español de Futuros Financieros（MEEF）或俄罗斯莫斯科交易所等。伦敦金属交易所（由香港交易及结算所有限公司拥有，HKEx）是主要的工业金属交易所。

在亚洲，有交易所的国家和地区主要有日本、中国大陆、中国香港、新加坡和印度，此外，有交易所的国家和地区名单还包括韩国、中国台湾、印度尼西亚、马来西亚、菲律宾、新加坡、泰国、尼泊尔、巴基斯坦、伊朗、阿拉伯联合酋长国和孟加拉国。以下是亚洲主要期货交易所的非详尽清单：

- 日本：大阪堂岛商品交易所（ODE）、东京商品交易所（TOCOM）和东京金融交易所（TFX）。
- 中国大陆：中国金融期货交易所（CFFEX）、大连商品交易所（DCE）、上海期货交易所和郑州商品交易所。
- 印度：孟买证券交易所（BSE）、印度能源交易所（IEX）、大都会证券交易所（MSEI）、国家商品和衍生品交易所（NCDEX）和印度国家证券交易所（NSE）。
- 其他：香港期货交易所（HKFE，港交所拥有）、新加坡交易所（SGX）、新加坡商品交易所（SMX）、台湾期货交易所（TAIFEX）、韩国交易所（KRX）、大马交易所和印度尼西亚商品及衍生品交易所（ICDX）。

在南美洲，阿根廷的期货交易所有布宜诺斯艾利斯的 Mercado a Término de、罗萨里奥期货交易所（ROFEX）和 Mercado Abierto Electrónico；巴西的交易所是 BM&F Bovespa。

在南非，有南非期货交易所（SAFEX），而在大洋洲有澳大利亚证券交易所（ASX），金融和能源交易所（FEX）和新西兰交易所（NZX）。

交易所本身并不进行期货交易，而是（i）提供并维护买卖双方会面场所的设施；（ii）研究、发展并提供交易的期货合约；（iii）监管产品交易并执行交易及其相关的规章条例；（iv）监督并执行金融和道德规范；（v）提供在本交易所内交易合约的当日数据和历史数据。交易所的性质可以是非营利性的私人会员制组织，可以是营利性的私人公司，也可以是上市公司。它们的收入通常来自向交易所内进行的每笔交易收费，出售实时和历史价格数据，以及提供清算服务。不同交易所的期货合约的标的资产差别很大，有的期货合约的标的资产是传统的农产品和食品（小麦、大豆、大米、糖、咖啡、可可、猪腩、冷冻橘汁、马铃薯、育牛和生猪等），有的是贵重金属和工业金属（铜、铝、金、银等），有的是石油和石油产品（取暖用油、燃料油等），也有的是木材。金融期货的标的资产可以是主要的外汇、利率工具（长期或短期债券）和主要的股票指数等。2016 年和 2017 年主要交易所的交易量如表 2-7 所示。

表 2-7　　2016 年和 2017 年主要交易所交易量

排名	交易所	2017 年交易量	2016 年交易量	交易量变化
1	CME 集团	4 088 910 011	3 942 194 737	3.7%
	芝加哥商品交易所	1 891 568 233	1 939 910 541	-2.5%
	芝加哥期货交易所	1 408 034 345	1 273 757 700	10.5%
	纽约商品交易所	653 295 150	618 424 303	5.6%
	商品交易所（COMEX）	136 012 283	110 102 193	23.5%
2	印度国家证券交易所	2 465 333 505	2 119 462 820	16.3%
3	洲际交易所（ICE，NYSE Arca & Ame）	2 125 404 062	2 038 129 470	4.3%
4	芝加哥期权交易所控股有限公司	1 810 195 197	1 632 996 526	10.9%
	芝加哥期权交易所	1 132 457 708	1 033 349 820	9.6%
	BATS 交易所	409 693 613	412 034 701	-0.6%
	C2 交易所	141 207 528	91 025 788	55.1%
	CBOE 期货交易所	73 991 390	60 177 810	23.0%
	EDGX 期权交易所	52 844 958	36 408 407	45.1%
5	B3（巴西）	1 809 358 955	1 487 305 788	21.7%
6	纳斯达克（PHIX，LSE，…）	1 676 626 292	1 575 700 250	6.4%
7	欧洲期货交易所	1 675 898 310	1 727 460 135	-3.0%
8	莫斯科交易所	1 584 632 965	1 950 145 218	-18.7%
9	上海期货交易所	1 364 243 528	1 680 711 841	-18.8%
10	大连商品交易所	1 101 280 152	1 537 479 768	-28.4%
11	韩国交易所	1 015 335 674	692 990 540	46.5%
12	BSE（印度）	609 215 973	543 058 508	12.2%
	孟买证券交易所（BSE）	608 434 204	543 058 508	12.0%
	印度国际交易所	781 769	—	—
13	郑州商品交易所	586 070 148	901 297 047	-35.0%
14	南非证券交易所（JSE）	382 944 302	479 202 245	-20.1%
15	香港交易与结算所	372 186 941	344 642 173	8.0%
	香港交易与结算所	214 845 348	188 150 672	14.2%
	伦敦金属交易所	157 341 593	156 491 501	0.5%
16	日本交易所	322 408 620	337 537 333	-4.5%
17	台湾期货交易所	265 705 669	241 678 556	9.9%
18	ASX（澳大利亚）	248 449 405	244 460 039	1.6%

数据来源：https://fia.org/articles/total-2017-volume-252-billion-contracts-down-01-2016。

2.4 期货估值和分析

本节首先提供价格期货合约的理论框架。它被称为"持有成本"模型，它所依赖的主要假设或条件是市场上没有套利机会。其次简要介绍两种替代理论：套期保值压力理论和 CAPM。在下文中，我们用 $F_{t,T}$ 表示到期日为 T 的期货合约在 t 时刻的市场价格，我们用 $F_{T,T}$ 表示到期日为 T 的期货合约在 T 时刻的市场价格；S_t 表示标的资产在 t 时刻的价格，$R_{t,T}$ 是投资者借贷期限为 (T-t) 的年化无风险利率。我们假设交易成本可以忽略不计。让我们开始解释一个基本概念：基差。

2.4.1 基差

期货合约到期时的价格是多少？因为此时期货和现货可以彼此完全替代，因此期货价格就等于现货价格，即：

$$F_{T,T} = S_T$$

否则，套利者就可以购买价值被低估的金融工具，而卖出价值被高估的金融工具，通过交割程序立即获得无风险收益。如果现货价格被高估，$F_{T,T} < S_T$，买入期货，通过期货合约的交割程序获得现货，然后卖出。如果期货价格被高估，$F_{T,T} > S_T$，买入现货，卖出期货，并用现货进行实物交割。这些套利机会在现实中几乎是不存在的。如果它们存在，过度需求会迅速推高相对被低估的资产的价格，而供应过剩会压低被高估的资产的价格，导致套利机会从市场上消失。

然而在到期之前（t < T），现货价格无须等于期货价格。期货价格和现货价格的差额叫作基差（Basis）。

$$B_{t,T} = F_{t,T} - S_t$$

基差可能为负，也可能为正，或者等于 0。随着合约到期日到来，基差收敛至零。图 2-4 给出了黄金现货与 2018 年 10 月的黄金期货在 2017 年 7 月到 2018 年 7 月期间的价格曲线，演示了这种现象。

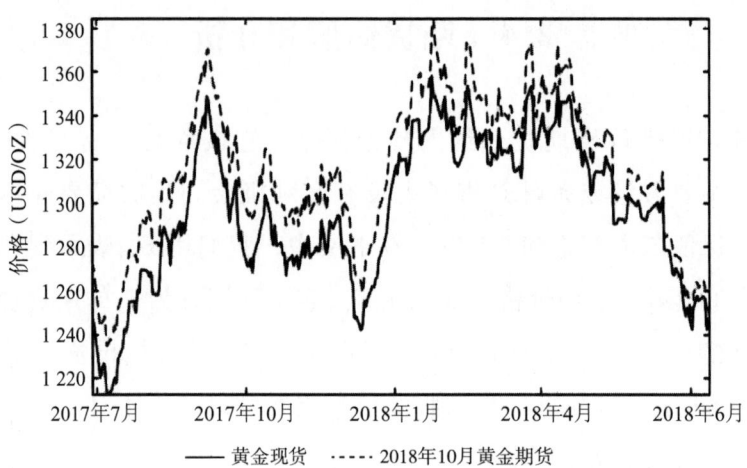

图 2-4 黄金的期货和现货价格

数据来源：Datastream。

如图 2-5 所示，两价格曲线之间的垂直距离就是基差，当时间接近期货到期日时，基差明显收敛于 0。

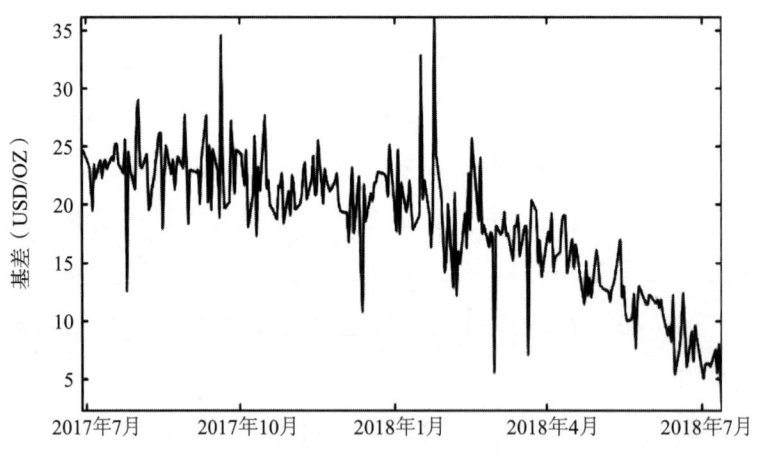

图 2-5 黄金期货的基差

哪些因素导致期货和现货价格在到期前出现差异？使用与我们之前用于计算期货合约到期价格时使用的类似的推理（$F_{T,T} = S_T$），基于市场上没有套利的假设，持有成本模型把到期前的期货价格 $F_{t,T}$ 和现货价格 S_t 联系起来（$t<T$）。

2.4.2 期货的理论价格

2.4.2.1 无收益资产的期货定价

持有成本模型是一个无套利定价模型——它基于期货合约的定价应消除期货和现货市场之间的套利收益这一关键假设。

在模型中，期货合约的"公平"价格取决于多种因素，比如标的资产的即期现货价格 S_t、距期货合约到期的时间 $(T-t)$、货币的时间价值或无风险利率 $R_{t,T}$、标的资产的现金流和其他的持有成本和收益。在完美的市场（即不存在交易成本和税收影响），期货合约的实际价格就应该等于其公允价值。否则，就存在套利的空间。

首先，考虑标的资产不产生任何收益的情况，因为这是最易于定价的期货合约。无红利派发的股票、贴现债券和贵金属[①]都属于这类资产。

如果忽略追加保证金通知，则期货合约实质上就是一种在未来以现在约定的价格买入标的资产的机制。而实行这一策略只需要在期初准备足够多的存款以便能够在到期日支付期货价格。期货价格在期初是已知的，因此所需的存款金额可以通过简单的现值计算得出。或者，在未来拥有标的资产的另外一种显然的方式就是在期初借款买入资产并持有至未来。这叫作"现金和持有"（Cash and Carry）策略。

如果进行适当的操作，现金和持有策略能完美地复制期货策略的现金流。因为两种策略的结果相同——在未来拥有标的资产，所以它们必须有同样的执行成本以避免套利。使得两个执行成本相等则建立了期货与现货价格之间的联系。

$$F_{t,T} = S_t \cdot (1 + R_{t,T})$$

等式的左侧是购买期货的"成本"（即在时间 t 购买合约，在时间 T 花费 $F_{t,T}$ 购买资产）。等式的右侧是我们在时间 t（通过以无风险利率借款）购买资产并持有到时间 T 的成本。请注意，$R_{t,T}$ 是时间段 t 到 T 的利率。然而，按照

[①] 贵金属是一项特别有意思的资产，因为它们不会获得利息或红利。因此它们被认为是"纯商品"，并经常用于举例说明持有成本模型，因为期间现金流不会使计算复杂化。

市场惯例，利率按年表示。例如，每年 2% 的 6 月期 CHF SARON 利率转化为 $R_{t,T} = 1\%$。换句话说，可以写成 $R_{t,T}$ 或 $R_{0,6个月} = R_{p.a.} \times \frac{T-t}{360} = 2\% \times \frac{180}{360} = 1\%$。于是，在不改变含义的情况下，前面的公式变为[①]：

$$F_{t,T} = S_t \cdot \left(1 + R_{p.a.} \cdot \frac{T-t}{360}\right)$$

现金和持有套利

想象一下 $F_{t,T} > S_t \cdot (1 + R_{t,T})$，通过应用如表 2-8 所示策略，不需要初始投资且不承担任何风险，投资者就可以赚取利润，这称为现金和持有套利。

表 2-8　　　　　　　　　　　现金和持有套利策略

t 时刻的投资组合	t 时刻的现金流	到期日 T 的投资组合	到期日 T 的现金流
1. 以无风险利率 $R_{t,T}$ 借入现金 S_t	S_t	1. 偿还借入的本金和利息	$S_t \cdot (1 + R_{t,T})$
2. 以 S_t 的价格买入一份标的资产	$-S_t$	2. 一份标的资产的价值	S_T
3. 卖出一份 T 时刻到期的价格为 $F_{t,T}$ 的远期合约	0	3. 远期合约的价值	$F_{t,T} - S_T$
总计	0	总计	$F_{t,T} - S_t \cdot (1 + R_{t,T})$

注意到这个策略的利润 $F_{t,T} - S_t \cdot (1 + R_{t,T}) > 0$，不需要初始投资且与标的资产到期日的价格 S_T 无关，t 时刻所有的参数都是已知的，所以不存在不确定性。

这种套利机会在时间 t 马上增加对资产的需求，同时对期货或远期合约产生卖出的压力。这样，前者的价格应该上涨，后者的价格应该下降直到套利机会消失。因此，为避免现金套利策略套利，$F_{t,T} \leq S_t \cdot (1 + R_{t,T})$ 必须成立。

逆向现金和持有套利

假设 $F_{t,T} < S_t \cdot (1 + R_{t,T})$，通过应用如表 2-9 所示逆向现金和持有套利策略，不需要初始投资，投资者就可以赚取无风险利润。投资者再次得到无风险利润 $S_t \cdot (1 + R_{t,T}) - F_{t,T} - > 0$。

[①] 当然，在不同的市场，分母的数字可能是不同的。例如，人们可以用 365 天而不是 360 天。如果我们用月或周来表示 t 到 T 的时间段，我们也可能用 12 或 52。

表 2-9　　　　　　　　　　　　　逆向现金和持有套利策略

t 时刻的投资组合	t 时刻的收入/支出	到期日 T 的投资组合	到期日 T 的收入/支出
1. 卖空一股股票	S_t	1. 买入股票了结空头头寸	S_T
2. 以无风险利率 $R_{t,T}$ 借出现金 S_t	$-S_t$	2. 收到偿还的贷出款和利息	$S_t \cdot (1 + R_{t,T})$
3. 买入一份 T 时刻到期的价格为 $F_{t,T}$ 的远期合约	0	3. 远期合约的价值	$S_T - F_{t,T}$
总计	0	总计	$S_t \cdot (1 + R_{t,T}) - F_{t,T}$

和前一种情况类似，这种套利机会将对证券的价格产生影响。资产的过剩供给和期货合约的过剩需求会使得价格立即调整直至市场上没有套利机会，于是 $F_{t,T} \geq S_t \cdot (1 + R_{t,T})$。

在没有套利机会的条件下，两个不等式 $F_{t,T} \leq S_t \cdot (1 + R_{t,T})$ 和 $F_{t,T} \geq S_t \cdot (1 + R_{t,T})$ 必须同时成立，于是 $F_{t,T} = S_t \cdot (1 + R_{t,T})$

【例 2-9】假设一股无红利股票的价格为 25 瑞士法郎（CHF），按单利计算的无风险年利率为 7.12%。假设 6 个月期股票期货报价是 $F_{0,6M} = 28$，高于理论价格。

令 $S_{6,M}$ 表示 6 个月后股票价格。投资者可以应用现金和持有套利策略获得无风险利润，如表 2-10 所示。

表 2-10　　　　　　　　　　　　　现金和持有套利策略实例

目前的投资组合	目前的现金流	6 个月后的投资组合	6 个月后的现金流
1. 以每年 7.12% 的利率借入现金 25 瑞士法郎	25 瑞士法郎	1. 偿还借入的本金和利息	$-25 \times \left(1 + \dfrac{0.0712}{2}\right) = -25.89$ 瑞士法郎
2. 以当前的价格买入一股股票	-25 瑞士法郎	2. 一份标的资产的价值	$S_{6,M}$
3. 卖出一份 6 个月到期的价格为 $F_{0,6M}$ 的远期合约	0	3. 远期合约的价值	$28 - S_{6,M}$
总计	0	总计	$28 - 25.89 = 2.11$ 瑞士法郎

套利者不需要初始投资就能获得无风险利润 2.11 瑞士法郎，它与 6 个月后股票的价格 $S_{6,M}$ 无关。现在，假设 6 个月期股票期货报价是 $F_{0,6M} = 24$ 瑞士法郎，低于其理论价格。投资者可以使用逆向现金和持有策略，如表 2-11 所示。

表 2-11　　　　　　　　　逆向现金和持有策略套利实例

t 时刻的投资组合	t 时刻的现金流	到期日 T 的投资组合	到期日 T 的现金流
1. 以当前价格 25 瑞士法郎卖空一股股票	25 瑞士法郎	1. 买入股票了结空头头寸	$-S_{6,M}$
2. 把收益以每年 7.12% 的利率借出	-25 瑞士法郎	2. 收到因借出产生的收益	$25 \times \left(1 + \frac{0.0712}{2}\right) = 25.89$ 瑞士法郎
3. 买入一份 T 时刻到期的价格为 $F_{t,T}$ 的远期合约	0	3. 远期合约的价值	$S_{6,M} - 24$
总计	0	总计	25.89 - 24 = 1.89 瑞士法郎

通过应用这一策略，投资者无须初始投资就获得 1.89 瑞士法郎的正无风险利润，使得市场上没有套利机会的唯一值是 $F_{0,6M} = 25.89$ 瑞士法郎，这就是它的理论价格。

金融资产没有仓储成本。但是，如果我们考虑非金融资产的期货，如黄金、白银或玉米，则在现金和持有套利策略中必须要考虑仓储成本这一因素。套利的逻辑是一样的，即：（1）卖出一份期货合约，并借款买入合约中规定数量的商品；（2）借款支付额外的仓储成本、保险等直至交割日；（3）在最终的损益中加入这些新的成本。由此得到：

$$F_{t,T} = S_t \cdot (1 + R_{t,T}) + k(t,T)$$

其中，$k(t,T)$ 表示在期货合约存续期（即从时间 t 到 T）内支付的全部持有成本的现金终值，如保险、仓储费用等的部分。

我们将表 2-11 进行简单的修改即可将持有成本包括进来（见表 2-12）。简便起见，我们假设所有仓储成本在合同到期日支付，则支付值与仓储成本的终值相等。

表 2-12　　　　　　　　考虑成本的逆向现金和持有套利策略

t 时刻的投资组合	t 时刻的收入/支出	到期日 T 的投资组合	到期日 T 的收入/支出
1. 以无风险利率 $R_{t,T}$ 借入现金 S_t	S_t	1. 偿还借入的本金和利息	$S_t \cdot (1 + R_{t,T})$
2. 以 S_t 的价格买入一份标的资产	$-S_t$	2. 一份标的资产的价值	S_T
3. 卖出一份 T 时刻到期的价格为 $F_{t,T}$ 的远期合约	0	3. 远期合约的价值	$F_{t,T} - S_T$

续表

t 时刻的投资组合	t 时刻的收入/支出	到期日 T 的投资组合	到期日 T 的收入/支出
		4. t 到 T 支付的所有仓储成本的现金终值	$-k(t,T)$
总计	0	总计	$F_{t,T} - S_t \cdot (1 + R_{t,T}) - k(t,T)$

再次重申，时期 T 的盈利情况在 t 时期就是已知的。因此，这个策略是无风险的，为了避免套利就必须让盈利等于 0，即意味着：

$$F_{t,T} = S_t \cdot (1 + R_{t,T}) + k(t,T)$$

注意，我们可以将持有成本关系式重新写为：

$$\frac{F_{t,T} - S_t - k(t,T)}{S_t} = R_{t,T}$$

分子等于购买标的资产持有到期并按期货价格交割这一策略的最终收益。分母为该策略的初始投资额，即标的资产的初始价格。这表明，在无套利情形下完全套期保值的资产组合的收益率等于无风险利率。

【例 2-10】 假设当前我们观察到黄金的现货价格为 1 240 美元/盎司。SOFR 利率是每年 2.3%，黄金必须存放在金库或保险箱中。储存黄金的成本为 5 美元/年，在年末支付。两年后到期的黄金期货价格是多少美元/盎司？

理论价格应该等于：

$$F_{t,T} = S_t \cdot (1 + R_{t,T}) + k(t,T)$$
$$= 1\ 240 \times (1 + 0.023)^2 + 5 \times (1 + 0.023) + 5 = 1\ 307.81\ \text{美元}$$

两年期的期货合约价格是 1 307.81 美元，如表 2-13 所示，这是使得市场上没有套利机会的唯一价格（很容易证明，这个价格满足反向现金和持有套利策略的无套利条件）。

表 2-13　　考虑成本的逆向现金和持有套利策略实例

当前的投资组合	当前的收入/支出	6 个月后的投资组合	6 个月后收入/支出
1. 以 SOFR 利率借入现金 S_0	1 240 美元	1. 偿还借入的本金和利息	$-1\ 240 \times (1 + 0.023)^2 =$ $-1\ 297.7$ 美元
2. 以 S_0 的价格买入一盎司黄金	$-1\ 240$ 美元	2. 一份标的资产的价值	S_T
3. 卖出一份 T 时刻到期的价格为 $F_{t,T}$ 的远期合约	0	3. 远期合约的价值	$F_{t,T} - S_T$

续表

当前的投资组合	当前的收入/支出	6个月后的投资组合	6个月后收入/支出
		4. t 到 T 支付的所有仓储成本的现金终值	$-5 \times (1 + 0.023) - 5 =$ -10.11 美元
总计	0	总计	$F_{t,T} - 1\,397.81$

2.4.2.2 支付确定收益的资产的期货定价

现在让我们来考虑支付确定收益的资产。再次说明，无套利条件下，投资者买入期货并持有到期，与买入现货并持有到交割日是没有区别的。

与先前案例唯一的区别是，如果投资者买入现货，他将收到已确知的收益（红利或票面利息），而期货持有者不会收到。因此，可以表达为：

$$F_{t,T} = S_t \cdot (1 + R_{t,T}) + k(t,T) - FV(收益)$$

其中，$F_{t,T}$——时期 T 交割的期货合约在时刻 t 的价格；S_t——标的资产在时刻 t 的现货价格；$R_{t,T}$——在 T-t 期间的无风险利率；$k(t,T)$——持有成本，如保险费、仓储成本等。FV（收益）——收益终值。

通常持有成本和收益的总值称为净持有成本，记为 $k^*(t,T)$，上式也可整理为：

$$\frac{F_{t,T} - k(t,T) - S_t + FV(收益)}{S_t} = R_{t,T}$$

上式中，分子是买标的资产、持有到期、获得收益、支付成本并按期货价格交割这一策略的最终收益。分母为该策略的初始投资额，即标的资产的初始价格。这里暗含着一个重要的关系：完美套期保值的资产组合的收益率等于无风险利率。

作为一个示例，让我们考虑一支股票 S，它在 t_0 和 T 之间的 t_1 日支付股息 C（见图 2-6）。

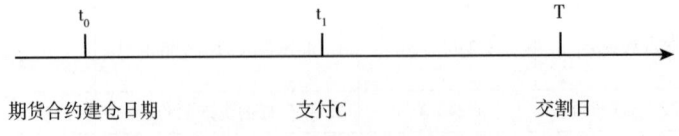

图 2-6 股票的股息支付

通常认为，对于金融资产 k(t,T) 部分可以忽略不计，这样，我们可以写作：

$$F_{t,T} = S_t \cdot (1 + R_{t,T}) - FV(收益) = S_t \cdot (1 + R_{t,T}) - C \cdot (1 + R_{t,T})$$

只要这个关系不成立，金融期货和标的现货工具之间就存在无风险的套利机会。这一关系可以很容易地拓展到标的资产支付多次利息的情形。

【例 2-11】 假定某股票 Kappa，每季度分配 1 美元的红利。我们观察到股票的即期价格 $S_0 = 140$ 美元，1 年期的 Kappa 期货价格 $F_{0,1}$ 为 148 美元。下一次红利支付为 3 个月之后，假设借贷的利率为 SOFR 利率每年 10%。3 个月期的利率等于 $10\% \times \frac{3}{12}$ 或 2.5%、6 个月期的是 $10\% \times \frac{6}{12}$ 或 5%，依此类推。

我们可以计算红利现金流的终值：

$$FV(红利) = FV(红利_1) + FV(红利_2) + FV(红利_3) + FV(红利_4)$$

$$= \left(1 + 0.1 \times \frac{9}{12}\right) + \left(1 + 0.1 \times \frac{6}{12}\right) + \left(1 + 0.1 \times \frac{3}{12}\right) + 1$$

$$= 4.15$$

理论的期货价格为：

$$F_{0,1}^{th} = S_t \times (1 + R_{t,T}) - FV(红利) = 140 \times (1 + 0.1) - 4.15$$

$$= 149.85 > 148$$

期货的理论价格高于市场上观察到的价格。因此，我们可执行反向现金和持有套利策略，如表 2-14 所示。

表 2-14 标的资产有收益时的逆向现金和持有套利策略

当前的投资组合	当前的收入/支出	1 年后的投资组合	1 年后的收入/支出
1. 卖空 Kappa	140	1. 买入 Kappa 了结头寸	$-S_T$
2. 贷出卖空所得	-140	2. 从贷款偿付中收到的总额	154
3. 卖出一份 1 年后到期的价格为 $F_{0,1} = 148$ 的远期合约	0	3. 远期合约的价值	$S_T - 148$
		4. 1 年内所有红利的终值	-4.15
总计	0	总计	1.85

表 2-14 中，1.85 美元等于理论价格与观察到的期货价格的差额。它是无风险的纯利润。

市场参与者一般都会从收益率的角度考虑从现金和持有策略中获得的收益，而不是按期货价格的形式。隐含的回购利率（Implied Repo-rate）就是使得远期价格等于即期价格所适用的利率。因此，它是对隐含在期货—现货价格关系中的持有成本的一种测度。它是年化的总收益率，可以通过购买现货资产并同时卖出该资产的期货合约来获得；同时它也可以视为年化的借款利率，按这个借款利率，现金和持有套利策略的净收益等于0（无套利借款利率）。

隐含回购利率与实际借款利率的对比就等价于期货理论价格与实际价格的比较。隐含回购利率高于实际借款利率意味着期货被高估。当这种情况真实存在时，通过借款融资来购买现货资产，并同时卖出期货合约的套利者是有利可图的。类似的情况是，隐含回购利率低于实际借款利率意味着期货被低估。套利者可以卖空现货资产，贷出卖空所得，同时买入期货合约来获得收益。

2.4.2.3 运用套期保值压力理论定价

根据无偏预期假说（Unbiased Expectation Hypothesis），期货价格是未来（预期）即期价格的无偏估计量，即：

$$F_{t,T} = E(S_T)$$

然而在现实中，可以认为平均来看这个关系是成立的。这就意味着，平均来看期货合约任何一方的期望收益等于零。但是，供求因素可能会使得无偏性受到挑战，这是由凯恩斯（Keynes）和希克斯（Hicks）首先提出的[①]。简化起见，我们考虑商品期货的情形。

凯恩斯提出，由于商品现货价格的波动性非常大，因此商品生产商会愿意在生产期间牺牲一定的收益来为其所面临的价格波动风险进行套期保值。因此，在生产商主导的市场中，较大的生产商套保压力会使得商品期货合约的未来价格降低至商品现货价格以下，使得远期价格曲线向下倾斜。这种情况叫作正常的现货溢价（Normal-backwardation）。

$$F_{t,T} < E(S_T)$$

---

① 参见：Keynes, John Maynard. 1930, A Treatise on Money, Vol. II, McMillan, London；以及 Hicks, John R. 1939. Value and Capital, Oxford University Press, Cambridge.

正常的现货溢价的情形提供了正迁仓收益（Positive Roll Yield）。即投资者可以：（1）以低于现货的价格买入期货合约；（2）当合约到期时，卖出合约赚取收益；（3）再构建一个新的合约头寸。也就是说，买入折价的商品期货合约的投资者将期望在承担存货持有者所转嫁的价格风险中赚取收益。具体情况如图 2-7 所示。

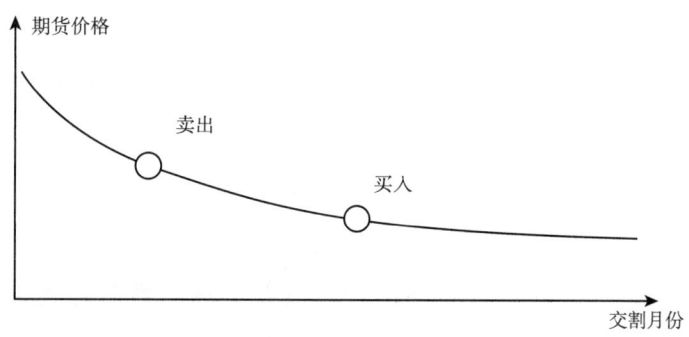

图 2-7　现货溢价和正迁仓收益

正好相反的情形是期货溢价（Contango），即商品消费者持有多头以在未来按约定的价格收到商品，而投机者持有合约空头。因此，如果多头套保净额大于空头套保净额，则期货价格一定会超过其真正的理论价格 $[F_{t,T} > E(S_T)]$，而价格被高估会鼓励投机者卖空期货。

因此，这时有向上倾斜的远期价格曲线和负迁仓收益（Negative Roll Yield）。具体情况如图 2-8 所示。

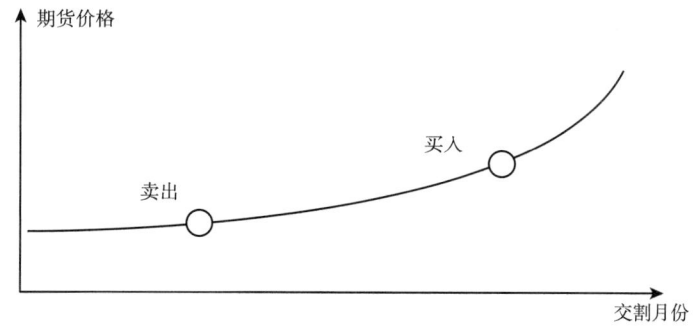

图 2-8　期货溢价和负迁仓收益

上述三个理论可以综合为净套期保值假说（Net Hedging Hypothesis）或套期保值压力理论（Hedging Pressure Theory）：

- 当空头的套保者多于多头的套保者时，$F_{t,T} < E(S_T)$；
- 当多头的套保者多于空头的套保者时，$F_{t,T} > E(S_T)$；
- 而当空头的套保者与多头的套保者数量相等时，$F_{t,T} = E(S_T)$。

对于期货价格是否是现货价格的无偏估计量，其实证结研究结果仍存在激烈争论[1]。

2.4.2.4　运用资本资产定价模型的期货定价

CAPM 认为证券收益是市场风险敞口（贝塔）和市场风险溢价的函数。因此，我们需要度量期货合约的贝塔值并据此为其定价。

不幸的是，期货合约的高杠杆率违背了 CAPM 的一些假设。尤其是，期货的收益分布与正态分布相比有长尾和后尾。而且，一些研究者发现期货合约的贝塔值非常小，这意味着商品期货与股票市场指数收益之间的相关性不强[2]。因此，CAPM 通常不应被用于期货合约的定价。

2.5　各种期货合约实例

在本节中，我们将讨论股票、货币、商品和利率的期货合约的特点，并提供一些在不同交易所交易的主要合约的例子[3]。在四个小节中的每一节，我们都会更详细地讨论一个定价实例，然后，介绍两个比较特殊的资产的期货合约的例子。在本节的最后，我们将给出现实生活中影响期货合约定价的一些因素。

2.5.1　股票期货

2.5.1.1　单只股票期货

单只股票期货的场外交易在欧洲和亚洲已经有很多年了，但是由于监管

---

[1] 例如，Kolb Robert. 1992, "Is normal backwardation normal?", The Journal of Future Markets, vol. 12. 研究了接近 100 万个期货日价格。或者 Taylor S. . 1990, "Rewards available to currency futures speculators: compensation for risk evidence or inefficient pricing?", Economic Record, special issue on futures markets.

[2] 参见：Dusak Katherine, 1973, "Future trading and investor returns: an investigation of commodity market premiums", Journal of Political Economy, vol 81; Bodie Avi and Rosanski Victor, 1980, "Risk and return in commodity futures", Financial Analysis Journal, vol. 36.

[3] 请注意这些合约的条款是直至 2018 年 6 月的。

方面的顾虑，直到 2002 年，随着芝加哥期权交易所（CBOE）、芝加哥商品交易所（CME）和芝加哥期货交易所（CBOT）合资成立第一芝加哥交易所之后，美国才有了单只股票期货的巨大发展，包括欧洲期货交易所在内的几家交易所现在开始引进这些期货。

单只股票期货合约（Single Stock Future Contract）是双方订立的标准化合约，其中一方（卖方）同意在未来某时（到期日或交割日）以约定价格（期货价格）向另一方（买方）交割固定数量（合约规模）的公司股票（标的资产）。

今天，许多美国、欧洲和亚洲股票都有单一股票期货，它们被广泛用于替代相关股票的交易。例如，在欧洲期货交易所（Eurex），有超过 830 种单一股票期货，这涵盖了欧洲、俄罗斯、美国、加拿大和巴西的主要股票，并且通常以现金结算，尽管我们可以找到一些同时提供现金和实物结算合同的案例。

单只股票期货合约文本示例见表 2-15。

表 2-15　欧洲期货交易所（Eurex）微软单只股票期货合约文本示例

	微软的单只股票期货
交易地点	欧洲期货交易所（Eurex）
标的资产	微软股票
合约规模	100 股标的股票
报价货币	美元
最小变动价位	0.0001 美元
结算方式	在最后交易日之后的第一个交易日进行现金结算
合约交割月份	最多可能跨越 36 个月：最近 13 个连续月，再加上随后两个 12 月周期中的两个年度月
最后交易日	每个到期月的第三个星期五，遇节假日顺延至下一个交易日
交易时间	欧洲中部时间（CET）09：00 至 22：00
最终结算价	最终结算价由欧洲期货交易所（Eurex）根据最后交易日电子交易系统内的标的资产国内现货市场收盘价来确定

数据来源：欧洲期货交易所。

单只股票期货与股票相比有明显的优势：

- 较低的保证金：单只股票期货有 20% 的保证金要求，因而低于直接进行标的股票交易所需的保证金数额。
- 无日交易限制：由于在期货市场上进行交易，单只股票期货没有任何日交易限制。

- 较低的佣金：交易单只股票期货通常比交易股票更加便宜。
- 无"降档限制"（Downtick Rule）：单只股票期货可以随时卖空。
- 在卖空限制的情况下，单只股票期货可以作为卖空的一种替代选择。

与标的股票相比，单只股票期货也有一些劣势：

- 由于杠杆的存在，有发生超过初始投资额的巨大损失的风险。
- 单只股票期货的多头方没有投票权和分红权利（尽管他们隐含在期货价格里）。
- 一些单只股票期货的流动性较低。然而，随着成交量的增加和考虑选择单只股票期货的投资者人数的增加，这一问题应该能够得到解决。

近年来，单只股票期货又扩展至窄盘股票指数期货和交易所交易基金（ETFs）的单只股票期货。前者是现金结算的基于窄盘股票指数（通常由9只或更少的股票组成）的单只股票期货。后者与单只股票期货性质类似，只不过其标的资产是交易所交易基金份额，而不是某个公司的普通股。

2.5.1.2 股指期货

股票指数（简称股指）通常被看作一种支付红利的（假想的）证券的价格。该证券即指数成分股的组合，而该证券所派发的红利等于该组合持有者所能收到的红利。

股指期货合约（Stock Index Future Contract）是一种双方之间订立的标准化合约，合约一方（卖方）同意在未来某一时刻（到期日，或交割日），以双方商定价格（期货价格）向对方（买方）按事先约定价格交割确定数量（合约规模）的股指。

股指期货的主要特点是：实际标的资产是不可交易的。因此，指数的实物交割是不可能的，而必须采用现金结算程序。表2-16中的合同文本摘要显示了在欧洲期货交易所（Eurex）内交易的两种主要的股指期货：道琼斯斯托克50指数（Dow Jones STOXX 50 Index）期货和道琼斯欧洲斯托克50指数（Dow Jones EURO STOXX 50 Index）期货[1]。

---

[1] 道琼斯欧洲斯托克50指数综合了欧元区50家市值最大的公司，而道琼斯斯托克50指数则综合了欧洲50家市值最大的绩优公司。

表 2-16　道琼斯欧洲斯托克 50 指数期货和道琼斯斯托克 50 指数期货合约文本

	道琼斯欧洲斯托克 50 指数期货	道琼斯斯托克 50 指数期货
交易代码	FESX	FSTX
交易地点	欧洲期货交易所（Eurex）	
合约乘数	每一点标的指数 10 欧元	
最小变动价位	1 点（10 欧元）	
报价方式	以 1 点为单位进行报价，保留一位小数	
交割方式	在最终交割日之后的第一个交易日进行现金结算	
合约交割月份	最长 9 个月；最近 3 个季月	
最后交易日	最后交易日即为最终结算日。到期合约在最后交易日欧洲中部时间 12:00 停止交易	
最终交割日	最终交割日为每个到期月份的第三个星期五，遇节假日顺延至下一个交易日	
最终交割价格	最终交割价格由欧洲期货交易所根据最终交割日欧洲中部时间 11:50 至 12:00 的股指数平均值确定	

再次强调，期货报价需要乘以合同规模才能得到期货的单据价格。

【例 2-12】某投资者按 8 750 的报价购买了两份 1 月到期的瑞士市场指数期货。1 月，在到期日，瑞士市场指数收盘为 8 810。结果如何？

头寸的价值等于 10 瑞士法郎乘以指数价值。在本例中，购买时头寸的价值为 $2 \times 10 \times 8\,750 = 175\,000$ 瑞士法郎，投资者的净收益为 $2 \times 10 \times (8\,810 - 8\,750)$，也就是说，将会收到现金 1 200 瑞士法郎。这个收益是在头寸的到期期限内逐日实现的。

在芝加哥商品交易所（CME），标准普尔 500（S&P500）（以下简称标普 500 股指期货）是交易最活跃的合约之一。该合约在常规时段进行场内交易，在盘后交易时间（ETH）通过 CMEGlobex 电子交易平台进行交易。期货合约文本如表 2-17 所示。

表 2-17　芝加哥商品交易所（CME）标普 500（S&P500）股指期货合约文本

	标普 500（S&P500）股指期货合约
交易地点	芝加哥商品交易所（CME）
标的指数	标普 500（S&P500）指数
合约规模	标普 500 指数乘以 250 美元[①]
最小变动价位	0.10 点，即每份合约 25 美元
每日价格最大变动限幅	价格最大变动率的具体数值在每季度之初进行计算。四个价格限制分别位于 ETH 交易时段结算价之下的 5.0%、10.0%、15.0% 和 20.0% 处。

续表

	标普500（S&P500）股指期货合约
挂牌合约	公开喊价：3月季度周期中的8个月（3月、6月、9月、12月），以及另外3个12月合约月 CMEGlobex：3月季度周期（3月、6月、9月、12月）中的当前领先月份
交割日期	最终交割日为交割月的第三个星期五
交割方式	现金结算，金额由标普500的收盘价确定

还有一种小型的标普500股指期货叫作标普500E-mini股指期货。前缀"E"表示电子的（Electronic），因为该合约仅在芝加哥商品交易所的Globex电子交易平台上进行交易。因为该合约的规模是普通标普500股指期货的1/5，这使得日间交易保证金额度较低的小额交易者也能够进行交易，所以称为"mini"（见表2-18）。

表2-18　芝加哥商品交易所（CME）标普500E-mini股指期货合同文本

	标普500E-mini股指期货合约
交易地点	芝加哥商品交易所（CME）
标的指数	标普500（S&P500）指数
合约规模	标普500指数乘以50美元
最小变动价位	0.25点，即每份合约12.50美元
每日价格最大波动限制	价格最大波动率的具体数值在每季度之初基于指数的5%进行计算
	标普500E-mini股指期货合约
交割月份	3月季度周期中的5个季月（3月、6月、9月、12月）
交割日期	最终交割日为交割月的第三个星期五
交割方式	现金结算，金额由标普500的收盘价确定

数据来源：CME Group。

在世界范围内有大量的其他股指期货，并且每年都有新的品种诞生。读者可以参考交易所的网站以获取最新的期货合约文本。

2.5.1.3　股指期货定价

在本小节中，我们关注股指期货，但它在单只股票期货中的应用很简单（对于有红利和无红利支付股票）。

根据持有成本模型，投资者购买股票指数期货与购买现货资产（即指数所包含的资产组合）持有到期并进行交割应该是无差异的。根据持有成本模型，必须考虑持有指数中所包含的所有股票能收到的红利。这些红利应该降低期货价格，因为期货的多头头寸并不提供任何收益。

如果假设在 [t, T] 期间标的股票的红利支付是已知的，并且不存在交易成本，则期货的理论价格应该等于指数的即期价值，加上持有成本，减去在 [t, T] 时间段持有指数现货的收益的终值。假设仓储成本可以忽略不计，我们可以得到如下定价关系：

$$F_{t,T} = I_t \cdot (1 + R_{t,T}) - D^*$$

其中，D^* 表示在 t 到 T 时间段持有构成股指的股票所能获得的全部收益的终值。它还可以写作：

$$F_{t,T} = I_t \cdot (1 + R_{t,T}) - \sum_{i=1}^{N} \sum_{t_j=t}^{T} w_i \cdot D_{i,t_j} \cdot (1 + R_{t_j,T})$$

其中，I_t——股指的即期价格；D_{i,t_j}——公司 i 在 t_j 时刻支付的红利；w_i——指数中股票 i 的权重；$R_{t_j,T}$——从 t_j 到 T 期间的利率。

再一次说明，如果期货价格与此定价公式不一致，就可以实行套利策略。假设我们观察到期货合约的市场价格高于它的理论价格，即 $F_{t,T}^M > F_{t,T}^{th}$，则投资者可以执行现金和持有套利策略，按无风险利率借款来购买股指所包含的资产组合，并持有股指期货合约的空头头寸。从 t 到 T，收到红利并按无风险利率再投资。在 T 时刻，按期货合约条款出售股指所包含的股票资产组合，偿付借款，并实现净收益。情况可以总结为如表 2-19 所示。

表 2-19　　　　　　　　　股指期货的现金和持有套利策略

t 时刻的投资组合	t 时刻的收入/支出	到期日 T 的投资组合	到期日 T 的收入/支出
1. 以无风险利率借入购买指数组合的现金	I_t	1. 偿还借入的本金和利息	$-I_t \cdot (1 + R_{t,T})$
2. 购买股票复制指数	$-I_t$	2. 卖出指数组合	I_T
3. 卖出一份 T 时刻到期的价格为 $F_{t,T}^M$ 的远期合约	0	3. 远期合约的现金结算	$F_{t,T}^M - I_T$
		4. t 到 T 收到的所有红利的现金终值	D^*
总计	0	总计	$F_{t,T}^M - I_t \cdot (1 + R_{t,T}) + D^*$ $= F_{t,T}^M - F_{t,T}^{th} > 0$

理论期货价格 $I_t \cdot (1 + R_{t,T}) - D^*$ 与观察到的市场价格 $F_{t,T}^M$ 的全部差额都锁定在套利利润中。下面让我们举例说明。

【例 2-13】 假设 4 月 24 日，标准普尔 500 指数收于 2 693。年化短期利率为 2%；成分股未来（预期）红利现金流汇总于表 2-20。6 月 21 日（58 天）到期的标准普尔 500 指数期货的价格应该为多少？

表 2-20　　　　　　　　　　红利的终值计算示例

日期	距到期日的天数	预期的每日红利	截至 6 月 21 日，终值	日期	距到期日的天数	预期的每日红利	截至 6 月 21 日，终值
4 月 24 日	58	0.01	0.010032	5 月 23 日	29	0.048	0.048077
4 月 25 日	57	0.01	0.010032	5 月 24 日	28	0.112	0.112174
4 月 26 日	56	0.108	0.108336	5 月 27 日	25	0.066	0.066092
4 月 29 日	53	0.184	0.184542	5 月 28 日	24	0.13	0.130173
4 月 30 日	52	0.068	0.068196	5 月 29 日	23	0.028	0.028036
5 月 1 日	51	0	0	5 月 30 日	22	0.02	0.020024
5 月 2 日	50	0.028	0.028078	5 月 31 日	21	0.03	0.030035
5 月 3 日	49	0.068	0.068185	6 月 3 日	18	0.206	0.206206
5 月 6 日	46	0.244	0.244624	6 月 4 日	17	0.126	0.126119
5 月 7 日	45	0.024	0.02406	6 月 5 日	16	0.106	0.106094
5 月 8 日	44	0.354	0.354865	6 月 6 日	15	0.004	0.004003
5 月 9 日	43	0.404	0.404965	6 月 7 日	14	0.054	0.054042
5 月 10 日	42	0.014	0.014033	6 月 10 日	11	0	0
5 月 13 日	39	0.11	0.110238	6 月 11 日	10	0.082	0.082046
5 月 14 日	38	0.06	0.060127	6 月 12 日	9	0.098	0.098049
5 月 15 日	37	0.08	0.080164	6 月 13 日	8	0.136	0.13606
5 月 16 日	36	0.024	0.024048	6 月 14 日	7	0.022	0.022009
5 月 17 日	35	0.196	0.196381	6 月 17 日	4	0.004	0.004001
5 月 20 日	32	0.14	0.140249	6 月 18 日	3	0.002	0.002
5 月 21 日	31	0.03	0.030052	6 月 19 日	2	0.034	0.034004
5 月 22 日	30	0.01	0.010017	6 月 20 日	1	0.034	0.034002
						总计	3.514

标准普尔 500 指数期货的理论价格为：

$$F_{t,T}^{M} = I_t \cdot (1 + R_{t,T}) - D^* = 2\,693 \times \left(1 + 0.02 \times \frac{58}{360}\right) - 3\,514 = 2\,698.16$$

现在，假定我们观察到，相对于理论价格，期货合约的市场价格被低估，即 $F_{t,T}^{M} < F_{t,T}^{th}$。则投资者可以执行反向的现金和持有套利策略，卖空指数（即组成指数组合的所有股票）资产，将卖空所得金额按无风险利率进行投资，

并持有期货合约的多头头寸。从 t 到 T，每次派发红利的时候，投资者就必须按无风险利率借入相等金额来支付红利。到 T 时刻，依照期货合约的条款购买指数资产，结清资产空头头寸，收取仓储成本（如果存在），偿还用于支付股利的借款和相应的利息，最终实现净收益（见表 2-21）。

表 2-21　　　　　　　　　股指期货的逆向现金和持有套利策略

t 时刻的投资组合	t 时刻的收入/支出	到期日 T 的投资组合	到期日 T 的收入/支出
1. 卖空股指所包含的股票	I_t	1. 买入股指所包含的股票	I_T
2. 按无风险利率贷出卖空所得的现金	$-I_t$	2. 收到偿还的贷出款和利息	$I_t \cdot (1 + R_{t,T})$
3. 买入一份 T 时刻到期的价格为 $F_{t,T}^M$ 的指数远期合约	0	3. 远期合约的价值	$I_T - F_{t,T}^M$
		4. t 到 T 之间支付的所有红利的终值	$-D^*$
总计	0	总计	$I_t \cdot (1 + R_{t,T}) - F_{t,T}^M - D^*$ $= F_{t,T}^{th} - F_{t,T}^M > 0$

再次说明，理论期货价格 $I_t \cdot (1 + R_{t,T}) - D^*$ 与观察到的市场价格 $F_{t,T}^M$ 的全部差额都锁定在套利利润中。

股票指数期货公式只在标的股票的未来红利的支付日期和支付条款已知的情况下成立。如若不然，通常简化假设指数的红利率在单位时间是固定并持续的。与上文中期货定价的持有成本方程相对等的连续时间模型为：

$$F_{t,T} = I_t \cdot e^{(r-y)(T-t)}$$

其中，y——股指的连续红利率（年化）；r——T-t 期间的按连续复利计的无风险利率。

这个公式经常被运用，因为它只要求计算红利率而无须计算（频繁变化的）红利总额。

【例 2-14】假设标准普尔 500 指数为 2 577，红利率为 1.7%（即复制指数的股票组合每年支付 1.7% 的红利率）。按连续复利计的无风险利率为 1.4%。9 个月期的标准普尔 500 指数期货合约的价格为多少？

连续复利的红利率和连续复利的无风险利率之间的利率差异为每年 0.3%。可以得到：

$$F_{t,T} = 2\,577 \times e^{(-0.003 \times \frac{9}{12})} = 2\,571.21(\text{美元})$$

然而，在现实中很少有能满足红利率为常数且红利现金流持续不断的假设。红利的支付是在离散的区间内的，并倾向于成簇出现。整个年度中每周的红利率都会发生变化。例如，在纽约证券交易所的大部分股票的红利在2月、5月、8月和11月的第一周派发。英国有季度性派发的红利政策，而在瑞士，红利一般一年支付一次，大多在3月到5月之间支付（见图2-9）。

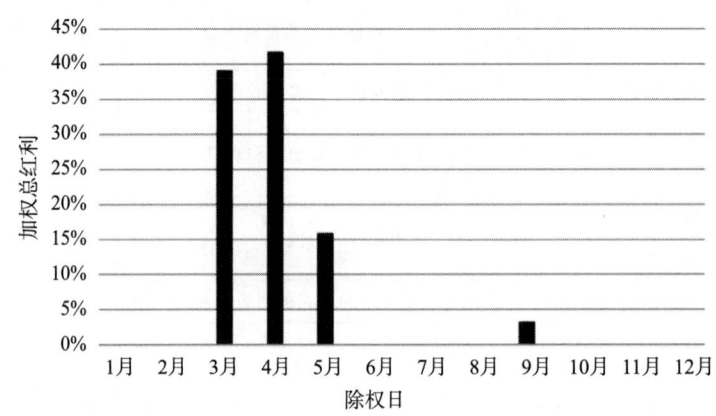

图2-9 瑞士市场指数（SMI）的月度红利

因此，当假设红利率为连续复利时，重要的是估计期货合约存续期内指数的红利率。

2.5.2 外汇期货

2.5.2.1 外汇期货的概念

外汇期货合约（Forex，或货币期货）是一种买卖双方订立的标准化合约，合约一方（卖方）同意在未来某一时刻（到期日或交割日），以协议价格（期货价格）向对方（买方）按事先约定的价格交割确定数量（合约规模）的规定货币（标的资产），并在交割日进行支付（在双方订立合约时就已经确定）。也可以说，外汇期货合约是基于两种货币之间汇率的期货合约。

最大的外汇期货交易市场是芝加哥商品交易所（CME）于1972年建立的国际货币市场（IMM）。该市场提供16种比价美元的外汇期货，其中包括9个世界主要币种，如欧元、日元、瑞士法郎、澳元和英镑等，也包括9个新兴市场国家的货币，如墨西哥比索（MXN）、巴西雷亚尔（BRL）或俄罗斯卢布（RUB）。此外，CME 还挂牌交易 15 种非美元货币对的交叉汇率外汇产品，以及与常规规模合约相对应的小规模合约（CMEE-mini 欧元期货和 CMEE-mini 日元期货）。其他重要的外国期货市场有纳斯达克 OMX 期货交易所（NFX，前身是费城期货交易所）、新加坡交易所①（SIMEX、新西兰期货交易所，以及悉尼期货交易所。

表 2-22 列出了部分在国际货币市场（IMM）交易的外汇期货的主要特征。

表 2-22　　　　　　　国际货币市场（IMM）主要外汇期货的特征

	外汇期货
交易地点	国际货币市场（CME）
交易品种	各种外汇
合约规模	日元，12.5 百万日元
	欧元，125 000 欧元
	巴西雷亚尔，100 000 巴西雷亚尔
	加拿大元，100 000 加拿大元
	英镑，62 500 英镑
	瑞士法郎，125 000 瑞士法郎
	澳元，100 000 澳元
	……
报价	外汇期货报价是以每单位外币多少美元来表示
每口价格变动限制	各异
交割月份	3月、6月、9月、12月
最后交易日	交割月第三个星期三的前两个交易日
交割日	最终结算日是交割月的第三个星期三
交割程序	实物交割
	国际货币市场（IMM）所设置的交割系统使得任何涉及交割的外币都不需要离开本国。期货多头方在美国交割美元，在本国收到合约规定的货币。期货空头方在本国交割合约货币，而在美国接收美元。在最后交易日之前，在各参与者之间存在银行相关信息的交换。通过预先安排的银行传送（转账）系统，每个购买者将在最后交易日随后的星期三以美元支付外币的结算价，并收到合约商定的货币的约定金额。在同一天，卖方将支付合约商定的货币的约定金额，并以结算价收到美元
	巴西雷亚尔和俄罗斯卢布是现金交割

---

① 这些合同与 CME 交易的合同相同，也通过共享差额清算系统进行清算。

大部分交易都集中在少数几种货币的外汇期货上，如欧元、加拿大元、英镑、日元和瑞士法郎兑美元的外汇期货。一些交叉汇率期货合约也能够直接获得，例如人民币兑欧元、日元或美元的外汇期货，以及澳大利亚元兑日元、加拿大元、新西兰元等的外汇期货。其他交叉汇率可以通过将两笔单独的兑美元交易结合起来进行报价（例如美元兑瑞士法郎汇率和美元兑日元汇率可以被用来给出瑞士法郎兑日元汇率[①]）。

银行间市场（场外市场）的交易商提供与那些期货合约（交易所市场）类似的远期合约。表2-23总结了两个市场的主要差异（以芝加哥商品交易所为例）。

表 2-23　　　　　　　　　　外汇期货市场与银行间市场的对比

期货市场	银行间即期和远期市场
交易在竞争的环境中通过公开喊价报出买价、卖价和数量	银行通常通过电话或电传与另一家银行、外汇经纪人或公司进行交易
参与者要么是合约的买方，要么是卖方，且在任一时间价格都是确定的单一价格	参与者通常参与双边市场，同时报出买入价和卖出价
非会员交易者通过经纪人（交易所会员）在交易场所代表他们进行交易	以参与者对参与者交易为基础，双方直接进行交易或者通过经纪人进行交易
市场参与者通常彼此并不了解，除非公司通过自己的出市代表进行自营交易	每笔交易的参与者通常都知道另一交易方是谁
参与者包括银行、公司、金融机构、个人投资者和投机者	主要是银行间，以及银行与其他主要商业团体进行交易，很少涉及个人和小企业
期货交易价格由交易所连续发布	通过银行间市场获得买价和卖价报价，而不是实际价格
交易所清算中心是每笔清算交易的对手方，因此信用风险极大地降低	与交易商交易的每个参与者都必须逐一进行审查以控制信用风险，并对每个交易者设立信用限制。同样，交易者的信用状况存在很大的差别
对所有参与者都有保证金要求	银行间交易通常没有保证金要求，而对小的非银行客户在特定的环境下仍有保证金要求
通过交易所清算中心每日进行结算。头寸价值的收益可以提取，损失则按日收取	结算在即期交易后两天进行（美元对加拿大元是在一天后）。对于远期交易，损益都在结算日实现
只有很少的合约交易（通常小于1%）最后导致交割	多数交易最终都完成交割

---

① 1991年芝加哥商品交易所（CME）发行了几种比较常见的交叉汇率的期货品种，但由于缺乏成交量，以及在合适的货币市场形成前，交割时用美元结算带来了美元价值波动风险，最终这些期货宣告失败。

续表

期货市场	银行间即期和远期市场
无论是多头还是空头都易于对冲抵销	远期头寸不易冲抵或与其他参与者进行交换
所有的合约月份都使用标准日期，交易量较为集中，以提高价格竞争效率	远期合约的结算可以在买卖双方同意的任何时间进行
合约规模按货币金额标准化	参与者可以交易任意买卖双方商定的金额
价格以美元形式报出（单位外币的美元价值）	按欧洲报价形式进行报价（单位本币的美元价值），英镑和某些英联邦货币除外
收取单一、一进一出市场算一次的佣金。佣金由经纪商与客户协商确定，和合约价值相比非常小。佣金作为交易费用，通常能抵税	如果直接与另一个银行或客户进行交易就不需要支付佣金。然而，如果交易是通过外汇交易经纪人进行的，买卖双方都需要支付佣金。佣金作为交易费用，通常可以抵税

因为外汇交易中一种货币总是相对另一种货币进行报价，所以外汇报价很容易让人困惑。这意味着对一个外汇存在两个报价。例如，我们假设1欧元兑1.15瑞士法郎。

- 一种形式，如果我们以欧元为单位货币报出外汇，我们把汇率记为欧元/瑞士法郎1.15。这意味着购买每欧元需要1.15瑞士法郎，如果瑞士法郎相对于欧元升值（Appreciates）10%，也就是说，我们只需要更少的瑞士法郎就可以购买相同金额的欧元，新的汇率为欧元/瑞士法郎1.0455。换句话说，汇率会随着瑞士法郎升值而降低，这多少有点令人困惑。

- 另一种形式，如果我们以瑞士法郎为单位货币进行外汇报价，我们把汇率记为瑞士法郎/欧元0.8696。如果瑞士法郎相对于欧元升值10%，也就是说，我们只需要更少的瑞士法郎就可以购买相同金额的欧元，新的汇率为瑞士法郎/欧元0.9565。换句话说，汇率会随着瑞士法郎升值而变得更高。

一般来说，如果一个货币对的汇率被报价为 CCY1/CCY2 = S（或在某些情况下 CCY1 – CCY2），那么 S 代表每单位的 CCY1 所对应的 CCY2 单位数量。换句话说，S 是以 CCY2 单位表示的一个单位的 CCY1 的价值。因此，CCY1 量乘以 S 等于 CCY2 量，或者 CCY2 量除以 S 等于 CCY1 量（当交易 CCY2 量时）。

除特殊情况外，市场惯例基于每种货币的价值决定了任何货币对中哪种货币是 CCY1，哪种货币是 CCY2。例如，CHF（瑞士法郎）和 JPY（日元）之间的汇率将被报为 CHF/JPY，因为一个瑞士法郎比一个日元的价值高。价值较低的货币通常是 CCY2（使得汇率高于 1），但以下货币除外：欧元、英镑、澳元、新西兰元和美元，它们总是 CCY1。如果这些货币互相报价，那么上述列示中的前一种货币将是 CCY1。例如，英镑和欧元之间的汇率将被报为 EUR/GBP，因为在上述列示中欧元先出现。由于货币的价值较高，某些不在此例外列示中的货币对的汇率低于 1，例如，美元/科威特第纳尔（KWD = 科威特第纳尔）。

然而，美国交易所的货币期货报价并不遵循通常的市场惯例，而是对每单位外国货币的美元单位报价。因此，确定报价惯例是非常重要的。只要我们保持一致，知道一个给定的汇率的确切含义，我们可以任选一种报价方法。

芝加哥商品交易所瑞士法郎（CHY/USD）和日元（JPY/USD）期货报价见表 2-24。

表 2-24　　　芝加哥商品交易所瑞士法郎和日元期货报价

月份	开盘价	最高价	最低价	最后成交价	变动	结算价	交易量	前一日未平仓合约数
JUN 18	1.0155	1.0172	1.0098	1.0131	-0.0039	1.0125	26 475	96 243
SEP 18	1.0237	1.0253B	1.0185A	1.0216A	-0.0039	1.0207	338	4 667
DEC 18	—	—	1.0276A	1.0295A	-0.0039	1.0295	0	49
MAR 19	—	—	1.0397A	1.0401A	-0.0038	1.0391	0	13
JUN 19	—	—	1.0521A	1.0521A	-0.0038	1.0485	0	0
SEP 19	—	—	1.0610A	1.0610A	-0.0036	1.058	0	1
TOTAL							26813	100973

月份	开盘价	最高价	最低价	最后成交价	变动	结算价	交易量	前一日未平仓合约数
JUN 18	0.0092010	0.0092060	0.0091210	0.0091420	-0.0000755	0.0091395	151 062	149 057
JUL 18	0.0091935	0.0091975	0.0091420	0.0091580B	-0.0000755	0.0091590	847	322
AUG 18	0.0092200	0.0092200	0.0091600	0.0091800	-0.0000755	0.0091755	832	300
SEP 18	0.0092585	0.0092620B	0.0091800	0.0092005	-0.0000755	0.0091980	1 497	8 357
OCT 18	—	—	0.0092660A	0.0092660A	-0.0000755	0.0092175	0	0
DEC 18	—	—	0.0092655A	0.0092655A	-0.0000755	0.0092630	2	667
MAR 19	—	—	0.0093305A	0.0093305A	-0.0000755	0.0093365	2	38
JUN 19	—	—	0.0094445A	0.0094445A	-0.0000750	0.0094090	0	0
SEP 19	—	—	0.0095385A	0.0095385A	-0.0000740	0.0094865	0	3
TOTAL							154 242	158 744

2.5.2.2 外汇期货定价

外汇期货合约的定价依据是无套利定价的基本原理，条件是某种外汇的持有者可以按该国无风险利率获得利息收入。

S_t 表示当前两货币之间的汇率（也就是说，今天购买 1 欧元需要 S_t 美元[①]），$F_{t,T}$ 表示远期汇率（也就是说，$F_{t,T}$ 美元是今天协商确定的在未来 T 时刻购买 1 欧元的价格）。$R_{t,T}^{USD}$ 和 $R_{t,T}^{EUR}$ 分别表示从时刻 t 到时刻 T 的期间美元和欧元的无风险利率[②]。

以投资者想安全地投资 1 欧元，时间长度为 1 年的情况为例。投资者可以：

- 将他的 1 欧元按 $R_{t,T}^{EUR}$ 的利率投资欧元国库券。在期末（T 时刻），投资者的投资额为 $1 \cdot (1 + R_{t,T}^{EUR})$ 欧元。
- 或者，将他的 1 欧元转换为 S_t 美元，按 $R_{t,T}^{USD}$ 利率投资 1 年期的美国国库券，并且同时签订一个远期协议将投资策略的最终收益转换回来（按 $F_{t,T}$ 的价格）。在年末，投资者的投资为 $S_t \cdot (1 + R_{t,T}^{USD})$ 美元，一旦进行转换，即为 $\dfrac{S_t \cdot (1 + R_{t,T}^{USD})}{F_{t,T}}$ 欧元。

很明显，两个策略中都不存在不确定性，因为 S_t、$F_{t,T}$、$R_{t,T}^{USD}$ 和 $R_{t,T}^{EUR}$ 在期初就是已知的。因此，两个策略应该得到相同的最终结果（否则，就会存在套利机会），即：

$$1 + R_{t,T}^{EUR} = S_t \cdot \frac{1 + R_{t,T}^{USD}}{F_{t,T}}$$

可以整理为：

$$F_{t,T} = S_t \cdot \frac{1 + R_{t,T}^{USD}}{1 + R_{t,T}^{EUR}}$$

外汇价格的现货—期货关系（称为有套期保值的利率平价）适于机能完

[①] 在此我们是采用"美国形式"的报价，表示为每单位外币的美元价格。这是芝加哥商业交易所的外汇期货的标价方式，也是欧元/美元（EUR/USD）汇率的报价方式。

[②] 一般情况下，选择按 360 天/年进行报价的货币市场利率（英镑的利率采用 365 天）；货币市场利率不按连续复利计算。

善的有效市场。这个公式显示,外汇期货的公平价格是即期汇率、国内利率和国外利率的函数。需要指出的是,两个国家的利率受到这两个国家的经济形势、货币供给和通货膨胀率因素的影响。

【例 2-15】某外汇期货合约 90 天后终止。假设欧元/美元的即期汇率为 1.1666 美元/欧元,欧洲美元存款的年利率为 2%,欧洲欧元存款的年利率为 1%。该外汇期货的公平价格为多少?

我们有:

$$R_{t,T}^{USD} = 0.02 \times \frac{90}{360}$$

$$R_{t,T}^{EUR} = 0.01 \times \frac{90}{360}$$

$$F_{0,3M} = 1.1666 \times \frac{1 + 0.02 \times \frac{90}{360}}{1 + 0.01 \times \frac{90}{360}} = 1.1695(\text{美元/欧元})$$

有套期保值的利率平价关系的引申意义就是,以下两个策略对投资者来说应该是无差异的:

- 按无风险利率投资欧元。
- 转换成美元,按无风险利率投资美元,再按最初已知的远期利率 $F_{t,T}$ 转换为欧元。

如果 $R_{t,T}^{USD}$(美元的无风险利率)高于 $R_{t,T}^{EUR}$(欧元的无风险利率),投资于美元将比投资于欧元增长更快。因此,如果汇率仍然没有改变,每个人都想将其财富投资于美元。很明显,这样的套利机会是不存在的。因此,虽然美元投资将比欧元投资增长得更快,这个影响将被远期汇率与即期汇率之间的价值差所抵销。如表 2-25 所示。

表 2-25   外汇期货的现金和持有套利策略

t 时刻的投资组合	t 时刻的收入/支出	到期日 T 的投资组合	到期日 T 的收入/支出
1. 以利率 $R_{t,T}^{EUR}$ 借入 1 欧元转换成美元	S_t 美元	1. 偿还欧元借款和利息	$-S_T \cdot (1 + R_{t,T}^{EUR})$ 美元
2. 以利率 $R_{t,T}^{USD}$ 贷出美元	$-S_t$ 美元	2. 收到偿还的美元贷款和利息	$S_t \cdot (1 + R_{t,T}^{USD})$ 美元

续表

t 时刻的投资组合	t 时刻的收入/支出	到期日 T 的投资组合	到期日 T 的收入/支出
3. 做多 $(1 + R_{t,T}^{EUR})$ 份欧元期货，在时间 T 购买 1 欧元的价格是 $F_{t,T}$	0	3. 远期合约的价值	$(1 + R_{t,T}^{EUR}) \cdot (S_T - F_{t,T})$ 美元
总计	0	总计	$S_t \cdot (1 + R_{t,T}^{USD}) - (1 + R_{t,T}^{EUR}) \cdot F_{t,T}$ 美元

一旦利率平价关系不成立，套利者就能在外汇市场以总额为 0 的净投资获得无风险利润。

下面是一个在隐含回购利率①高于美元利率时，外汇市场的现金和持有套利的案例。

【例 2-16】 如表 2-26 所示，假设 8 月 9 日到 12 月 17 日期间美元利率 $R_{p.a.}^{USD}$ 为 1.30%，瑞士法郎（CHF）的利率 $R_{p.a.}^{CHF}$ 为 0.30%。8 月 9 日瑞士法郎/美元的即期汇率 S_t 为 0.9545 美元/瑞士法郎，远期利率 $F_{t,T}$（12 月 17 日到期）为 0.9604 美元/瑞士法郎。

如果我们的初始投资为 1 美元，先将美元转成 $1/S_t$ 瑞士法郎现货，再将其投资于瑞士货币市场，然后根据未来将获得的金额，卖出远期瑞士法郎，换回美元。由此我们得到隐含回购利率 $R_{p.a.}^{repo}$ 为：

$$1 + R_{p.a.}^{repo} \cdot \frac{T-t}{360} = \frac{F_{t,T}}{S_t} \cdot \left(1 + R_{p.a.}^{CHF} \cdot \frac{T-t}{360}\right)$$

$$1 + R_{p.a.}^{repo} \times \frac{130}{360} = \frac{0.9604}{0.9545} \times \left(1 + 0.003 \times \frac{130}{360}\right)$$

$$R_{p.a.}^{repo} = 2.01\% > 1.3\%$$

表 2-26 现金和持有套利策略实例

8 月 9 日的投资组合	8 月 9 日的收入/支出	12 月 17 日的投资组合	12 月 17 日的收入/支出
1. 以利率 1.3% 借入 1 000 000 美元 130 天	1 000 000 美元	1. 收回的瑞士法郎投资	1 048 804 瑞士法郎

---

① 如前所述，隐含回购利率是对期货、现货价格关系中隐含的持有成本的一种衡量。它是买入国债同时卖出国债期货所能获得的年化总回报率，它也可以使得现金和持有套利交易的净收益为 0 的年化借款利率（无套利的借款利率）。

续表

8月9日的投资组合	8月9日的收入/支出	12月17日的投资组合	12月17日的收入/支出
2. 将美元按即期汇率 0.9545 美元/瑞士法郎转换成瑞士法郎 3. 将瑞士法郎按照 0.3% 的利率投资 130 天	−1 000 000 美元 1 047 669 瑞士法郎 −1 047 669 瑞士法郎	2. 交割瑞士法郎结清瑞士法郎远期空头头寸,按远期汇率 0.9604 美元/瑞士法郎获得美元	−1 048 804 瑞士法郎 1 007 271 美元
4. 做空瑞士法郎远期合约（12月17日到期），远期汇率是 0.9604，金额为 1 048 804 瑞士法郎 = 1 047 669 $\times \left(1 + 0.03 \times \dfrac{130}{360}\right)$①	0	3. 偿还美元借款和利息	−1 004 694 美元
总计	0	总计	2 577 美元

类似地，当隐含回购利率低于美元利率，表 2-27 是反向的现金和持有套利策略的示例。

现在假定美元利率 $R_{p.a.}^{USD}$ 为 3%。

表 2-27　　　　　逆向现金和持有套利策略实例

8月9日的投资组合	8月9日的收入/支出	12月17日的投资组合	12月17日的收入/支出
1. 以利率 0.3% 借入 1 500 000 瑞士法郎 130 天	1 500 000 瑞士法郎	1. 收回的美元投资	1 477 261 美元
2. 将瑞士法郎按即期汇率 0.9545 美元/瑞士法郎转换成美元 3. 将美元按照 3% 的利率投资 130 天	−1 500 000 瑞士法郎 1 431 750 美元 −1 431 750 美元	2. 交割美元结清瑞士法郎远期多头头寸，按远期汇率 0.9604 美元/瑞士法郎获得瑞士法郎	−1 442 161 美元 1 501 625 瑞士法郎
4. 做多瑞士法郎远期合约（12月17日到期），远期汇率是 0.9604，金额为 1 501 625 瑞士法郎	0	3. 偿还瑞士法郎借款和利息	−1 501 625 瑞士法郎
总计	0	总计	5 100 美元

2.5.2.3　应用：基差交易

基差交易是有套期保值的利率平价关系的直接应用。交易商可以检验汇

---

① 注意：1 391 553 瑞士法郎包括本金和未来的利息收益。我们采用的是远期合约，如果本例中采用期货合同，套利者必须卖空 11 份 12 月的瑞士法郎期货（1 391 553 瑞士法郎/125 000 瑞士法郎 =11.13），额外的 0.13 份期货合约（或 16 553 瑞士法郎）可能导致剩余风险。

率来看它们是否正确反映了利率的差异。

以欧元兑美元为例。计算利率基差（例如，远期和即期价格之间的差额）由哪些利率导出的基本公式如下：

$$F_{t,T} - S_t = S_t \cdot \frac{1 + R_{t,T}^{USD}}{1 + R_{t,T}^{EUR}} - S_t = S_t \cdot \frac{(1 + R_{t,T}^{USD}) - (1 + R_{t,T}^{EUR})}{1 + R_{t,T}^{EUR}}$$

$$= S_t \cdot \frac{R_{t,T}^{USD} - R_{t,T}^{EUR}}{1 + R_{t,T}^{EUR}}$$

给定均衡基差的计算，"理论上正确"的期货价格应该为即期价格加上这个基差。任何在期货市场可利用的实际价格与理论价格的差异都意味着可获益套利机会的存在。

使用名义年利率 $R_{p.a.}$，上述公式变为：

$$F_{t,T} - S_t = S_t \cdot \frac{1 + R_{p,a}^{USD} \cdot \frac{T-t}{360}}{1 + R_{p,a}^{EUR} \cdot \frac{T-t}{360}} - S_t = S_t \cdot \frac{(R_{p.a.}^{USD} - R_{p.a.}^{EUR}) \frac{T-t}{360}}{1 + R_{p,a}^{EUR} \cdot \frac{T-t}{360}}$$

请注意交易者通常使用以下近似公式：

$$基差 = S_t \cdot (R_{p.a.}^{USD} - R_{p.a.}^{EUR}) \cdot \frac{T-t}{360}$$

英镑、澳元、加拿大元例外，它们是以365天作为分母计算的。

【例2-17】 3月19日，投资者观察到如下的3月期欧洲货币利率：欧洲美元1.3%，欧洲英镑3.6%。即期汇率为1.3210美元/英镑，6月的英镑期货的交割日为6月18日。

6月的英镑期货的均衡基差近似为：

$$均衡基差 \approx 1.3210 \times (0.013 - 0.036) \times \frac{91}{365} = -0.0076$$

理论上的英镑期货价格是1.3134，它等于英镑即期汇率加上均衡基差。如果实际的期货价格低于1.3134，交易商应该卖出英镑现货，买入期货。当然，这要求足够大的差额以弥补交易成本。

基差分析能用于直接从期货市场获利（不考虑任何交易成本）。一旦交易商已知从现货即期价格到每个合约月份的均衡基差，只需要加上各次交割间的差价，就可求得不同到期时间期货之间的平价关系。例如：

6月期货对9月期货的基差＝现货对9月期货的基差－现货对6月期货的基差

如果6月与9月期货价格的实际差额为正，但是小于预期的6月期货对9月期货的价差，交易商应该买入9月期货，卖出6月期货。当期货价格回归正常的关系时，交易商应该买回6月期货，卖出9月期货，获得实际与预期价差之间的差额收益。期货的保证金要求越低，这种交易形式就越具有吸引力。

2.5.3　商品期货

在下面的讨论中，我们将仅限于介绍几个主要的商品期货。

2.5.3.1　农产品期货

表2-28、表2-29给出了美国主要农产品期货的合约条款。

表2-28　　　　　　　　　　美国主要农产品期货合约条款

	大豆	小型玉米	豆粕	豆油
交易所	芝加哥期货交易所	芝加哥期货交易所	芝加哥期货交易所	芝加哥期货交易所
交易代码	S	YC	SM	BO
交易单位	5 000蒲式耳	1 000蒲式耳	100吨	60 000磅
交割等级	2号黄大豆或交易所指定的替代品	2号黄玉米或交易所指定的替代品	仅限于蛋白质含量48%以上一级大豆粕。截至2019年1月，蛋白含量最低47.5%。	仅限于一级天然豆油
报价单位	美分和1/4美分/蒲式耳	美分/蒲式耳	美元和美分/吨	美元和美分/磅
最小变动规模	1/4美分/蒲式耳（12.50美元/张合约）	1/8美分/蒲式耳（1.25美元/张合约）	10美分/吨（10美元/张合约）	1/100美分/磅（6美元/张合约）
合约月份	1月、3月、5月、7月、9月、11月	3月、5月、7月、9月、11月	1月、3月、5月、7月、8月、9月、11月、12月	1月、3月、5月、7月、8月、9月、11月、12月
最后交易日	合约月的第15个日历日的前一个交易日			

数据来源：CME集团。

表 2-29　　　　　　　　　　　　美国主要农产品期货合约条款

	小麦	#11 白砂糖	活牛	瘦猪
交易所	芝加哥期货交易所	美国 ICE 期货交易所	芝加哥期货交易所	芝加哥期货交易所
交易所代码	W	SB	LC	LH
交易单位	5 000 蒲式耳	112 000 磅	40 000 磅的公牛	40 000 磅
交割等级	2 号软红麦或其他许可的替代品	按平均偏差,基于 96 等级的天然蔗糖	美国农业部特选级或更优质的肥牛	没有生猪的实物交割所有未平仓合约都基于 CME 瘦肉型生猪指数进行现金结算
报价单位	美分/蒲式耳	美分/磅,保留小数点后两位	美分/磅	美分/磅
最小变动规模	1/4 美分/蒲式耳（12.25 美元/张）	1/100 美分/磅（11.20 美元/张）	0.00025 美元/磅（10 美元/张）	0.00025 美元/磅（10 美元/张）
合约月份	3 月、5 月、7 月、9 月、12 月	1 月、3 月、5 月、7 月、10 月	2 月、4 月、6 月、8 月、10 月、12 月	2 月、4 月、5 月、6 月、7 月、8 月、10 月、12 月
最后交易日	合约月第 15 日的前一个交易日	合约月前一个月的最后一个交易日	合约月的最后一个交易日	合约月的第 10 个交易日

数据来源：CME 集团和洲际交易所（ICE）。

对农产品期货而言，空头方有权在一系列不同的交割地点作出选择。当允许选用备选等级时，如果空头方交割不同等级的商品，交割价格将要进行调整。这与利率期货的转换因子类似，同样也使交割最便宜等级得以存在。

一种农产品期货的利差是压榨利差（Crush Spread）。大豆转换成豆油和豆粕的过程称为压榨。因此，压榨利差的概念是拥有大豆期货的头寸的同时拥有豆油或豆粕期货反向的头寸。这代表了大豆加工商利用期货市场为其头寸进行套保可能获取的收益。

2.5.3.2　能源期货

世界主要的能源期货交易所是纽约商业交易所（New York Mercantile Exchange，NYMEX，于 1994 年与商品交易所合并组成）。民用燃料油期货开始于 1978 年，紧随着的是原油期货（1983 年）和无铅汽油期货（1985 年）。表 2-30 列出了主要能源期货的合约条款。

表 2-30　　　　　　　　　　　主要能源期货合约条款

	原油	燃料油	无铅汽油
交易所	纽约商业交易所	纽约商业交易所	纽约商业交易所
交易代码	CL	H0	HU
交易单位	1 000 桶（42 000 加仑）	42 000 加仑	42 000 加仑
交割等级	美国国内原油（含硫量低于 0.42%，API 值高于 37 并低于 42）和某些特定的国外原油	工业标准等级的 2 号燃料油	工业标准等级的二级（第二阶段）复杂模型再形成（精炼）汽油
报价单位	美元/桶	美分/加仑	美分/加仑
最小变动规模	0.01 美元/桶，10 美元/张合约	0.01 美元/加仑，4.20 美元/张合约	0.01 美元/加仑，4.20 美元/张合约
合约月份	所有月份	所有月份	所有月份
最后交易日	到期月份前一个月 25 日前的第 3 个交易日	到期月份前一个月的最后一个交易日	到期月份前一个月的最后一个交易日

数据来源：CME 集团。

现货溢价市场（Backwardation）是能源期货价格在某些时期的普遍特征，在其他时期价格表现为完全持仓成本。例如，对于燃料油，便利收益（并因此价格走低）在冬季后几个月达到最顶峰，而在夏季回落到最低点。交易者和对冲基金一般都会采用系统性战略去利用这种周期性。

一种常见的能源期货利差裂化利差。原油转换成石油制品（如民用燃料油、汽油等）称为裂化。因此，裂化利差的概念是拥有原油期货的头寸的同时拥有燃料油期货或汽油期货的反向头寸。

2.5.3.3　贵金属期货

该类型的期货合约主要进行金、银、铂和钯的交易。主要的合约（合约条款）如表 2-31 所示。

表 2-31　　　　　　　　　　　主要贵金属期货合约条款

	黄金	银	铂
交易所	纽约商业交易所	纽约商业交易所	纽约商业交易所
交易代码	GC	SI	PL
交易单位	100 金衡盎司	5 000 金衡盎司	50 金衡盎司
交割等级	纯度不低于 0.995	纯度不低于 0.999	纯度不低于 99.95%

续表

	黄金	银	铂
报价单位	美元/盎司	美分/盎司	美元/盎司
最小变动规模	0.10 美元/金衡盎司，10 美元/张合约	0.005 美元/金衡盎司；跨式或利差交易：0.001 美元/金衡盎司	0.10 美元/金衡盎司，5 美元/合约
合约月份	当月在内的 3 个连续月份，当前月份开始的 23 个月中循环中的 2、4、8 和 10 月；当前月份开始的 72 个月中循环中的 6 月和 12 月	当月在内的 3 个连续月份，当前月份开始的 23 个月中循环中的 1、3、5 月和 9 月；当前月份开始的 60 个月循环中的 7 月和 12 月	当前月份开始的 15 个月和进入 1 月、4 月、6 月、10 月季月循环之前的两个最近的日历月
最后交易日	交割月最后工作日前的第 3 个交易日		

数据来源：CME 集团。

注意，交割金属的纯度被用来作为调整应付价格的交割品级调整参数，空头方将面对的交割价格为：

$$应付交割价格 = 期货价格 \times 重量 \times 纯度$$

例如，纽约商业交易所的黄金期货合约允许交割重量在 95 盎司和 105 盎司之间的金条，纯度在 0.995 及以上。因此，在确定应付交割价格时两个因素都应考虑。

2.5.3.4 工业金属期货

伦敦金属交易所（LME）主导着世界工业金属交易，该交易所具有一些独特的特征：

- 合约分为两种，一种是月度合约，另一种为指定日期的合约（另外还区分了现货日合约和 3 个月合约，前者要求在当前日历日的两个工作日后交割，后者要求在当前日期的 3 个月后交割）。
- 伦敦金属交易所（LME）同时拥有公开喊价与伦敦金属交易所电子交易平台（LME select）支持的 24 小时电话市场。
- 公开喊价交易由一个个铃声开市期（Ring Sessions）组成：每次铃声开市期包括一系列的针对每种金属的 5 分钟交易时间：铝交易 5 分钟；铜交易 5 分钟，诸如此类，共进行 2 轮。在各铃声开市期中，交易的金属品种的顺序实时变化，由伦敦金属交易所（LME）决定。

- 在伦敦金属交易所（LME）交易的合约有相当一部分最后要完成实物交割（例如，相对于纽约商业交易所原油期货 0.04% 至 0.08% 的实物交割比例，伦敦金属交易所的实物交割率大约达到 3% 至 4%）。
- 3 月期期货合约是伦敦金属交易所（LME）合约中唯一按绝对价格水平报价的合约，所有其他合约都按相对于 3 月期合约价格的价差报价。

伦敦金属交易所（LME）主要合约特征归纳如表 2-32、表 2-33 所示。

表 2-32　　　　　　　　　　主要工业金属期货合约条款

	铝	铜	锌
交易所	伦敦金属交易所（LME）	伦敦金属交易所（LME）	伦敦金属交易所（LME）
代码	AH	CA	ZS
交易单位	25 吨		
质量	原铝，最低纯度为 99.70%，许可的最高铁含量为 0.2% 和最高硅含量为 0.10%	阴极电解铜（A 级）	最低纯度为 99.995% 的特选级锌
数量公差	2%		
报价单位	美元/吨		
最小变动价位	50 美分/吨	50 美分/吨	50 美分/吨
合约月份	每日上市 3 个月合约，每 3 周上市 6 个月期合约，每 7 个月上市 123 个月期合约（锌是 63 个月期合约		

表 2-33　　　　　　　　　　主要工业金属期货合约条款

	铅	镍	锡
交易所	伦敦金属交易所（LME）	伦敦金属交易所（LME）	伦敦金属交易所（LME）
交易单位	25 吨	6 吨	5 吨
质量	最低纯度为 99.97% 精炼优质铅	最低纯度为 99.8% 的原镍	最低纯度为 99.85% 的精炼锡
数量公差	2%		
报价单位	美元/吨	美元/吨	美元/吨
最小变动价位	50 美分/吨	5 美元/吨	5 美元/吨
合约月份	每日上市 3 个月期合约，每 3 周上市 6 个月期合约，每 7 个月上市的 63 个月期合约（锡是 15 个月期合约）		

2.5.3.5　商品期货定价

对于商品期货（Commodity Futures），执行无风险套利并非如我们想象的那样简单，有一些复杂的因素和风险需要考虑。当运用持有成本模型时，主要存在两个限制：首先，卖空并非总是可能的（你如何卖空一头活牛呢？）。其次，商品期货与金融期货之间的关键差异是商品期货可能要考虑便利收益（Convenience Yield）的存在：商品的使用者可能感觉拥有实物商品存在一定利益，而这是期货持有者无法获得的。

便利收益的概念是看待市场上现货溢价（Backwardation）（即实物商品短缺）的另一种方式。事实上，便利收益可以被看作只是简单持有实物商品的隐含收益（或回报）。这种收益不一定是金钱上的，也不一定是可以直接衡量的。例如，它可能是公司有能力用存货保障不间断的供应所带来的一种隐含收益。

我们如何在期货定价中引入便利收益率呢？考虑前述一般的持有成本关系，我们得到：

$$F_{t,T} = S_t \cdot (1 + R_{t,T}) + k(t,T)$$

其中，$F_{t,T}$——时刻 T 交割的期货合约在时刻 t 的价格；S_t——时刻 t 的标的资产的即期价格；$R_{t,T}$——时刻 t 到 T 期间的无风险利率；$k(t,T)$——持有成本，如保险费、仓储成本等。

如果我们考虑便利收益 $Y_{t,T}$，期货价格将下降（因为便利收益是现货持有者获得的）。因此，如果期货合约的实际价格比理论的期货价格低，则基础商品就被认为有便利收益：

$$F_{t,T} = S_t \cdot (1 + R_{t,T}) + k(t,T) - Y_{t,T}$$

商品期货合约中隐含的便利收益表示为：

$$Y_{t,T} = S_t \cdot (1 + R_{t,T}) + k(t,T) - F_{t,T}$$

在这个方程中，收益按每单位商品的美元价值的形式给出，而不是比率形式。为了将其表示为比率形式，我们可以把它再除以商品现货的价格：

$$Y_{t,T}^* = \frac{S_t \cdot (1 + R_{t,T}) + k(t,T) - F_{t,T}}{S_t}$$

让我们用一个实例来说明。

【例 2 – 18】2018 年 4 月 12 日，铜的现货价格为 3.0620 美元/磅，12 月的期货价格为 2.8580 美元/磅（240 日或 8 个月后到期）。融资利率为每年 2%，仓储成本为每月 0.005 美元/磅，每年末支付。

8个月的持有成本大约等于8美分/磅，即：

$$3.0620 \times 0.02 \times \frac{240}{360} + 0.005 \times 8 = 0.0808(美元/磅)$$

则每年的便利收益率为：

$$\frac{3.0620 + 0.0808 - 2.8580}{3.0620} \times \frac{360}{240} = 13.95\%$$

因为这个附加的因素，商品期货的价格可能明显不同于理论上的"持有成本"价格。

2.5.4 利率期货

2.5.4.1 债券期货

债券期货（Bond Futures）是双方订立的标准化合约，其中一方（卖方）同意在未来某时刻（到期日或交割日）以约定价格（期货价格）向另一方（买方）交割固定数量（合约规模）的名义债券（标的资产）。合约在有组织的交易所中进行交易，并规定了数量、到期日和价格（期货价格）。

理论上，债券期货看起来相对简单。债券期货多头有义务在未来的某个时刻买入标的债券，而空头有义务卖出债券。因此，担心债券价格下跌（即利率上升）的投资者通常是债券期货合约的卖方，而担心债券价格上涨（即利率下降）的投资者是持有债券期货合约的多头。然而在现实中，债券期货十分复杂。首先，债券期货的报价方式采用固定收益市场的特有惯例。其次，期货的标的债券不是实物债券，而是理论上的名义债券。我们将在下文中对此进行解释。

2.5.4.1.1 美国债券期货示例

美国长期国债期货和中期国债期货合约文本如表2-34所示。现在我们需要回忆一个重要的惯例：美国长期国债和中期国债以债券面值的点数和1/32个百分点的形式进行报价。因此，对于面值为100 000美元的债券，报价为112-15的意思是，用十进制小数表示的债券价格为（112 + 15/32）×（100 000/100）=112 468.75美元。这种报价方式源于这些债券习惯上以1/32点（转换为十进制小数是0.03125）作为最小变动单位。一个最小单位的变动，如变为112-14，会使得金额变化31.25美元。

美国长期国债期货也遵循同样的惯例。通常来说：

- 对于长期国债和超长期国债期货，最小变动单位是1/32。例如，报价112-15等于112加上15/32。
- 对于10年期和超10年期的中期国债，最小变动价位是1/32的1/2，或者说是15.625美元。这使得报价98.095=98+9.50/32。
- 对于5年期和2年期中期国债，最小变动价位是1/32的1/4。因此：

（1）报价92.072=92+7.25/32。

（2）报价109.017=109+1.75/32。

（3）因为合约规模是200 000美元可交付的中期国债，所以最小变动金额为15.625美元。

表2-34　　　　　　　美国长期国债和中期国债期货合约的条款

	美国超长期国债期货	美国长期国债期货	超10年期中期国债期货	10年中期国债期货	5年期中期国债期货	2年中期国债期货
交易地点	芝加哥期货交易所（CBOT）					
交割月份	3月（H），6月（M），9月（U），12月（Z）					
报价方式	点数（1 000美元）加上1/32点		点数（1 000美元）加上1/32点的1/2		点数（1 000美元）加上1/32点的1/4	点数（2 000美元）加上1/32点的1/2
到期日面值	100 000美元					200 000美元
票面利率	6%					
最后交易日	交割月份最后一个工作日前的第七个工作日					当月最后一个工作日
交割日	交割月份中的任意一个工作日（由卖方进行选择）					
可交割到期期限	25年到30年	15年到25年	9年5个月到10年	6年6个月到10年	4年6个月到5年3个月	1年9个月到2年

数据来源：CME集团。

CME网站上，长期国债和中期国债期货的报价通常如表2-35所示（以长期国债报价为例）。

表2-35　　　　　　　长期国债期货报价（2018年7月16日）

	开盘价	最高价	最低价	结算价	涨跌	持仓量	未平仓量
2018年9月	145-23	145-24	144-23	145-04	-0-18	234 208	837 979
2018年12月	144-31	144-31	143-31	144-12A	-0-18	104	624

续表

	开盘价	最高价	最低价	结算价	涨跌	持仓量	未平仓量
2019年3月	—	—	—	—	-0-18	0	0
总计						234 132	838 603

数据来源：CME 集团。

债券报价不包含应计利息。但在现实中，债券的买方需要支付债券报价以及应计利息。债券报价加上交割债券的应计利息（Acrued Interest）称作"全价""现金价格"，或者就叫作债券的"发票价格"。

债券发票价格 = 债券报价 + 从上一个付息日开始的应计利息

理论上，同样的惯例也适用于债券期货，即期货发票价格包含交割债券的应计利息，期货报价则不包含。然而，我们在后面会看到，实际情况要复杂得多，因为期货合约的标的债券在现实中并不存在。

2.5.4.1.2 其他债券期货举例

我们给出在欧洲期货交易所（Eurex）交易的几种重要期货合约的文本（见表2-36）。

表2-36 几种欧洲期货合约条款举例

	Eruo-Bund 期货	Euro-Bob1 期货	Euro-schatz 期货	CONF 期货
合约月份	最长9个月：在3月、6月、9月、12月中最近的3个季月			
报价方式	面值的百分比			
合约规模	100 000 欧元			100 000 瑞士法郎
票面利率	6%			
最小变动价位	0.01 = 10 欧元		0.005 = 5 欧元	0.01 = 10 瑞士法郎
最后交易日	交割日之前的第二个工作日			
交割日期	相应季月的第10天，遇节假日顺延至下一个交易日			
通告要求（Notification）	未平仓的空头寸持有者必须在到期期货的最后一个交易日把他们将要交割的债务工具种类通知欧洲期货交易所（Eurex）			
交割等级	德意志联邦共和国发行的任何期限在8.5年至10.5年之间的债务证券。在外流通金额不得低于50亿欧元	德意志联邦共和国发行的任何期限在4.5年至5.5年之间的债务证券。在外流通金额不得低于50亿欧元	德意志联邦共和国发行的任何期限在1.75年至2.25年之间的债务证券。在外流通金额不得低于50亿欧元	任何期限在8年至13年之间的瑞士政府债券。若债券可回购，则第一个和最后一个回购日需间隔8—13年。发行金额不低于5亿瑞士法郎

有些债券期货合约采用现金结算的方式，如悉尼期货交易所的10年期澳大利亚政府债券、东京证券交易所（TSE）的10年期迷你日本政府债券等。

2.5.4.1.3　发票价格和转换因子

目前讨论过的所有债券期货都以虚拟的名义债券作为标的资产。但是，如果在到期日有实物交割，期货合约卖方必须交付真实的债券。拟交割的真实债券必须由期货卖方在一系列符合交易所对到期期限和票面利率所作规定的长期国债中进行选择（见表2-36中的"交割等级"部分）。在现实中，通常有多种债券符合交割标准。

需要交割的债券数量（名义额）是由合约确定的，并且发票金额也是由最初定的期货价格明确给出的。因此，在没有任何限制的情况下，期货卖方自然会选择交付最便宜的可交割债券（即发票价格最低的债券）。为了解决这个问题，并使得所有可交割债券具有可比性，交易所通常为每份期货合约的每支可交割债券规定一个转换因子（Conversion Factor）。这一转换因子被用于计算给定的可交割债券的发票价格。

举例来说，现有一份10年期中期国债期货合约，其标的名义债券是票面利率为6%的10年期中期国债。假设空方想要交割转换因子为0.9215的10年期票面利率为4.75%的中期债券。这就意味着，这份10年期中期国债的现金价格大约是期限相同而票面利率为6%的10年期中期国债理论价值的92.15%。因此，期货的发票价格与基于名义债券的报价相比大约会下降7.85%。

转换因子是如何计算出来的呢？我们以瑞士政府债券期货（CONF）为例来说明。假设这一期货标的证券的票面利率为6%，由此，转换因子（CF）就是面值为1瑞士法郎并且收益率为6%的可交割债券在交割月份开始时的理论售价。此处的到期期限被定义为债券在交割月份第一天的到期期限。债券如果是可回购的，则用第一个回购日作为到期日。(CF)计算公式如下：

$$CF = \frac{1}{1.06^f} \cdot \left[\frac{C}{0.06} \cdot \left(1.06 - \frac{1}{1.06^n}\right) + \frac{1}{1.06^n}\right] - C \cdot (1-f)$$

其中，f——距下一个付息日的整月数除以12（向上取整，不是四舍五入）；C——被交割债券的票面利率；n——距债券最后偿付日的整年份数。

因此，票面利率大于6%的可交割债券的转换因子大于1，票面利率小于

6%的可交割债券的转换因子小于1。

美国也采用类似的方法,但要注意此时6%的收益率是年利率,即半年利率为3%。

【例2-19[1]】计算票面利率为10%、到期期限为20年零2个月的美国长期国债的转换因子。将债券现金流以半年利率3%进行折现得到债券的现值:

$$\sum_{t=1}^{40}\frac{5}{1.03^t}+\frac{100}{1.03^{40}}=146.23$$

因此,转换因子为1.4623。

我们注意到,对于美国长期国债和中期国债期货,在计算转换因子时也有一些简化假设。对于美国长期国债期货和10年期中期国债期货,在计算转换因子时习惯将债券的剩余期限(或到第一个回购日前的期限)向前取整至最近的季月。

【例2-20】从期货到期月份的第一天算起,一份美国长期国债还有21年4个月零17天到期。为了方便计算长期国债期货的发票价格,通常将该长期国债的到期期限近似记为21年零3个月。

对于5年期中期国债期货和2年期中期国债期货,剩余的到期期限以整月为单位进行计算,近似取整到最近的月份数值。

【例2-21】一份中期国债自期货到期月份的第一天算起还有1年10个月零17天到期。为了方便计算2年期中期国债期货的发票价格,通常将该中期国债的到期期限近似记为1年零10个月。

理解并运用这些惯例可以使得转换因子的计算较为简便。

【例2-22[2]】计算票面利率为8%、到期期限为18年零4个月的美国长期国债的转换因子。将债券现金流以半年利率3%进行折现得到债券的现值:

$$\frac{1}{1.03^{0.5}}\times\left[4+\sum_{t=1}^{36}\frac{4}{1.03^t}+\frac{100}{1.03^{36}}\right]-2=121.99$$

因此,转换因子为1.2199。

可交割债券的列表及其对应于不同期限的期货合约时的转换因子通常由期货交易所发布,可以从大多数报价供应商和交易所网站上得到。举例来说,

---

[1][2] 参见 HULL, John C., 2015, "Options, Futures and Other Derivatives", 9th edition, Pearson。

表2-37中包含了截至2018年7月12日不同种类的长期国债期货的所有可交割债券的转换因子。注意：（1）存在多种债券可用于交割；（2）每支债券的转换因子与其所对应的期货合约到期时间有关；（3）每个交割月份的可交割债券数量不同。

表2-37　　　　　　不同种类的长期国债期货的可交割债券

票面利率%	发行日	到期日	美国证券库斯普号码	发行量（10亿美元）	相应到期月份的期货合约的转换因子				
					2018年9月	2018年12月	2019年3月	2019年6月	...
4 1/2	2006年2月15日	2036年2月15日	912810FT0	24	0.8401	0.8415	0.8428	0.8443	
4 3/4	2007年2月15日	2037年2月15日	912810PT9	14	0.8624	0.8635	0.8645	0.8657	—
5	2007年8月15日	2037年5月15日	912810PU6	14	0.8892	0.8899	0.8908	0.8916	
4 3/8	2008年2月15日	2038年2月15日	912810PW2	15	0.8159	0.8172	0.8185	0.8199	
4 1/2	2008年8月15日	2038年5月15日	912810PX0	20	0.8289	0.8300	0.8313	0.8324	
3 1/2	2009年2月17日	2039年2月15日	912810QA9	25	0.7091	0.7111	0.7129	0.7149	
4 1/4	2009年5月15日	2039年5月15日	912810Q87	36	0.7951	0.7964	0.7977	0.7990	
4 1/2	2009年8月17日	2039年8月15日	912810QC5	39	0.8232	0.8244	0.8254	0.8266	
4 3/8	2009年11月16日	2039年11月15日	912810QD3	42	0.8074	0.8085	0.8098	0.8109	
4 5/8	2010年2月16日	2040年2月15日	912810QE1	42	0.8360	0.8371	0.8380	0.8390	
4 3/8	2010年5月17日	2040年5月15日	912810QH4	42	0.8051	0.8062	0.8074	0.8085	
3 7/8	2010年8月16日	2040年8月15日	912810QK7	42	0.7437	0.7452	0.7466	0.7482	
4 1/4	2010年11月15日	2040年11月15日	912810QL5	42	0.7878	0.7889	0.7902	0.7913	
4 3/4	2011年2月15日	2041年2月15日	912810QN1	42	0.8475	0.8484	0.8492	0.8501	
4 3/8	2011年5月16日	2041年5月15日	912810QQ4	42	0.8008	0.8018	0.8029	0.8040	
3 3/4	2011年8月15日	2041年8月15日	912810QS0	42	0.7226	0.7242	0.7256	0.7271	
3 1/8	2011年11月15日	2041年11月15日	912810QT8	42	0.6439	0.6456	0.6475	0.6494	
3 1/8	2012年2月15日	2042年2月15日	912810QU5	42	0.6420	0.6439	0.6456	0.6475	
3	2012年5月15日	2042年5月15日	912810QW1	42	0.6246	0.6264	0.6284	0.6302	
2 3/4	2012年8月15日	2042年8月15日	912810QX9	42	0.5913	0.5933	0.5953	0.5974	—

数据来源：芝加哥期货交易所（CBOT）。

2.5.4.1.4 最便宜交割债券

转换因子对价格的调整并非完美。在转换因子的计算中假设利率的期限结构是平的，等于期货标的债券的虚拟票面利率。并且，计算中也多次用到了关于日期的近似假设。这创造了小额套利机会，并使得最便宜交割债券

（Cheaspest-to-deliver, CTD）得以存在。

在交割债券时，空头方收到：

期货发票价格 = 期货结算价格 × 交割债券转换因子 + 交割债券应计利息

应计利息按照标的债券的标准计息方式进行计算。

【例 2-23】 期货报价为 95.0，被交割债券的转换因子为 1.32，相同的 100 瑞士法郎面值债券的应计利息为 3.00 瑞士法郎。债券交割时，期货空头方每交割 100 瑞士法郎面值债券将收到现金：

$$1.32 \times 95.00 + 3.00 = 128.40（瑞士法郎）$$

对于一份期货合约，空头方将交割面值为 100 000 瑞士法郎的债券，而收到 128 400 瑞士法郎，注意该金额等于期货多头方为了获得面值为 100 000 瑞士法郎债券的支付金额：

期货空头交割债券的成本为债券的全价（Dirty Price）：

交割债券的成本 = 交割债券现货报价 + 交割债券应计利息

因此，在交割时空头方的损益等于期货发票价格与交割债券成本之差：

收益 =（期货发票价格 - 交割债券的成本）× 合约规模

空头方总会选择交割使得收益最大化的债券，在交割时，空方的目标是：

$$\text{Max}\{期货报价 \cdot 交割债券转换因子 - 交割债券现货报价\}$$

符合这一目标的债券被称为最便宜交割（Cheapest-to-deliver, CTD）债券。

【例 2-24】 一份临近到期的债券期货报价为 95.889，只有两种可交割债券。债券 A 的票面利率为 7%，还有 18 年到期，价格为 106.36，收益率为 6.4%，转换因子为 1.1092。债券 B 的票面利率为 5%，还有 17 年到期，价格为 86.55，收益率为 6.3%，转换因子为 0.8943。用哪一支债券进行交割更为便宜？

债券 A：收到的金额 - 付出的价格 = $95.889 \times 1.1092 - 106.36 \approx 0.00$

债券 B：收到的金额 - 付出的价格 = $95.889 \times 0.8943 - 86.55 \approx -0.80$

因此，用债券 A 交割更便宜。

很多因素都对最便宜交割债券的选择有影响。通常可以观察到：

- 当收益率高于虚拟标准券收益率时，转换因子的设置方式对票面利率较低或期限较长的债券更为有利①。

- 当收益率低于虚拟标准券收益率时,转换因子的设置方式对票面利率较高或期限较短的债券更为有利。
- 当收益率曲线向上倾斜时,转换因子的设置对期限较长的债券更为有利。
- 当收益率曲线向下倾斜时,转换因子的设置对期限较短的债券更为有利。

2.5.4.1.5 交割选择权

从前面章节的内容来看,债券期货完全不像开始看起来的那样简单,而实际中甚至更为复杂,因为卖空债券期货的投资者根据期货交易所和具体合约的不同可能有多种选择。

以长期国债期货为例进行说明。我们在上文已经讨论了"质量期权"(Quality Option),即在可交割债券中选择任意一种进行交割的选择权。此外,还存在一系列与交割时间的选择相关的时间选择权。

- 在交割月份的最后 7 个工作日,期货市场停止交易而空头仍然可以进行交割。此时,期货合约不盯市,这一期间内用于交割的期货价格是 7 天之初的最后交割价,这创造了月末择时期权(End of the Month Timing Option)。
- 在交割月份的最后 15 个工作日,空头可以在上午 7:20 至下午 2:00 之间期货和标的债券市场同时开市的任意时间进行交割。因为期货合约是逐日盯市的,因此期货价格不应大于或小于最便宜交割债券的价格,如果不是这样,则会存在空头可以利用的套利机会,这叫作应计利息择时期权(Acrued Interest Timing Option)。另一种选择是,空头可以选择在芝加哥时间下午 2 点(芝加哥期货交易所长期国债期货市场的闭市时间)以后、下午 8 点(向结算所发出交割意愿通知书的时间)以前的任意时刻进行交割。在这段时间内,期货市场闭市,债券市场开市,因此创造了日百搭牌择时期权(Daily Wild Card Timing Option),即选择最佳时间以最低价格买入债券的选择权。具体来说,如果债券价格在这段时间内下降,由于期货价格是固定的,

---

① 这一点从下面的例子中可以看到。假设利率为 8% 且期限结构是平的,所有债券的价格等于面值。收益率降低至 6% 会使得转换因子大于 1,债券期限越长,转换因子越大。因此,净收益 = 期货价格 × 转换因子 − 现货价格对于期限较长的债券来说更大。这倾向于使得期限较长的债券更利于交割。

空方可以从交割更便宜的债券中获益。

在实际中,确定这些交割选择权的价值是非常困难的,通常没有解析解,而且它们是与特定的期货合约联系在一起的。简化起见,我们在本书后续计算中不考虑这些选择权。

2.5.4.2 短期利率期货（STIR）

市场上不仅有长期国债和中期国债期货,也存在短期利率期货的交易。下文中,我们将重点讨论欧洲美元（Euro Dollar）期货和欧元利率（Euribor）期货,它们都是交易最广泛且功能最丰富的利率期货合约。

短期利率中存在一系列被广泛使用的参考利率,这些利率来自:

- 交易,诸如联邦基金利率、有担保隔夜融资利率（SOFR）、EONIA 或欧元短期利率（€STR）等。
- 报价,比如欧洲银行间同业拆放利率（Euribor）。
- 交易和报价,比如瑞士平均利率（Swiss Average Rates，SAR）。

在 2021 年 3 月 5 日,FCA——英国当局——确认在 2021 年 12 月 31 日之后立即停止公布欧元、瑞士法郎、日元和英镑 Libor（以及 1 周和 2 个月期美元）,美元的 Libor 将在 2023 年 6 月 30 日之后立即停止。

从功能上看,欧洲美元期货可视为合约到期日后期限为 90 天的有担保隔夜融资利率（SOFR）的期货,相当于场外交易的远期利率协议（FRA）的场内交易品种。欧洲美元期货的买方有义务在期货规定的到期日按协定的利率收取利息并按现行 SOFR 利率支付利息、名义本金额为 100 万美元。欧洲美元期货的卖方则承担相反的义务。

然而,实际中的情况稍微复杂一些。习惯上,欧洲美元期货的标的资产不是利率,而是假想的金额为 100 万美元的 3 个月欧洲美元存款。该存款将在期货合约到期日起存,并在 90 天以后到期。但由于欧洲美元定期存款无法转移,因此必须建立现金结算的程序。习惯上,欧洲美元期货的报价表示为 100 减去 3 个月 SOFR 远期利率（百分点）。这个值（100－利率）被称为国际货币市场指数（IMM Index）。

【例 2－25】假设今年 6 月到期的欧洲美元期货的国际货币市场指数为 97.75。这意味着,6 月的 3 个月 SOFR 远期利率为 2.25%（年利率）。因此,一张期货合约的价值为：

$$价值 = 1\,000\,000 \times \left(1 - 0.0225 \times \frac{90}{360}\right) = 994\,375(美元)$$

当远期 SOFR 利率下降时，国际货币市场指数上升，进而期货价格上升。SOFR 每变动一个基点，比如从 2.25% 上升到 2.26%，国际货币市场指数则由 97.75 变为 97.74，而期货合约价格变动 25 美元。因此，欧洲美元期货价格与利率呈反向变动关系。

芝加哥商品交易所欧洲美元期货的主要特征总结如表 2-38 所示。

表 2-38　　　　　　　　　三个月欧洲美元期货合约条款

合约名称	欧洲美元期货
交易所	芝加哥商品交易所和全球期货交易系统 Globex
标的资产	3 个月 SOFR 利率：3 个月美元存款的 SOFR 利率
合约规模	100 万美元
报价方式	以百分点表示，保留 3 位小数，等于 100 减去市场利率的百分点
最小变动价位	即将到期的近月期货合约（Front-month Contract）最小变动价位是 0.0025（每份合约 6.25 美元），除此之外其他月份的合约最小变动价位均为 0.005（每份合约 12.50 美元）
交割方式	现金结算
合约月份	10 年内的所有季月（3 月，6 月，9 月，12 月）（共 40 份合约）加上最近的 4 个连续月（非季月）
最后交易日和最终交割日	合约月份第三个星期三之前的第二个伦敦银行工作日
最终交割价格	最终交割价格 100 减去英国银行协会 3 个月欧洲美元的银行间定期存款定盘利率。最终清算价格近似保留 4 位小数，等于 1/10 000 个百分点，或每份合约 0.25 美元
交易时间	周日到周五：芝加哥时间下午 5:00 至次日下午 4:00

在到期日，支付给欧洲美元期货买方的净值为：

付给买方的净值 = (期货合同约定的利率 - SOFR 即期利率) $\times \frac{1}{4} \times$ 名义本金

而支付给欧洲美元期货卖方的净值为：

付给卖方的净值 = (SOFR 即期利率 - 期货合同约定的利率) $\times \frac{1}{4} \times$ 名义本金

因此，SOFR 即期利率的下降对买方有利，而 SOFR 即期利率的上升对卖方有利。

【例 2-26】假设 9 月到期的 3 个月期的欧洲美元期货合约价格为 97.08，即隐含的 SOFR 远期利率为 2.92%（年率）。如果一位投资者购买该期货合约，则交易所必须向他支付 9 月交割日起存的年利率为 2.92% 的 3 月期银行存款净值。该存款的价值取决于实际交割日当天 3 月期定期存款的即期利率。

如果在期货到期日 3 月期欧洲美元存款的即期利率为 1%，则现金存款赚取的利息为 $1\% \times 0.25 \times 1\,000\,000$ 美元 $= 2\,500$ 美元，利率为 2.92% 的名义存款赚取的利息为 $2.92\% \times 0.25 \times 1\,000\,000$ 美元 $= 7\,300$ 美元。期货合约卖方需要向买方支付 $7\,300$ 美元 $- 2\,500$ 美元 $= 4\,800$ 美元。

如果在期货到期日 3 月期欧洲美元存款的即期利率为 5%，则现金存款赚取的利息为 $5\% \times 0.25 \times 1\,000\,000$ 美元 $= 12\,500$ 美元。利率为 2.92% 的名义存款赚取的利息为 $2.92\% \times 0.25 \times 1\,000\,000$ 美元 $= 7\,300$ 美元。期货合约买方需要向卖方支付 $12\,500$ 美元 $- 7\,300$ 美元 $= 5\,200$ 美元。

欧洲美元期货每日保证金均发生变动，反映了期货合约价值的变化。若欧洲美元期货利率上升（或等价于交割价下降），则期货买方可能收到追加保证金通知。若欧洲美元期货利率下降（或等价于交割价上升），则期货卖方可能收到追加保证金通知。

如今，芝加哥商品交易所欧洲美元期货合约不仅在芝加哥进行交易，也在新加坡期货交易所（SGX）和泛欧证交所（Euronext）进行交易。芝加哥和新加坡交易的合约是相同的，并且两家交易所之间可双边清算，使得两地的合约具有可替代性。因此，投资者可以在一家交易所建仓，而在另一家交易所平仓。这种安排大大地延长了交易时间，使得市场参与者在本地交易所关闭的时间段也能依据最新的重要消息调整仓位。而欧洲的合约不具有可替代性，因为它仍然提供实物交割的选择权，这主要是历史上监管方面的原因造成的。

芝加哥商品交易所还为执行欧洲美元期货的剥离[①]提供了方便的替代方案。下面是几个例子：

• CME 欧洲美元期货连续捆绑交易（Bundles）：允许交易员从最近的季度合约开始，以等额同时买入或者卖出一个连续系列的 CME 欧洲美元期货合

---

① 注册利息和本金证券的单独交易。

约。以 5 年期捆绑交易为例，可以在一个捆绑交易中同时买卖 20 个连续期限的合约。

- CME 欧洲美元期货包（Packs）：同时买入或者卖出相等权重、连续的 4 个期限的 CME 欧洲美元期货合约，以前一交易日 4 个合约收盘价涨跌点数的平均值为报价。与欧洲美元期货类似，在收益率曲线图上会以特定颜色进行标注。
- 月度 CME 欧洲美元期货系列（Serial）：与每个季度到期的 CME 欧洲美元期货合约内容相同，只是交割月份不同。月度 CME 欧洲美元期货合约系列的到期月份为除 3 月、6 月、9 月和 12 月这些季月以外的其他月份。

在欧洲期货交易所（Eurex），另一种很受欢迎的短期利率期货合约是 3 个月欧洲银行间同业拆借利率（Euribor）期货，其标的资产为欧洲银行间同业拆借利率（Euribor）。该期货的合约文本如表 2-39 所示。

表 2-39　　　　　　　　3 月期欧洲银行间同业拆借利率期货合约条款

合约名称	3 月期欧洲银行间同业拆借利率期货（FEU3）
交易所	欧洲期货交易所
标的资产	欧元定期存款的 3 月欧洲银行间同业拆借利率
合约规模	100 万欧元
报价	以百分点报价，保留 3 位小数，表示为 100 减去交易利率
最小价格变动单位	0.0025%，相当于 6.25 欧元
结算方式	现金结算，在最后交易日后的第一个交易日结算
合约月份	最多 72 个月：最近的连续 6 个日历月和随后的 22 个 3 月、6 月、9 月和 12 月的季度月
最后交易日和最后结算日	最后交易日是最后的结算日：在各合约自到期月份的第三个星期三之前的两个交易所交易日，条件是在这一天欧洲货币市场协会（EMMI）已经确定了与 3 月欧元定期存款有关的 Euribor 参考利率。否则，采用在该日之前的交易日
每日结算价格	如果在当天欧洲中部时间（CET）17:15 之前 1 分钟有多于 5 笔的交易发生，则结算价格应为最后 1 分钟内所有交易的交易量加权平均价格
最终结算价格	欧洲期货交易所在最后交易日的中欧时间 11 点确定最终结算价格，该价格确定的根据是 EMMI 决定的欧元定期存款的 3 月期参考利率（欧洲银行业同业拆放利率）。确定最终结算价格首先将欧洲银行间同业拆放利率四舍五入到小数点后 3 位，然后将其从 100 中减去

2.5.4.3　利率期货定价

由于其非常特殊的特征，利率期货是定价最为复杂的期货合约之一。

2.5.4.3.1 理论情况

债券期货无套利定价的基本方程只不过是有收益的资产无套利定价关系的一个应用。我们只需考虑到在期初购买债券（记为 AI_t，在 t 时刻）和交割（记为 AI_T，在 T 时刻）均需支付应计利息这一条件即可。确定期货"公平"价格的基本的无套利条件是：

$$F_{t,T} + AI_T = (S_t + AI_t) \cdot (1 + R_{t,T}) - C_{t,T}$$

其中，$F_{t,T}$——在 t 时刻期货的"公平"价格；$C_{t,T}$——在 t 到 T 期间所有利息用于再投资的终值；S_t——标的债券的即期价格；AI_t——在 t 时刻标的资产的累计利息；AI_T——在 T 时刻标的资产的累计利息。

方程可以整理为：

$$F_{t,T} = (S_t + AI_t) \cdot (1 + R_{t,T}) - C_{t,T} - AI_T$$

根据持有成本模型，投资者购买债券并一直持有和购买期货应该是无差异的。因此，$(S_t + AI_t)$ 就是在 t 时刻为了购买用于交割的债券而支付的总价。借款为购买该债券融资，持有债券到 T 时刻的借款成本就是 $(S_t + AI_t) \cdot (1 + R_{t,T})$。$C_{t,T}$ 是在 t 到 T 期间收到的所有利息及其再投资所得的终值，这个金额归债券所有者获得，而期货购买者得不到这笔钱（例如，当 $t < t_1 < t_2 < T$，且在 t_1 时刻收到利息 C_1，在 t_2 时刻收到利息 C_2，那么为了计算在 t 到 T 期间收到的所有利息及其再投资所得的终值，你必须将 C_1 在 t_1 到 T 期间再投资，将 C_2 在 t_2 到 T 期间再投资）。最后，AI_T 是被交割债券在 T 时刻的累计利息，将由期货购买者在 T 时刻支付给债券所有者。因此这个方程表明：

远期价格 = 现货价格 + 融资成本 − 现货收益

因为，现货收益 − 融资成本 = 净融资成本 = 持有成本，我们也可以写成：

远期价格 = 现货价格 − 持有成本

持有成本可正可负，取决于收益率曲线的形状和标的债券的票面利率。

实际上，由于期货合约的基础资产是虚拟的标准债券，估值问题更为复杂。因为标的债券在市场上并不存在，而我们需要通过一定程序，将不同的合格债券转换成与被交割债券可比的债券。

2.5.4.3.2 现实情况

在现实中，所有利率期货都有多个可交割（Multi‐deliverable）级别的特征，利率期货的定价问题更为复杂。也就是说，合约允许交割的债券，是一系列具有不同期限和票面利率（Coupons）的多个债券中的任意一只，其市场价值也各有不同。因为空头方拥有选择交割债券的权利，所以市场永远假设最便宜交割债券会被选中。由此，在交割日，期货的理论价格应该考虑到最便宜交割债券的价格而进行调整：

$$F_{T,T} = \frac{S_T^{CTD}}{CF}$$

其中，$F_{T,T}$——到期日 T 时的期货价格；S_T^{CTD}——到期日 T 时最便宜交割债券的即期价格；CF——转换因子。

【例 2-27】 如果我们考虑到期日为 T 的美国长期债券期货合约，在到期日（时刻 T），期货价格将要调整为交割最便宜的债券的价格，即调整后即期价格最低的债券。在高利率的情形下，我们将得到如表 2-40 所示（假定高利率环境和 6% 的转换因子）所有可交割的债券。

表 2-40　　　　　　　　高利率情形下的所有可交割债券

票面利率（%）	到期日	报价（美元）	到期收益率（%）	6%转换因子	交割调整后即期价格
9.000	2033 年 11 月 15 日	116.6985	7.20	1.2940	90.1843
8.875	2034 年 2 月 15 日	115.3249	7.23	1.2845	89.7820
8.125	2034 年 8 月 15 日	107.8618	7.29	1.2144	88.8190
8.500	2035 年 2 月 15 日	111.3747	7.31	1.2571	88.5965
8.750	2035 年 5 月 15 日	113.8119	7.32	1.2855	88.5351
8.750	2035 年 8 月 15 日	113.6843	7.34	1.2879	88.2711
7.875	2036 年 2 月 15 日	104.6903	7.40	1.1996	87.2710
8.125	2036 年 5 月 15 日	107.1468	7.40	1.2283	87.2318
8.125	2036 年 8 月 15 日	107.0483	7.41	1.2300	87.0312
8.000	2036 年 11 月 15 日	105.6871	7.43	1.2183	86.7496
7.250	2037 年 8 月 15 日	97.6965	7.48	1.1394	85.7438
7.625	2037 年 11 月 15 日	101.5300	7.47	1.1828	85.8386
7.125	2038 年 2 月 15 日	96.1884	7.50	1.1273	85.3264
6.250	2038 年 8 月 15 日	86.7755	7.53	1.0286	84.3628
7.500	2039 年 11 月 15 日	99.7380	7.52	1.1778	84.6816
7.625	2040 年 2 月 15 日	100.9867	7.53	1.1936	84.6069
6.875	2040 年 8 月 15 日	92.6628	7.56	1.1054	83.8274
6.000	2041 年 2 月 15 日	82.9480	7.58	0.9999	82.9563

续表

票面利率（%）	到期日	报价（美元）	到期收益率（%）	6%转换因子	交割调整后即期价格
6.750	2041年8月15日	90.9454	7.58	1.0923	83.2605
6.500	2041年11月15日	88.0861	7.59	1.0619	82.9514
6.625	2042年2月15日	89.4317	7.59	1.0777	82.9839
6.375	2042年8月15日	86.4444	7.60	1.0470	82.5639
6.125	2042年11月15日	83.6603	7.60	1.0158	82.3590
5.500	2043年8月15日	76.3997	7.61	0.9359	81.6323
5.250	2043年11月15日	73.5188	7.62	0.9035	81.3711
5.250	2044年2月15日	73.4586	7.61	0.9030	81.3495
6.125	2044年8月15日	83.1614	7.61	1.0162	81.8357
6.250	2045年5月15日	84.5168	7.61	1.0330	81.8168
5.375	2046年2月15日	75.2755	7.50	0.9165	82.1337
				最小值	81.3495

我们将选择2044年2月15日的票面利率为5.25%的债券。因此，在交割日，期货的理论价格为：

$$F_{T,T} = \frac{S_T^{CTD}}{CF} = \frac{73.4586}{09030} = 81.35 \Leftrightarrow 每100美元面值报价 81-11$$

在低利率的情形下，对于同样的可交割债券，我们可以得到如表2-41所示所有可交割的债券。

表2-41　　　　　　低利率情形下的所有可交割债券

票面利率（%）	到期日	报价（美元）	到期收益率（%）	6%转换因子（2003年9月）	交割调整后即期价格
9.000	2033年11月15日	154.5220	4.20	1.2940	119.4142
8.875	2034年2月15日	153.1988	4.23	1.2845	119.2673
8.125	2034年8月15日	144.6903	4.29	1.2144	119.1455
8.500	2035年2月15日	149.7679	4.31	1.2571	119.1376
8.750	2035年5月15日	153.1620	4.32	1.2855	119.1459
8.750	2035年8月15日	153.3483	4.34	1.2879	119.0685
7.875	2036年2月15日	142.7158	4.40	1.1996	118.9695
8.125	2036年5月15日	146.1255	4.40	1.2283	118.9656
8.1250	2036年8月15日	146.3252	4.41	1.2300	118.9636
8.000	2036年11月15日	144.9072	4.43	1.2183	118.9422

续表

票面利率（%）	到期日	报价（美元）	到期收益率（%）	6%转换因子（2003年9月）	交割调整后即期价格
7.250	2037年8月15日	135.6563	4.48	1.1394	119.0594
7.625	2037年11月15日	140.8306	4.47	1.1828	119.0654
7.125	2038年2月15日	134.2797	4.50	1.1273	119.1162
6.250	2038年8月15日	122.7184	4.53	1.0286	119.3062
7.500	2039年11月15日	140.7477	4.52	1.1778	119.5005
7.625	2040年2月15日	142.6251	4.53	1.1936	119.4915
6.875	2040年8月15日	132.2469	4.56	1.1054	119.6372
6.000	2041年2月15日	119.9749	4.58	0.9999	119.9869
6.750	2041年8月15日	130.8823	4.58	1.0923	119.8226
6.500	2041年11月15日	127.3117	4.59	1.0619	119.8905
6.625	2042年2月15日	129.3205	4.59	1.0777	119.9968
6.375	2042年8月15日	125.7504	4.60	1.0470	120.1055
6.125	2042年11月15日	122.2773	4.60	1.0158	120.3753
5.500	2043年8月15日	113.1525	4.61	0.9359	120.9023
5.250	2043年11月15日	109.4723	4.62	0.9035	121.1647
5.250	2044年2月15日	109.5718	4.61	0.9030	121.3420
6.125	2044年8月15日	122.8967	4.61	1.0162	120.9375
6.250	2045年5月15日	125.2869	4.61	1.0330	121.2845
5.375	2046年2月15日	113.7592	4.50	0.9165	124.1236
				最小值	118.9422

期货价格有所不同,这不仅因为较低的利率水平,还因为被交割的债券变了。我们选择交割到期日为2036年11月15日、票面利率为8%的债券,期货的价格为:

$$F_{T,T} = \frac{S_T^{CTD}}{CF} = \frac{144.9072}{1.2183} = 118.94 \Leftrightarrow 每100美元面值报价118-30$$

现在已经确定了合约到期日的期货价格,如何确定合约到期日之前的债券期货理论价格呢?假设在t到T期间只发生一次每半年支付一次的票面利息,如图2-10所示。

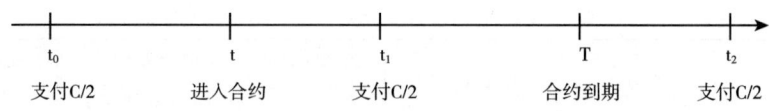

图 2-10　t 到 T 期间票面利息支付

那么，可以将上述基本无套利期货价格公式整理为：

$$F_{T,T} = \frac{(S_t + AI_t) \cdot (1 + R_{t,T}) - C_{t,T} - AI_T}{CF}$$

一般可以选择将要交割的债券，每支可交割债券都有不同的无套利期货价格报价。在到期日交割最便宜的债券是交割调整后即期价格最小的债券，在到期日之前，在时刻 t 交割最便宜的债券是无套利期货报价最小的债券。因此，期货价格将调整为 t 时期①交割最便宜的债券的价格。

让我们用一个数值例子说明这一点。

【例 2-28】在 4 月 11 日，我们希望确定 9 月美国长期国债期货的理论价格 $F_{T,T}$。期货的报价为（110-30）美元，利率（短期）为每年 1.25%。

此时最便宜的可交割债券是哪一支？根据表 2-42，它是到期日为 2033 年 2 月 15 日、票面利率为 7.125% 的美国长期国债，其转换因子为 1.1273。

表 2-42　　　　　　　美国长期国债一览

票面利率（%）	到期日	报价（USD）	交割调整后公允期货报价	年化隐含回购利率（%）
7.125	2033 年 2 月 15 日	128.0938	111.3181	0.56
7.625	2032 年 11 月 15 日	134.4688	111.3430	0.52
7.250	2032 年 8 月 15 日	129.5156	111.3395	0.62
8.000	2031 年 11 月 15 日	138.6094	111.3733	0.47
6.250	2033 年 8 月 15 日	116.8438	111.3996	0.41
8.125	2031 年 8 月 15 日	140.0313	111.4023	0.41
7.625	2035 年 2 月 15 日	135.7813	111.4158	0.38
6.875	2035 年 8 月 15 日	125.7031	111.4549	0.31
8.125	2031 年 5 月 15 日	139.8906	111.4681	0.30
7.500	2034 年 11 月 15 日	134.0156	111.4784	0.28

---

① 请注意，同样可以运用久期的概念来解释根据交割选择权进行的特定债券的选择。

续表

票面利率（%）	到期日	报价（USD）	交割调整后公允期货报价	年化隐含回购利率（%）
7.875	2031年2月15日	136.6406	111.4806	0.26
6.750	2036年6月15日	124.2344	111.4931	0.24
6.500	2036年11月15日	120.7656	111.5350	0.17
6.625	2037年2月15日	122.6563	111.5853	0.07
6.375	2037年8月15日	119.1563	111.6072	0.03
8.750	2030年8月15日	147.0469	111.6443	-0.03
6.000	2036年2月15日	113.8125	111.6656	-0.08
8.750	2030年8月15日	146.9219	111.7826	-0.26
8.500	2030年5月15日	143.6875	111.7855	-0.29
6.125	2037年11月15日	115.7813	111.8338	-0.36
8.125	2029年8月15日	138.8750	111.8755	-0.45
8.875	2029年2月15日	147.2500	112.0529	-0.77
6.125	2039年8月15日	116.1406	112.1210	-0.91
5.500	2039年8月15日	106.9219	112.1478	-0.96
9.000	2028年11月15日	148.5938	112.2575	-1.10
5.250	2038年11月15日	103.3594	112.3575	-1.30
6.250	2040年5月15日	118.3281	112.3952	-1.37
5.250	2039年2月15日	103.4219	112.4657	-1.53
5.375	2041年2月15日	107.1250	114.8092	-5.66

接下来，计算理论价格 $F_{t,T}$，如图 2-11 所示。

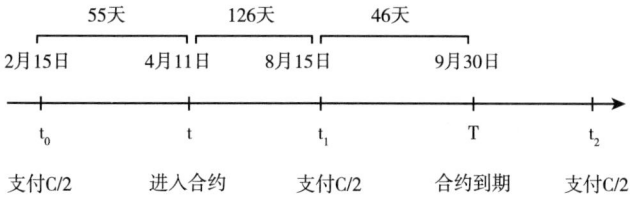

图 2-11 理论价格计算示意图

计算标的债券的发票价格。在购买债券时应支付的累计利息为：

$$AI_t = \frac{7.125}{2} \times \frac{55}{181} = 1.0825（美元）$$

对于每100美元的面值，给出应支付的总价格：
$$P_t = 128.09375 + 1.0825 = 129.1763$$

计算到 T 时刻（2018年9月30日）为止，面值为100美元的票面利息的终值：
$$C_{t,T} = 3.5625 \times \left(1 + 0.0125 \times \frac{46}{360}\right) = 3.5682（美元）$$

计算到 T 时刻为止，面值为100美元的累计利息：
$$AI_T = \frac{7.125}{2} \times \frac{46}{181} = 0.8906（美元）$$

因此，期货合约的理论价值为：
$$F_{t,T} = \frac{129.17628 \times \left(1 + 0.0125 \times \frac{172}{360}\right) - 3.5682 - 0.8906}{1.1273}$$
$$= 111.3182 \text{ 美元} \cong 111 - 10（每100美元面值）$$

注意，期货合约的报价可能和刚才计算的理论价格不完全匹配，产生差额的原因可能是交易费用或空头头寸方选择权的价值。卖方的选择权（关于交割债券的选择）可能会降低期货的价格（相对于套利价格而言），并给这些期货合约定价时带来不可忽略的困难。

因此，我们的结论是，期货合约紧跟最便宜交割债券的价格。最便宜的交割债券是：

- 在到期日：具有最低的转换后即期价格的可交割债券。
- 到期日前：具有最低的转换后远期价格的可交割债券。

与其他期货合约类似，可以证明如果期货合约的报价不同于理论价格，就能获得套利利润。

【例2-29】10月29日，12月到期的10年期瑞士政府债券期货报价为112.72。交割最便宜的债券为7%票面利率，2030年9月10日到期的政府债券，报价为122.65%，转换因子为1.082。从10月29日到12月13日期间的年化无风险利率为4.06%。

理论期货价格（运用持有成本模型）是113.13瑞士法郎。理论价格高于期货的市场价格。从而，我们能执行反向现金和持有套利策略（见表2-43）。

表 2-43　瑞士政府债券期货反向现金和持有套利（1）

10 月的投资组合	10 月的收入/支出	12 月的投资组合	12 月的收入/支出
1. 卖出最便宜交割债券： $122.65\% \times \dfrac{100\,000}{1.082} = 113\,354.89$ 加上按 7% 计算的 49 天的累计利息除以转换因子 = 880.57	114 235.46	1. 买回债券： 债券价值 + 按 7% 计算的 93 天的应计利息除以转换因子	$-(S_T + 1\,671.29)$
2. 以 4.06% 贷出出售债券所得	-114 235.46	2. 终值贷款收到本金 114 235.46 + 利息（44 天，利率 4.06%）	114 235.46 + 566.86
3. 做多价格为 112.72 的期货合约	0	3. 远期合约的价值（通过期货购买债券）	$S_T - 112\,720$
总计	0	总计	411.03

因此，套利锁定了期货市场价格（112.72）与理论价格（113.13）之间的差额。此处没有考虑交易成本。更理想的情况是，应该通过购买新的交割最便宜的债券（如果存在的话）来调整空头头寸。

那么，如果期货的市场价格为 114.0 瑞士法郎，会如何？因为市场价格高于理论价格，可以执行现金和持有套利策略来把握套利机会（见表 2-44）。

表 2-44　瑞士政府债券期货持有现金和持有套利策略（2）

10 月的投资组合	10 月的收入/支出	12 月的投资组合	12 月的收入/支出
1. 购买最便宜交割债券①： $122.65\% \times \dfrac{100\,000}{1.082} = 113\,354.89$ 加上按 7% 计算的 49 天的累计利息除以转换因子 = 880.57	-114 235.46	1. 债券价值 + 按 7% 计算的 93 天的应计利息除以转换因子	$S_T + 1\,671.29$
2. 以 4.06% 借入出售债券所得	114 235.46	2. 终值贷款支付本金 114 235.46 + 利息（44 天，利率 4.06%）	$-(114\,235.46 + 566.86)$
3. 做空价格为 114.0 的期货合约	0	3. 远期合约的价值（通过期货出售债券）	$-(S_T - 114\,000)$
总计	0	总计	868.97

理论期货价格与观察到的市场价格的差额再一次通过套利被锁定。

---

① 通常情况下，现金和持有套利是指每买一个单位的标的资产和持有一个单位的期货空头头寸。当我们有可能交付具有不同特性的多期产品时，交割日套利条件要求的套期保值比率不是 1。因此适当的套期保值比率是债券的转换系数。

2.5.5 其他期货合约

最近,期货合约已经扩展到其他类型的市场和基础资产。在本节中,我们简要介绍其中两项创新:VIX 和比特币期货。

2.5.5.1 VIX 期货

VIX 期货是以 Cboe 波动率指数为基础资产的期货合约,也被称为 VIX 指数。VIX 指数是投资者预期的短期未来市场波动性的代表——使用标准普尔 500 指数的各种期权价格计算得出。VIX 指数和标准普尔 500 指数往往表现出负相关关系,尽管这并不总是这样。VIX 期货是以现金结算的。合约细则如表 2-45 所示。

表 2-45　　　　　　　　　　　VIX 期货合约条款

项目	VX – Cdoe 波动率指数(VX)期货
标的资产	Cdoe 波动率指数(VIX 指数)
合约乘数	每份 VX 期货合约 1 000 美元
产品货币	美元
最小价格变化	0.05 点,50.00 美元/合约
交割方式	现金交割
合约到期日	VX 期货合约最多有 6 个近期到期周、9 个近期连续月和 5 个 2 月季度循环月
交易时间	上午 8:30 到下午 3:15
最后结算日	在紧接着到期月份的第三个星期五前 30 天的星期三。对于带有"VX"股票符号的合约,后面的数字表示一个日历年的特定星期,则是在股票代码所表示的该周的周三
最终结算价	VIX 指数的特别开盘价(SOQ)是根据在结算日用于计算指数的 SPX 期权在正常交易时间内的开盘价序列计算出来的

数据来源:Cboe。

2.5.5.2 加密货币期货

在 2016 年年底和 2017 年,加密货币出现。并因其价值迅速和强劲的上升而吸引了公众的注意。因此,2017 年 12 月,CME 集团推出了首个比特币期货合约,比特币是迄今为止价值最大的加密货币。CME 集团的比特币期货合约细则如表 2-46 所示。

表 2-46   比特币期货合约条款

项目	比特币期货
标的资产	比特币，CME CF 比特币参考汇率（BRR）
合约规模	5 比特币
报价方式	每 BTC 的美元价格
最小价格变化	每比特币 5.00 美元
交割方式	现金交割
合约到期日	3 月季度周期中最近的两个月季度内最近的两个月（3 月、6 月、9 月、12 月）和不在该周期内的最近的两个连续月
交易时间	周日到周五：欧洲中部时间下午 5：00 至次日下午 4：00
最后交易日	合同月份的最后一个星期五。如果这一天在英国和美国都不是营业日，那么就是前一天
最终结算价	最后交易日的 CME CF 比特币参考汇率（BRR）

数据来源：CME 集团。

2.5.6　进一步的考虑

2.5.6.1　基差与导致基差变动的因素

到期（$t<T$）前，基差可以定义为期货价格与现货价格的差额。根据持有成本模型可得：

$$B_{t,T} = F_{t,T} - S_t = S_t \cdot (1 + R_{t,T}) + k^*(t,S) - S_t$$
$$= S_t \cdot R_{t,T} + k^*(t,S) = 净持有成本$$

净持有成本的本质和演变过程决定了基差是正、是负、或是等于 0：
- 如果持有成本高于基础资产所能带来的收益的终值，$F_{t,T} > S_t$；
- 如果持有成本等于基础资产所能带来的收益的终值，$F_{t,T} = S_t$；
- 如果持有成本低于基础资产所能带来的收益的终值，$F_{t,T} < S_t$。

理解基差的变动情况和风险对设计有效套期保值策略非常重要。尤其是，基差的变动对于套期保值者或投机者可能意味着追加大额的保证金通知。

对于债券期货，我们得到：

$$B_{t,T} = F_{t,T} - S_t = S_t \cdot (1 + R_{t,T}) - \sum_i C_i \cdot (1 + R_{t_i,T}) - S_t$$

$$= S_t \cdot R_{t,T} - \sum_i C_i \cdot (1 + R_{t_i,T})$$

可以看到，持有成本和收益的终值都与利率期限结构有关。尤其是，收益率曲线变动既会影响标的债券价格 S_t，也会影响利率 $R_{t,T}$。因为债券的票面利率已知，收益的终值的不确定性主要来自利率 $R_{t,T}$。收益率曲线的强烈变动，例如逆转，通常会对基差产生重要的影响。

对于股票指数期货，我们有如下的定价关系：

$$F_{t,T} = I_t \cdot (1 + R_{t,T}) - \sum_{i=1}^{N} \sum_{t_i=t}^{T} w_i \cdot D_{i,t_i} \cdot (1 + R_{t_i,T})$$

或者，如果考虑连续的红利率，则：

$$F_{t,T} = I_t \cdot e^{(r_{t,T} - y) \cdot (T - t)}$$

在第一个定价方程中，假定红利派发日期和金额都是已知的。后一个方程中的假设条件现实中很少被满足，而经常运用的是对未来红利率的当前预测值。红利率预测的变动和收益率曲线的变动一样，均会引致基差的变动。在第二个定价公式中，假设红利率计算正确，基差的变动就只取决于利率 $r_{t,T}$ 的变动。

对于外汇期货合约，由有套期保值的利率平价关系得出，美元/欧元外汇期货的价格等于：

$$F_{t,T} = S_t \cdot \frac{(1 + R_{t,T}^{USD})}{(1 + R_{t,T}^{EUR})}$$

这正是两个国家的利率的变动会影响基差。可以从上述方程中看到，期货价格与现货价格成比例变动。然而没有理由假设两种利率之比在整个时间段都为常数。

对于商品期货，情况更为复杂，因为期货价格还取决于无法观察的便利收益率。正如我们在前面已经看到的，商品期货合约的价格为：

$$F_{t,T} = S_t \cdot (1 + R_{t,T}) + k(t,T) - Y_{t,T}$$

期货价格的变动受到利率的波动、仓储成本的变动和便利收益的变动的综合影响。对利率的敏感性是所有期货合约的基本特征。在通常市场条件下，仓储成本不可能发生大幅度的变动。便利收益以及它们的波动一般与存货水平及它们的波动相关。因此，它们在一段时间内可以大幅变动，甚至呈现出季节性。此外，便利收益在一段时间内也可能随机变化，这可能与基础商品价格本身的变动有关。

2.5.6.2 套利问题

在实际操作中，经常可以观察到期货价格低于"公允价格"。这不一定是一个套利机会。其原因可能与期货和现货之间"无套利"关系的一些限制性条件有关：

- 交易成本（经纪人收取的佣金、交易所的费用、买卖价差）：例如，在经纪人费用和买卖差价方面，买卖标准普尔500指数期货与买卖500只股票不同。
- 市场流动性：如果流动性低，则买卖价差就会变大。
- 复制的资产组合一般与现货指数不同（"品质风险"）。
- 市场上一般会存在卖空限制（甚至是完全禁止）。在我们的例子中，我们假设所有的卖空金额可用于投资生息证券，但通常情况是，卖空者只能使用部分甚至不能使用任何资金。
- 借款利率通常与贷款利率不同，而在现金和持有套利策略以及反向现金和持有套利策略中假设两个利率相等。
- 红利金额和支付日期是未知的。
- 报升规则（Up-tick-rule）：在某些市场上，当你卖空时，在市场上涨一定次数后，你就会被法规限制再次卖空——为了避免巨大的损失——直到市场下跌才解除限制。
- 市场影响：重大的出售和"大宗交易"将会对价格和流动性造成影响，这种影响会产生所谓的冲击成本。
- 交易者可能试图通过囤积大量的现货资产来实施逼空（Short-squeezethe Market）

【例2-30】马铃薯期货合约要求交割缅因州马铃薯，尽管事实上大多数马铃薯产于爱达荷州。在1976年，因为预测爱达荷州马铃薯的大量供应将使得价格下跌，两个主要的爱达荷州马铃薯种植者（J. R. simplot 和 Tagares 家族）卖出期货合约以交割大量马铃薯。但是那些期货多头方买下了大多数的爱达荷州马铃薯，造成了逼空市场的情况。J. R. simplot 和 Tagares 家族最终选择了违约，而不是偿付期货多头头寸。

- 应该考虑在盯市过程中收到或支付的利息。在前面的章节，我们将期货视为远期进行定价，也就是说期间没有现金流发生。而在实际中，保证金账户是产生利息的。

更极端的情况下，套利根本就无法操作。例如，1987年10月19日，在股票指数和期货之间的套利就很难执行。图2-12显示了1987年9月到12月期间，1987年12月标准普尔500指数期货合约的基差。很明显，基差在10月19日大幅变动。虽然理论模型显示可能获得高额的套利利润，而实际操作中并非如此：期货的买卖报价差只有1个点，但股票现货买卖价差高达1%甚至更多。此外，股票交易商发现他们的指令被延迟了，结果以比指令发布时候的价格更低的价格成交。结果就是，尽管当天期货价格相对现货指数大幅折价，但是没有人能套利。

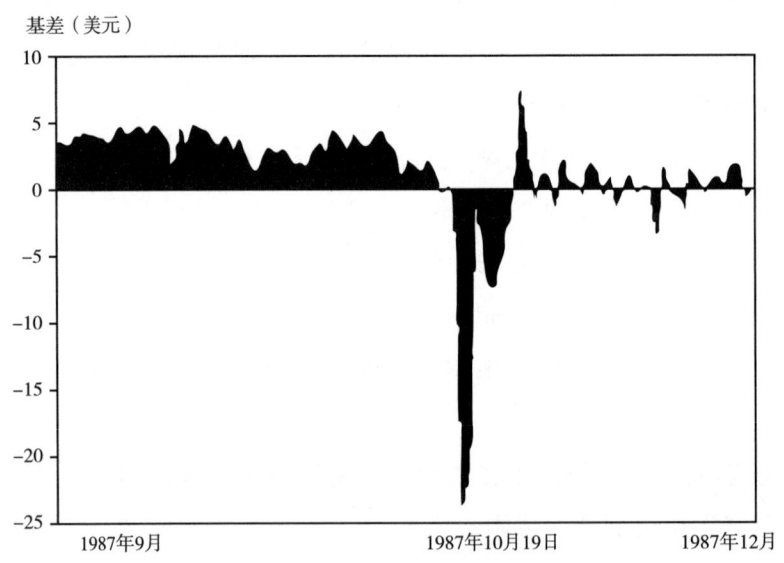

图2-12　12月标准普尔500指数期货的基差（1987年9月至1987年12月）

注意当存在交易成本时，理论上标准的无套利关系不严格成立。在多数情况下，你所能做的是给出期货价格的上限、下限，溢出该区间之后方可考虑实施套利操作。

【例2-31】1月12日，我们观察到标准普尔500指数6月的期货的价格为 $F_0 = 2\,410$ 点，而标准普尔500指数的现货价格为2 400点，假设6月15日到期的国库券的报价为 2.55（买入价）和 2.49（卖出价）。简化之，我们假设红利现金流可近似为每年 5% 的恒定收益率。存在套利机会吗？

首先，确定国库券的价格（天数惯例：实际天数/360）：

$$买入价 = 100 - \frac{154}{360} \times 2.55 = 98.9092$$

$$卖出价 = 100 - \frac{154}{360} \times 2.49 = 98.9348$$

这些价格可换算为下列利率：

$$买入价利率 = \frac{100 - 98.9092}{98.9092} = 0.011028$$

$$卖出价利率 = \frac{100 - 98.9348}{98.9348} = 0.010767$$

进而可以计算期货价格的上限、下限：

$$F_{0,T}^{th,1} = 2\,400 \times (1.011028) - 2\,400 \times (1.05^{154/365} - 1)$$

$$= 2\,376.55 < 2\,410 = F_{0,T}^{M}$$

$$F_{0,T}^{th,2} = 2\,400 \times (1.010767) - 2\,400 \times (1.05^{154/365} - 1)$$

$$= 2\,375.92 < 2\,410 = F_{0,T}^{M}$$

很显然，期货合约被高估了，存在套利机会。我们可以执行如下现金和持有套利策略（见表 2-47）。

表 2-47　　　　　　　　　　股指期货的现金持有套利策略

1 月 12 日的投资组合	1 月 12 日的收入/支出	6 月 15 日的投资组合	6 月 15 日的收入/支出
1. 购买指数成分股票（250×2 400）	-600 000	1. 收取股息，卖出复制指数组合	$250 \times I_T + 12\,479.27$
2. 借款（卖出国库券）为复制指数组合融资	600 000	2. 偿还借款本息 600 000 × (1 + 0.011028)	-606 616.80
3. 做空价格为 $F_{0,T}^{M} = 2\,410$ 的期货合约	0	3. 期货合约平仓	$250 \times (2\,410 - I_T)$
总计	0	总计	8 632.47 美元

也就是说，对于指数的每个基点，利润等于 33.45 美元（2 410 - 2 376.55）。所有的利润（期货市场价格与理论价上限之间的差额）锁定为无风险收益。

2.6 运用期货的套期保值策略简介

这部分将介绍基于期货的套期保值策略的基本知识。这些内容将在资产组合管理部分详细展开。

套期保值是指在期货市场上建立与实物市场方向相反的头寸以降低或限制与价格变动有关的风险。风险的抵销是围绕头寸的当前价值以正负对称的方式实现的。因此,如果出现有利的市场变动,套期保值者就只能获得较低的收益。

表面看来,运用期货进行套期保值看似很简单:如果你有现货,那就卖出期货合约(空头头寸),而如果你已经做空现货(或者如果你需要现货),则买入期货合约(多头头寸)。

【例2-32】一位以欧元为本币的投资者。将要在9月1日支付100 000美元。路透社由主要银行报出的9月欧元/美元的远期汇率为1美元=0.850欧元。为了达到在支付日前不受任何汇率水平变动影响的目的,想对头寸做套期保值。

解决方案是卖出9月的远期合约。欧元合约的卖方必须在到期日交割欧元,而收到美元。因此,在到期时,将支付给远期合约的买方85 000欧元,而收到商定的价格100 000美元。这就使得在今天锁定将来的汇率。

【例2-33】某公司有1 000盎司的黄金,并预计在7月卖出,假定当前黄金的现货价格为1 200美元/盎司。为了防范黄金价格的变动,公司决定以1 240美元/盎司的价格卖出1 000盎司黄金的远期合约。

我们将分两种情况说明套期保值策略确实是完美的(见表2-48)。在第一种情景中,7月黄金的现货价格为1 300美元/盎司,而在第二个情景中为1 150美元。

表2-48　　　　　　　　完美的套期保值策略

情景	现货收益	从期货交易中获得的利润	总利润
1	1 300 000美元	-60 000美元	1 240 000美元
2	1 150 000美元	+90 000美元	1 240 000美元

无论哪一种情况发生，公司均能锁定 1 240 美元/盎司的黄金价格，而在 7 月的份销售中获得 1 240 000 美元的利润。

如果仔细观察上述实例，就能注意到我们使用的是远期合约。若使用期货合约，采取的最佳头寸将是多少呢？这取决于一个数值，称为套期保值比率。

2.6.1 套期保值比率

为了理解套期保值的基本概念，让我们分析某现货资产（价值为 S_0）和该现货资产的期货（假设初始价值为 F_0，T 合约规模为 k）。我们有资产组合 P，其包含 N_S 的现货资产。理想状态下，在我们的资产组合中加入 N_F 的期货，目的是能完全抵销资产组合价值在下一个时期的变动。

下一个时期资产组合价值的变动为：

$$\Delta V_P = N_S \cdot \Delta S + N_F \cdot k \cdot \Delta F$$

其中，ΔS——每一时期现货价格的变化，ΔF——每一时期期货价格的变化。设定 $\Delta V_P = 0$，意味着完全套期保值，整理为：

$$N_S \cdot \Delta S + N_F \cdot k \cdot \Delta F = 0$$

解得 N_F 为：

$$N_F = -\frac{N_S}{k} \cdot \left[\frac{\Delta S}{\Delta F}\right] = -\frac{N_S}{k} \times HR$$

其中，HR 称为期货和现货工具之间的套期保值比率，定义为现货价格的变动除以期货价格的变动，表示用来对冲单位资产现货价格风险的合约数目。

注意，我们也可以按金融术语把套期保值比率写为期货头寸中的基础现货资产的市场价值除以被套保的现货头寸的市场价值。即：

$$HR = -\frac{N_F \cdot k \cdot S}{N_S \cdot S} = -\frac{N_F \cdot 期货合约规模 \cdot 现货资产价格}{现货头寸的市场价值}$$

已知了套期保值比率，最佳的期货合约持有数量是多少呢？

$$N_F = -HR \cdot \frac{现货头寸的市场价值}{期货合约规模 \cdot 现货资产价格}$$

2.6.2 完全套期保值

如果未来出现现货价格变化与期货价格变化之间精确的一比一变动，即 $\Delta S = \Delta F$，前面的方程变为：

$$\begin{cases} HR = +1 \\ N_F = -\dfrac{N_S}{k} \end{cases}$$

这种情况称为简单策略（Naive Strategy）。

【例 2-34】 某美国公司想套保 11 月 15 日 2 500 万欧元的协议空头，可以通过在国际货币市场持有 12 月交割的欧元期货合约多头实现。欧元期货合约的规模为 125 000 欧元。公司假定 $\Delta S = \Delta F$。因为协议相当于欧元空头，公司将要买入期货合约。如果把合约规模设为 1，根据简单策略，公司应该持有：

$$N_F = -\dfrac{N_S}{k} = -\dfrac{-25\,000\,000}{125\,000} = 200$$

所以公司应买入 200 份合约。

简单策略的方式易于运用，并且对于与给定的期货合约具有相似特征的现货头寸相当精确。然而，在实际操作中，完全套期保值（完全消除风险）只有在一段时期内期货和现货变动成比例时，以及投资者的时间范围与期货合约的到期期限一致时，才会发生。

2.6.3 基差风险与相关性风险

在现实中，进行完美套期保值的主要限制或障碍是基差风险和相关性或品质风险。

当期货合约的期限（T）与套期保值的时间期限不一致时，就存在基差风险（Basis Risk）。例如，如果投资者持有现货多头和期货空头，则头寸的利润（套保后的利润）为：

$$\text{套保后的利润} = (S_T - S_t) - (F_{T,T} - F_{t,T})$$

如果现货持有期结束于期货到期日，则在 T 时刻的基差为 0（因为 $F_{T,T} =$

S_T)。因此套保后的利润为：

套保后的利润 = $F_{t,T} - S_t$

由于上述条件在 t 时刻就确定已知，套期保值有效。

然而，如果持有期终止于时间 $T_1 < T$，则套期保值者必须以价格 $F_{T_1,T}$ 将其期货头寸平仓，则他的收益为：

套保后的利润 = $(S_{T_1} - S_t) - (F_{T_1,T} - F_{t,T}) = (F_{t,T} - S_t) - (F_{T_1,T} - S_{T_1})$
$= B_{t,T} - B_{T_1,T}$

在 t 时刻，T_1 时刻的基差是未知的，从而利润是不确定的，套期保值者只能用基差风险替代价格风险。因此，多头套期保值者担心基差下降，而空头的套期保值者担心基差上升。基差随时间变动情况如图 2-13 所示。

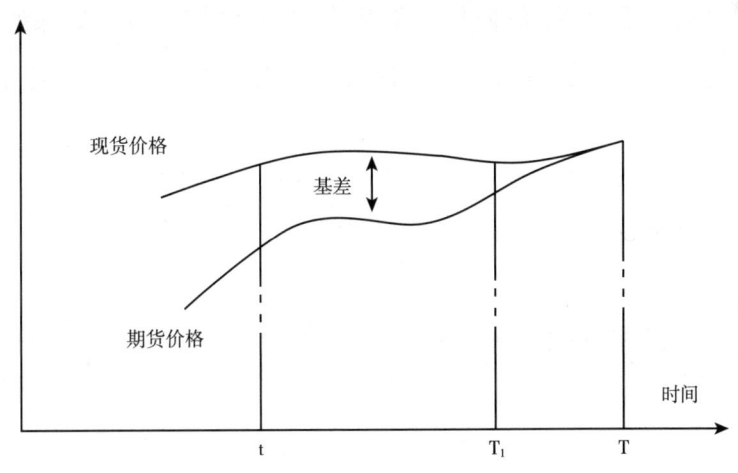

图 2-13 基差随时间的变动

为了最小化"交割基差风险"，投资者也许会更有兴趣选择那些期限尽可能与投资者或公司的持有期限到期日接近的期货。但是，这未必是一个正确的策略。投资者必须在基差风险和流动性风险之间做个比较，尤其是在考虑长期的套期保值的情况下。

任何时候，当证券、商品或实物现货与策略使用的期货合约在品质上不一致时，就存在相关性或品质风险。例如，这可能发生在运用指数期货为一个积极管理的股票投资组合套保之时，或运用长期国债期货为债券投资组合套保之时，以及运用纽约商品交易所（NYMEX）交易的原油期货为得克萨斯州生产的油套保之时。在这些情况下，期货和现货价格通常不是完全相关的，或者久期可能不同，这分别导致了资产错配（Asset Mismatch）和期限错配（Maturity Mismatch）。

当存在相关风险时，完美的套期保值是不可能的，需要进行交叉套期保值。它用以另一种资产为标的资产的期货合约来对冲一种资产的价格变化。最好的交叉套期保值是以最小的方差套期保值比率实现的，具体在下一节中解释。

2.6.4 最小方差套保值比率

2.6.4.1 最小方差套期保值比率的推导

考虑投资者持有由 N_F 份期货（期货合约的规模为 k），套保的规模为 N_S 的现货资产多头头寸的投资组合。套保后头寸的预期收益/损失等于预期的价格变动：

$$E(\Delta V_p) = N_S \cdot E(\Delta S) + N_F \cdot k \cdot E(\Delta F)$$

因为完美套期保值不可行，我们假设套期保值者现在的目标函数是最小化套保后收益金额值的方差①。众所周知：

$$\mathrm{Var}(\Delta V_p) = N_S^2 \cdot \mathrm{Var}(\Delta S) + N_F^2 \cdot k^2 \cdot \mathrm{Var}(\Delta F) + 2 \cdot N_S \cdot N_F \cdot k \cdot \mathrm{Cov}(\Delta S, \Delta F)$$

如果想最小化方差，需要将上述方程对 N_F 求导，并令所得方程等于0：

$$\frac{\partial \mathrm{Var}(\Delta V_p)}{\partial N_F} = 0$$

求解 N_F：

$$N_F = -\frac{N_S}{k} \cdot \left[\frac{\mathrm{Cov}(\Delta S, \Delta F)}{\mathrm{Var}(\Delta F)} \right]$$

这就得到了最小方差套期保值比率，用 HR 表示，其定义为：

$$\mathrm{HR} = \frac{\mathrm{Cov}(\Delta S, \Delta F)}{\mathrm{Var}(\Delta F)}$$

运用常规的符号，得到：

$$\mathrm{HR} = \frac{\mathrm{Cov}(\Delta S, \Delta F)}{\mathrm{Var}(\Delta F)} = \rho_{\Delta S, \Delta F} \cdot \frac{\sigma_{\Delta S} \cdot \sigma_{\Delta F}}{\sigma_{\Delta F}^2} = \rho_{\Delta S, \Delta F} \cdot \frac{\sigma_{\Delta S}}{\sigma_{\Delta F}}$$

---

① 对于即将到来的时间，投资者并不关心收益，而是关心绝对的价格变动。

其中，$\sigma_{\Delta S}$ 表示 ΔS 的标准差，$\sigma_{\Delta F}F$ 表示 ΔF 的标准差，$\rho_{\Delta S,\Delta F}$ 是 ΔS 与 ΔF 的相关系数，HR 是套期保值比率，它使套期保值者的头寸方差最小。

从它的定义可以看出，套期保值率 HR 不外乎是 ΔS_t 关于 ΔF_t 的简单线性回归的贝塔系数[①]：

$$\Delta S_t = \alpha^* + \beta^* \cdot \Delta F_t + \epsilon_t$$

其中，ΔS_t 为现货价格的变化，ΔF_t 为期货价格的变化，ϵ_t 是预期均值为零的残差，而 α^* 和 β^* 是估计的系数。这在直觉上是合理的，因为我们要求 HR 对应于 ΔS 的变化相对 ΔF 的变化的比率（见图 2–14）。

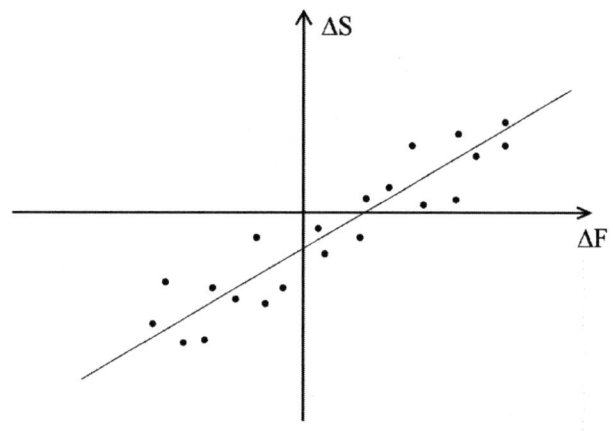

图 2–14 现货价格变化对期货价格变化的回归

【例 2–35】 一家美国公司想要通过持有 12 月到期的国际货币市场欧元期货合约多头对 11 月 15 日的 2 500 万欧元的欧元协议空头进行套期保值。基于连续 26 个现货和期货价格的观察值，我们获得周数据（$R^2 = 0.937$）：

$$\Delta S_t = -0.00005 + 0.93468 \times \Delta F_t$$

国际货币市场欧元期货合约的规模为 125 000 欧元。这个公司应该卖出或买入多少该期货合约？

套期保值率为 HR = 0.93468。如果现货资产为 1 欧元，应持有的期货合约数量为：

$$N_F = -HR \cdot \frac{N_S}{k} = -0.93468 \times \frac{(-25\ 000\ 000)}{125\ 000} = 186.94$$

[①] 我们用 β^* 来表示这个贝塔系数，在本章结束的时候其中的原因就会清楚。

也就是说，公司应该购买 187 份期货合约，而不是"反向的等量数目"，即简单套期保值策略的 200 份合约。

2.6.4.2 套期保值有效性

为了测度套期保值的效率，首先测量它的无效性。最小二乘回归为：

$$\Delta S_t = \alpha^* + \beta^* \cdot \Delta F_t + \epsilon_t$$

用含最佳套保的资产组合的价格变动的方差（σ_ε^2，即回归模型中残差项 ε 的方差）对未套保的资产组合的价格变动的方差（$\sigma_{\Delta S}^2$）的比率来测度无效性。所以，测量套期保值无效性的比例为 $\sigma_\varepsilon^2/\sigma_{\Delta S}^2$，其在 0 到 1 之间变动。从而套期保值的有效性为被套期保值消除的方差所占的比例。可以这样测量：

$$\rho^2 = 1 - \frac{\sigma_\varepsilon^2}{\sigma_{\Delta S}^2}$$

巧合的是，这个表述是最小二乘回归中修正的拟合优度（R^2）的定义。

- 如果自变量（ΔF）能 100% 地解释 ΔS 的变动，则 $\sigma_\varepsilon^2 = 0$，$\rho_{\Delta S, \Delta F} = 1$。这种情况下，套期保值是完全有效的，期货和现货价格的变换是完全相关的。
- 如果自变量 ΔF 无法解释任何 ΔS 的变动，$\rho_{\Delta S, \Delta F} = 0$。在这种情况下，$\sigma_\varepsilon^2 = \sigma_{\Delta S}^2$，套期保值是完全无效的。
- 如果 $0 < \rho_{\Delta S, \Delta F} < 1$，套期保值只是部分有效，意味着现货价格的部分变动已经反映在期货价格中，但是有些变动是个别的。套期保值对消除反映在期货价格中的系统变动是有效的，而套期保值对消除由随机项 ε 揭示的个别价格风险是无效的。

2.6.4.3 收益率服从正态分布时的套期保值（修正的贝塔）

至此，我们已经基于连续的现货和期货价格变动在整个时期都是独立分布的假设，运用下面的回归方程，估计最佳套期保值比率 HR：

$$\Delta S_t = \alpha^* + \beta^* \cdot \Delta F_t + \epsilon_t$$

其中，β^* 使套保后的价格变动的方差最小化，定义为：

$$\beta^* = HR = \frac{\text{Cov}(\Delta S, \Delta F)}{\text{Var}(\Delta F)}$$

然而，对于很多金融期，更符合事实的假设是价格变化的比率（即收益率）而非价格的绝对变化更符合最小二乘法的条件①。因此，最佳套期保值比率必须通过两步计算间接得到：

首先，得到 $\Delta S_t/S_t$ 对 $\Delta F/F_{t,T}$ 的一元线性回归的贝塔系数，即：

$$\frac{\Delta S_t}{S_t} = \alpha + \beta \cdot \frac{\Delta F_t}{F_{t,T}} + \epsilon_t$$

这个贝塔系数使套期保值后的收益率的方差最小化，定义为：

$$\beta = \frac{\text{Cov}(\Delta F\%, \Delta S\%)}{\text{Var}(\Delta F\%)}$$

然后，修正这个贝塔使得：

$$HR = \beta \cdot \frac{S_t}{F_{t,T}}$$

例如，当用股票指数期货进行套期保值时，就按照这个程序来算，因为在此似乎是收益率而非价格变动更符合最小二乘法的假设。

【例 2-36】标准普尔 500 指数等于 2 800 点。最接近的期货合约交易价格为 2 840 美元。你想对仅由一支股票组成的投资组合进行套期保值，股票的贝塔系数为 1.3，价格为 2 750 美元。假设贝塔是由现货收益率对期货收益率的回归得到的（β=1.3），得到套期保值比率为：

$$HR = 1.3 \times \frac{2\,750}{2\,840} = 1.26$$

但是，套期保值比率是从现货价格对期货价格的回归中得来（$\beta^* = 1.3$），则你应该使用套期保值比率 1.3。

这两个过程可以一起总结如下：

● 我们用价格的绝对变化对价格的绝对变化回归，我们能直接得到套期保值比率 $HR = \beta^*$，从而得到期货合约的数量。

● 我们用价格的相对变化对价格的相对变化回归，我们能得到 β，然后通过乘以 $S_t/F_{t,T}$ 进行调整，由此得到套期保值比率 HR，进而得到期货合约的数量。

很显然，这两种计算套期保值比率的方法在数学上是不相等的，但却能

---

① 例如，无论 t 怎样，按照相等概率假设期货价格的比例变动是 +50% 或 -50%。则在时刻 t，如果 $F_{t,T} = 100$ 瑞士法郎，$\sigma_{\Delta F} = 50$ 瑞士法郎，而在 t+1 时刻，如果 $F_{t+1,T} = 150$ 瑞士法郎，$\sigma_{\Delta F} = 75$ 瑞士法郎。结果为，期货价格的绝对变化的方差不是固定的（这称为异方差性），而价格的相对变化却是不变的。

得到相近的结果。实例说明如下。

【例 2-37】表 2-49 给出了股票的价格和给定的市场指数。在所考虑的时期内,我们计算了绝对的和相对的价格变动,并进行了两种回归。

表 2-49　　　　　　　　　　绝对的和相对的价格变动计算

t	ΔS_t	$\Delta F_{t,T}$	$\ln(S_t/S_{t-1})$	$\ln(F_{t,T}/F_{t-1,T})$
2000 年 1 月				
2000 年 2 月	-0.4728	1.0153	-0.47%	0.88%
2000 年 3 月	1.4009	1.5763	1.40%	1.35%
2000 年 4 月	-2.9712	-4.0360	-2.99%	-3.49%
2000 年 5 月	-6.0215	-7.1441	-6.35%	-6.50%
2000 年 6 月	-0.9341	-0.6407	-1.02%	-0.60%
2000 年 7 月	0.7253	0.5237	0.79%	0.49%
2000 年 8 月	-3.4745	-4.3969	-3.86%	-4.22%
2000 年 9 月	-2.1326	-1.8820	-2.45%	-1.86%
2000 年 10 月	-4.1958	-4.5871	-5.00%	-4.69%
2000 年 11 月	5.3090	5.7779	6.28%	5.88%
2000 年 12 月	-0.7323	-0.4567	-0.84%	-0.45%
2001 年 1 月	1.9752	1.5749	2.26%	1.55%
2001 年 2 月	5.4559	5.4225	5.99%	5.16%
2001 年 3 月	-0.0013	0.4862	0.00%	0.45%
2001 年 4 月	-4.5187	-4.8734	-4.93%	-4.61%
2001 年 5 月	-1.9022	-1.7955	-2.15%	-1.75%
2001 年 6 月	1.3061	-0.6865	1.48%	-0.68%
2001 年 7 月	1.9659	1.8610	2.19%	1.83%
2001 年 8 月	-2.5634	-2.3796	-2.87%	-2.34%
2001 年 9 月	-1.7427	-0.8909	-2.00%	-0.89%
2001 年 10 月	4.3301	3.1096	4.89%	3.08%
2001 年 11 月	0.4322	1.7915	0.48%	1.73%
2001 年 12 月	-0.4699	-2.3229	-0.52%	-2.25%
2002 年 1 月	-2.3401	-0.9820	-2.61%	-0.97%
2002 年 2 月	2.6877	2.3315	3.00%	2.28%
2002 年 3 月	-3.3885	-3.2465	-3.79%	-3.19%
2002 年 4 月	1.1354	1.0713	1.29%	1.06%
2002 年 5 月	0.5684	0.4821	0.64%	0.48%
2002 年 6 月	3.6536	3.8205	4.01%	3.69%
方差	8.3156	9.1937	0.10	0.08
协方差	8.4101		0.09	

用现货价格（ΔS_t）对期货价格（$\Delta F_{t,T}$）回归得到的贝塔系数为 $\beta^* = 0.91$，而用现货收益率 $\ln(S_t/S_{t-1})$ 对期货收益率 $\ln(F_{t,T}/F_{t-1,T})$ 回归得到的贝塔系数为 $\beta^* = 1.06$。但是，如果我们通过乘以 $S_0/F_{0,T}$ 来修正 β，我们得到套期保值比率为 0.92，这很接近我们所计算的第一个套期保值比率。因此，在两种情况下购买的期货数量基本上相同。

2.6.5 使用多个期货合约的套期保值

如果运用多种套期保值产品（运用不同的期货合约建立一个套期保值组合），套期保值的有效性会增加。例如，公司债券资产组合的价值对利率与股票的市场风险都很敏感。为了对这类资产组合的价值进行套期保值，要求同时防范利率与股票市场水平的变动。国债期货和标准普尔 500 指数期货对于同时套保这种资产组合的两类风险敞口可能是最适合的。

在多重套期保值产品的情况下，我们可以通过多元线性回归得出每个期货合约的最佳多元套期保值比率：

$$\Delta S_t = \alpha + \beta_1^* \cdot \Delta F_t^{(1)} + \beta_2^* \cdot \Delta F_t^{(2)} + \cdots + \beta_N^* \cdot \Delta F_t^{(N)} + \epsilon_t$$

其中，$\Delta F^{(1)}, \Delta F^{(2)}, \cdots, \Delta F^{(N)}$ 为解释变量；ΔS_t 是因变量；$\beta_1^*, \beta_2^*, \cdots, \beta_N^*$ 是使得残差 ϵ_t 的方差最小的风险最小化套期保值比率。

2.6.6 套期保值例子

2.6.6.1 股票投资组合中市场风险的套期保值

股票组合面临着股票市场的风险。通常情况下，股票基金经理对股票市场有一个长期的暴露，或正的敏感性。如前几节所示，这种敏感性可以用 CAPM 的贝塔值来衡量，而贝塔值又确定了对冲这种市场风险的最佳期货合约数量。

【例 2-38】一位积极的经理人管理着一个价值 2 亿美元的股票投资组合，他相信自己有能力获得每年超越股票指数 2% 的表现，但他担心明年市场的衰退会影响他的投资组合的表现。投资组合的 CAPM 贝塔值为 1.2，无风险利率为1%。例如，如果市场下跌20%，投资组合的预期超额收益率为（假设2%的超额业绩）：

$$E(R_p - R_f) = \alpha + \beta \cdot E(R_{mkt} - R_f) = 2\% + 1.2 \times (-20\% - 1\%) = -23.2\%$$

经理人希望在下一年消除他对市场的风险暴露，但仍然能够向客户提供他的α。因此，他将卖出该指数的期货合约。想象一下，期货合约目前的交易价格为 $F_{t,T} = 4\,000$，一年后到期（为简单起见，我们假设合同的到期时间与套期保值期相同），合同规模为指数的100倍。一份期货合约的价值为 $V_F = 400\,000$ 美元。

为了消除他的市场风险，经理人将出售合约的份数是：

$$N_F = \beta \frac{V_P}{V_F} = 1.2 \times \frac{200\,000\,000}{400\,000} = 600$$

2.6.6.2 债券投资组合中利率风险的套期保值

债券组合面临着利率风险。正如我们之前提到的，债券价格和利率有一个反向关系：利率上升会导致债券价格下降，反之亦然。更具体地说，对于小的变化收益率（Δy），其关系是这样的：

$$\Delta V_P = -V_P \cdot D_P \cdot \Delta y$$

其中，V_P 是债券组合的价值，D_P 是这个债券组合在日期 T 时的久期①。为了对冲这种利率风险，我们可以在价值为 V_F 的利率期货合约中持有相反的头寸，在该合约中，标的资产在到期时（T）的久期为 D_F。期货合约的价格因收益率的微小变化而发生变化，与之前的债券组合价值变化的方程式相似。

$$\Delta V_F = -V_F \cdot D_F \cdot \Delta y$$

因此，最佳的期货合约数量 N_F 必须是能使得期货头寸的变化抵销了债券组合价值的变化。

$$\Delta V_P + \Delta V_F \cdot N_F = 0$$

代入并解出 N_F：

---

① 债券组合的期限只是构成该组合的债券期限的加权平均值。当债券的到期日分布很广时，我们需要假设收益率曲线的平行变化。关于期限的更详细解释，见 HULL, John C., 2015, "Options, Futures and Other Derivatives", 9th edition, Pearson.

$$N_F = \frac{V_P \cdot D_P}{V_F \cdot D_F}$$

这就是著名的基于久期的套期保值比率。

【例 2-39】 假设一个投资者持有一个价值 200 万美元的债券组合。由于美国货币政策的不确定性，该投资者担心下一时期的收益率曲线会突然出现平行变化。6 个月后，这个投资组合的期限为 5.4 年。利率的上升将对其投资组合的价值产生负面影响。例如，如果利率上升 25 个基点将意味着损失 27 000 美元（2 000 000×5.4×0.0025）。为了对冲这一风险，投资者选择了一份面值为 100 000 美元的国债期货合约，其标的债券（最便宜的交割债券）在到期后的期限为 7.2 年。债券组合的套期保值需要多少份空头合约？

$$N_F = \frac{2\,000\,000 \times 5.4}{100\,000 \times 7.2} = 15$$

利率上升 25 个基点意味着债券组合损失 27 000 美元，但同时期货空头头寸获得 27 000 美元（15×100 000×7.2×0.0025）。请注意，如果利率下降，债券组合价值增加的收益将被期货空头头寸的损失所抵销。

2.6.7 运用期货进行套期保值相关问题的简要回答

下面是有关运用期货进行套期保值常见问题的简要回答。

运用何种期货？

如果可能的话，运用标的资产与被套保的现货资产完全相同的期货合约。如果无法实现，应选择那些其价格变动与现货价格变动相关性最大的期货合约。

单个期货合约套期保值还是多种期货合约进行套期保值？

在忽略交易费用、舍入误差等情况下，对用于套期保值的各种期货合约的数量没有限制。但是套期保值是基于估计的、方便得到的历史数据。因此包含的期货合约越多，估计风险导致的偏差越大。在实际操作中，常识和对市场经济的良好理解会有助于判断持有多少期货是最合适的。

选择多长的期限？

我们总是应该选择到期日尽可能与目标套保日期临近的期货合约。然而，这并不总是可行的。如果期货合约在套保目标日期前到期，则有价格风险。如果期货合约在套保目标日期后到期，则有基差风险。

利息对保证金账户的影响

保证金账户的利息使我们低估了 ΔF_t 的标准差，而忽略这个利息则会造成过度套期保值。实际操作中，在套期保值时间短且利率水平低时，这个影响是可以忽略不计的；否则我们就必须重新调整套期保值比率，因为它在整个时间段内并非恒定不变。

舍入误差是什么？

通过四舍五入取整的方法得到的套期保值合约数并非总是最佳的整数套期保值合约数。

什么是多个不同风险的整体套期保值？

例如，如果套期保值的现货头寸为巴西里尔和瑞士法郎，最佳套期保值比率是多少呢？原则是对每个风险单独计算最佳套期保值比率，然后将不同的套期保值头寸加总到一起。但是应该记住，在实际操作中，只有当我们讨论的风险来源是独立的时候，这种套期保值的简单加总原则才是正确的。如果我们对利率和汇率的总体风险做套期保值，就不能按照这个原则。

第 3 章　期权市场

3.1　引言

衍生品被定义为一种或有债权，即一种回报（即价值）取决于另一种被称为标的的工具或资产的金融工具。像远期和期货合约一样，期权也是衍生品。然而，期权的回报不能是负的。更确切地说，在标的发生某些预先指定的事件的情况下，它将是正的。例如，如果一个人有权利以"K"的价格购买一项资产，那么如果标的物的价值高于"K"，报酬将是正数。否则，持有人就会放弃他的权利，期权的回报就会为零。换句话说，持有人将选择不行使期权，期权因此而得名。与远期和期货合约类似，期权也可以用于套期保值和投资目的。存在许多类型的期权，对应于标的物的不同情况，有不同的回报。此外，标的物的种类也很多，从利率到商品、从股票到货币……甚至是其他衍生品，如期货合约。

衍生品的起源可以追溯到古代。人们使用它们来促进交易，它们最初满足了许多市场参与者的对冲需求。过去发展出一些衍生品市场，但是由于不被理解而且缺乏广泛传播的工具，这些市场的发展受到限制。在 20 世纪下半叶，随着金融理论的发展，机器计算能力的不断提高，以及电子市场的产生，促进了衍生品所取得的成功，使得它们当今在投资专业人士中颇具重要性。

如今，期权是衍生品的第二大品种。在美国，期权几乎与股票同时在 20 世纪初期产生，它们首先在场外交易（OTC），即交易在买方和卖方之间直接达成。交易双方就期权条款达成双边协议。然后，买方可以向卖方支付期权价格，而后者则承诺在买方决定行使期权时履行其义务。交易是通过电话进行的，因此，期权是烦琐的且缺乏流动性。期权交易商向需要购买期权的投资者收取很大的差价。此外，这些早期的期权在购买后不容易进行交易，而且期权卖家有时会违约。因此，期权交易的增长仍然相对缓慢。1973年4月26日，经过4年的研究和规划，芝加哥期货交易所（CBOT）成立了芝加哥期权交易所（CBOE），并推出了交易所交易的标准化的单个股票期权。几乎与此同时，布莱克、斯科尔斯和默顿开发了他们的模型，对欧式看跌期权和看涨期权进行估值，这为资本预算和所谓的"实物期权"等许多相关领域的估值铺平了道路。在实现了911份合约的首日交易量后，次年，日均交易量猛增至20 000份以上。从那时起，期权市场经历了快速的增长，而如今期权在很多交易所中进行交易。

3.2 期权合约的定义和基本特征

3.2.1 期权的主要特征

3.2.1.1 标的资产

期权是一种其回报取决于另一个变量的金融资产，另一个变量被称为标的或标的物。在其最传统的形式中，期权的标的物是股票。许多投资者面临着价格风险，他们可能愿意对冲不希望出现的价格波动。其他投资者可能想表达他们的市场观点并获得盈利。期权可以满足这些不同的需求。期权的标的可以是指数、利率、贵金属如白银、玉米，甚至是另一种衍生品如期货合约。标的本身通常是可交易的，但它也可以是非交易的，如干旱的期权就是一个例子。它显然是非交易的，但它可以作为标的。干旱可能会对农业公司的业务造成严重的金钱损失，因此他们可能希望对冲干旱风险[①]。

3.2.1.2 回报函数

每种类型的期权都有自己的回报函数（Payoff Function），与标的物的情况相关。用纯粹的金融术语讲，期权给予买方获得一些给定回报的权利，而不是义务。行使期权与否取决于买方的斟酌决定。换句话说，期权赋予持有人

---

① 对于卖方来说，对非交易标的期权进行定价和对冲自然更具挑战性，但这并不在本节的范围之内。

获得预先确定的回报的权利。它可以是合同到期 T 时标的物价值的一个函数[①]。合同中的日期被称为行权日、到期日或到期期限。在该日期，如果期权的内在回报函数为负值，买方有权不执行该期权。因此，多头的回报是可选的（因此而得名），只有在正数时才会被执行。标的物有一个价值可以解锁正的回报区域。这个标的价值被称为执行价格或行使价格。如果期权持有者有权利买入，标的资产价格高于执行价格时执行；如果期权持有人有权利卖出，标的资产价格低于执行价格时执行。期权的回报是正的，那么持有人应该执行该期权。

$$回报(S_T, K) = \max[f(S_T, K), 0]$$

其中，S_T——到期日标的资产的价值；K——执行价格；$f(S_T, K)$——内在回报函数。

从数学上讲，由于期权回报是取最大值，根据最大值函数的特征，期权回报是标的物的一个非线性凸函数。每种期权类型都有自己的内在回报函数。执行价格（K）是在合约开始时预设的参数，对于标准期权来说，它并不取决于标的物在期权期限内的走势。

当然，期权的内在价值本身确实取决于标的物的价值 S_t。当考虑到当前的标的价值，其内在的回报函数为正时，即 $f(S_T, K) > 0$，该期权称为实值期权。相反，当期权的内在回报函数为负值时，即 $f(S_T, K) < 0$，则被称为虚值期权。当期权的内在报酬函数等于零时，即 $f(S_T, K) = 0$，则被称为平值期权。换句话说，当立即行使期权无利可图时，该期权就处于虚值状态。反之，当立即行使期权会有收益时，期权就处于实值状态：内在价值是指可以赚取的利润。

【例 3-1】一位投资者买了一个看涨期权：雀巢 85Dec18。因此，投资者有权利但没有义务在 2018 年 12 月之前，以执行价格 K = 85 瑞士法郎，购买一定数量的雀巢股票。请注意，到期时的回报是非负的。假设雀巢公司的股票交易价格低于行权价，那么看涨期权就是"虚值的"，回报率为零。现在假设雀巢股价高于 85 瑞士法郎，那么该看涨期权就是"实值的"，显然，雀巢股票的价格越高，看涨期权的回报就越高。

3.2.1.3 合约对手方

由于期权的回报不能是负的，所以其价值必须是正的。期权价格被称为

[①] 这是欧式期权的情况，我们先研究欧式期权。美式期权则在后面讨论。

期权费，它是持有人今天为获得正回报的权利而必须支付的金额。对于期权卖家来说，他们得到了期权费，但是，作为代价，如果持有人决定行使期权，他们就是对手方。任何期权的价格都取决于它的行权价：期权实值的程度越高，价格就越高；期权虚值的程度越高，价格就越低。

因此，期权合约开始时有以下现金流：

$$\text{买方} \xrightarrow{\text{期权费}} \text{卖方}$$

到期时，期权的回报是已知的。然后，如果买方行使权利，即如果期权是"实值的"，期权卖方必须将期权的回报交付给买方。如果期权是"虚值的"，则将权利金收入囊中。随着期权到期前市场的变化，期权的价值可能增加或减少。"实值"的程度越高，期权的价值就越高。相反，"虚值"的程度越高，期权的价值就越低。同样的道理也适用于权利被行使的可能性。请注意，期权是零和游戏：一方的收益与另一方的损失完全一致。

$$\text{买方} \xleftarrow[\text{期权回报（如果行权）}]{} \text{卖方}$$

3.2.1.4 市场组织

一份期权合约需要两个交易方。当双方对条款达成一致时，就签订合约。在这种简单的情况下，人们会说期权是在场外交易（OTC），或者换句话说，买方直接与卖方交易，而合约的特征是具体的或没有标准化的。场外期权的优势在于双方能够设计合适的合约条款。然而，合约的多头面临着信用风险，空头可能会违约，如果合约没有定期清算，其影响可能很大。场外交易市场也是缺乏流动性的，因为适合一个投资者的期权可能不适合另一个投资者。这也会使期权持有人难以在不遭受价格折扣的情况下重新出售期权。

与其他资产一样，期权交易所的建立是为了促进交易。流动性从而得到改善，因此，买入和卖出期权会更容易。例如，人们可以通过直接买入相同的期权来把一个空头头寸进行平仓①。然而，为了使交易所有效地运作，并提高流动性，合约必须标准化。这意味着条款可能并不完全适合投资者的需求。作为一个积极的方面，我们应该记住，有组织的交易所，例如 Eurex，意味着

---

① 更准确地说，同一系列的是指具有同一标的物、同一期限和同一执行价格。

存在一个中央对手清算所。因此,信用风险被大大降低了。当谈到期权时,我们应该区分"股权式"和"期货式"保值期权。对于前者来说,期权费是预先支付的,而保证金的变动或利润/亏损不是每天实现的。保证金的变动只在到期日或行权日实现①。对于后者,买方不预先支付期权费。买家和卖家都缴纳保证金,他们的头寸和保证金按照期货合约逐日盯市机制进行公布,以确保交易双方履行其义务。

3.2.1.5 期权到期期限和行权特征

期权不仅有不同的到期日,而且在涉及行权特征时也有不同的特点。如果期权只能在到期日行权,则被称为欧式期权。如果它们可以在从开始到到期的任何时候行权,则是美式期权。这种额外的择时特征对期权的价值产生积极的影响,即:在其他条件相同的情况下,美式期权的价值大于或等于欧式期权的价值②。然而,还存在其他类型的期权,比如百慕大期权,它只能在预先确定的日期行权,是欧式和美式期权的结合。巴黎期权是另一个例子,它的回报条件是:在预设的连续时间内,标的物保持在某一障碍之上或之下。当然,这些择时特征使期权的定价变得复杂,为了简单起见,我们总是先处理欧式期权,就像布莱克和斯科尔斯模型(Black & Scholes)中的情况一样。

3.2.2 看涨期权和看跌期权

看跌期权和看涨期权是经典的期权类型,将它们的回报与远期和期货合约进行比较有助于更好地理解它们的选择权特征。

3.2.2.1 看涨期权

看涨期权赋予其持有人在特定日期之前或之时以指定的执行价格购买一项资产(标的资产)的权利(但不是义务)。反过来,看涨期权的卖方有义务在买方的要求下,以指定的价格将标的物卖给期权的买方。因此,期权持有

---

① 关于"股权式期权"保证金的简要介绍,读者可以参考大多数交易所或清算所提供的文件(例如,LCH Clearne: Overview of Margining Equity Style)。

② 关于欧式和美式期权的估值差异,本章后面会有更多介绍。

者的回报函数是：

$$C_T = \max(S_T - K, 0)$$

其中，S_T——到期时的标的资产价值；K——执行价格。

当标的资产价格 S_t 大于期权的执行价格时，看涨期权是实值期权。而当标的资产的价格 S_t 小于期权的执行价格时，它就被称为虚值期权。当标的资产价格 S_t 等于行权价格时，它是平值期权。换句话说，当标的股票价格 S_t 大于期权的执行价格时，内在回报函数 $f(S_t)$ 是正的。如果标的物价格低于 K，持有人就不会行使他们的权利，以行权价购买标的。该回报函数如图 3-1 所示。请注意，行权价 K 右边的函数曲线的斜率是 1（或 45°）。股票赚取的每一美元对应于期权持有人赚取的一美元。由于看涨期权的持有人已经支付了购买衍生品的费用，所以净利润等于总回报（即期权的最终价值或虚线）减去初始投资或花费的期权费（不考虑货币的时间价值）。当考虑到期权费时，回报函数会向下移动，并在下面用黑色实线表示。行权价加上期权费通常被称为盈亏平衡点。股票价格必须上涨至这个价格以上，看涨期权持有人才开始赚取利润。

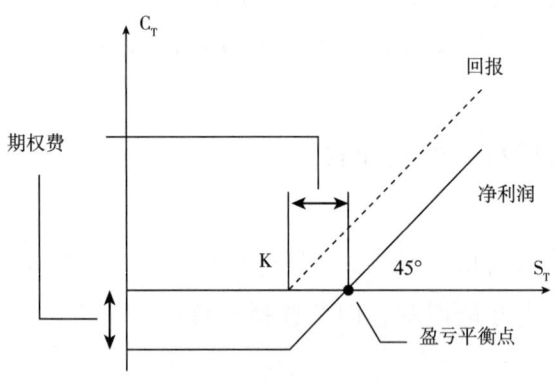

图 3-1 T 时看涨期权多头的回报

【例 3-2】看涨期权的多头头寸

考虑一下 XYZ 股票的 5 月看涨期权。股票价格为 S=105 瑞士法郎，执行价格为 K=100 瑞士法郎，看涨期权的报价为 C=7 瑞士法郎。合约规模为 10。表 3-1 列出了投资者以 7 瑞士法郎的价格购买看涨期权的总回报和净回报（看涨多头头寸）。

表 3-1　　　　　　　　　到期日投资者的总回报和净利润　　　　　　　（单位：瑞士法郎）

股票价格（s_T）	总回报（C_T）	净利润	每张合约的净利润
90	0	-7	-70
95	0	-7	-70
100	0	-7	-70
105	5	-2	-20
107	7	0	0
110	10	3	30
115	15	8	80
120	20	13	130

损益平衡点为 107 瑞士法郎。

因为期权是一个零和博弈（Zero-sum Game），看涨期权卖方的净利润正好等于看涨期权买方的净损失（见图 3-2）。当考虑到期权费时，回报函数会按期权费数额向上移动。如果股票价格没有超过盈亏平衡点，卖方获利。

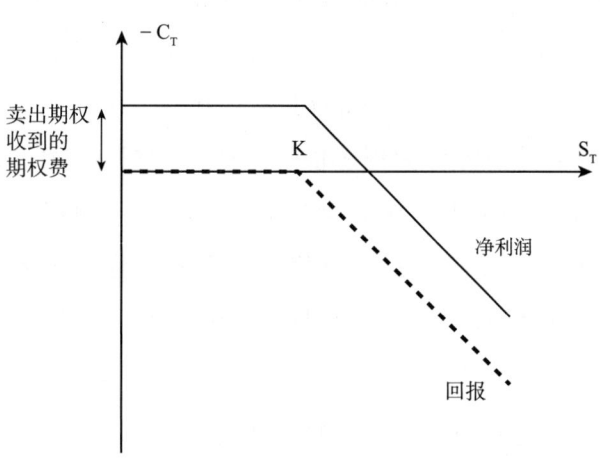

图 3-2　T 时看涨期权空头的回报

【例 3-3】看涨期权的空头头寸

考虑一下 XYZ 股票的 5 月看涨期权。股票价格为 S=105 瑞士法郎，执行价格为 K=100 瑞士法郎，看涨期权的报价为 C=7 瑞士法郎。合约规模为 10。表 3-2 列出了投资者以 7 瑞士法郎的价格卖出看涨期权的总回报和净回报（看涨空头头寸）。

表 3-2　　　　　　　到期日投资者的总回报和净利润　　　　　（单位：瑞士法郎）

股票价格（s_T）	总盈利（C_T）	净利润	每张合约的净利润
90	0	7	70
95	0	7	70
100	0	7	70
105	-5	2	20
107	-7	0	0
110	-10	-3	-30
115	-15	-8	-80
120	-20	-13	-130

损益平衡点是107瑞士法郎。

3.2.2.2 看跌期权

看跌期权赋予其持有人在某一日期前或某一日期以指定的执行价格出售资产（标的资产）的权利（但不是义务）。看跌期权的空头方有义务在持有人选择行权时，向持有人购买相关资产。因此，期权持有人的回报函数是：

$$P_T = \max(K - S_T, 0)$$

其中，S_T——到期时的标的资产价值；K——执行价格。

当标的资产价格 S_t 小于期权的执行价格时，看跌期权是实值期权。而当标的资产的价格 S_t 大于期权的执行价格时，它就被称为虚值期权。当标的资产价格 S_t 等于行权价格时，它是平值期权。换句话说，当标的股票价格 S_t 小于期权的执行价格时，内在回报函数 $f(S_t)$ 是正的。如果标的物价格大于K，持有人就不会行使他们的权利，以行权价出售标的。该回报函数如图3-3所示。和看涨期权类似，由于看跌期权具有是否执行的选择权，它的回报函数曲线具有非对称性。由于看跌期权的持有人已经支付了购买衍生品的费用，所以净利润等于总回报（即期权的最终价值）减去初始期权投资（看跌期权成本或期权费）。两个现金流的时间价值的区别忽略不计，当考虑到期权费时，回报函数会向下移动，并在下面用黑色实线表示。

盈亏平衡点等于执行价格减去期权费。标的资产必须跌至这个价格以下，看跌期权持有人才开始赚取利润。

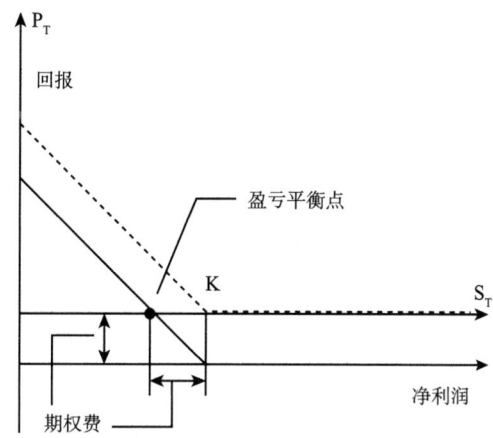

图 3-3 T 时看跌期权多头的回报

因为股票是一个有限责任的金融工具，它的价格不可能为负。因此，看跌期权持有者只承担有限的损失，也只享有有限的获益。扣除成本和期权费之前，最大收益是 K。

【例 3-4】看跌期权的多头头寸

考虑一下 XYZ 股票的 5 月看跌期权。股票价格为 S=105 瑞士法郎，执行价格为 K=100 瑞士法郎，看跌期权的报价为 C=5 瑞士法郎。合约规模为 10。表 3-3 列出了投资者以 5 瑞士法郎的价格购买看跌期权的总回报和净回报（看跌多头头寸）。

表 3-3　　　　　　　到期日投资者的总回报和净利润　　　　　　（单位：瑞士法郎）

股票价格（s_T）	总回报（P_T）	净利润	每张合约的净利润
80	20	15	150
85	15	10	100
90	10	5	50
95	5	0	0
100	0	-5	-50
105	0	-5	-50
107	0	-5	-50
110	0	-5	-50

损益平衡点为 95 瑞士法郎。

看跌期权的空头头寸是相反的，它的回报函数如图 3-4 所示。看跌期权卖方的潜在损失和收益都是有限的。

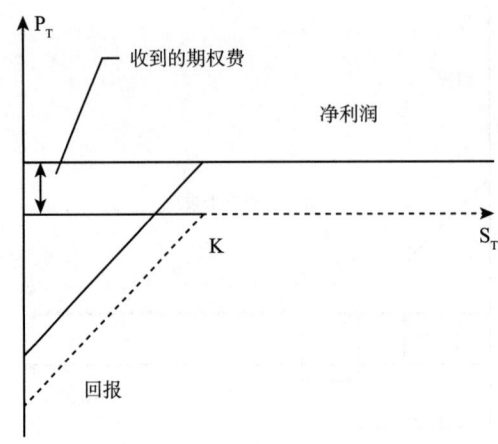

图 3-4 T 时看跌期权空头的回报

【例 3-5】看跌期权的空头头寸

考虑一下 XYZ 股票的 5 月看跌期权。股票价格为 $S = 105$ 瑞士法郎,执行价格为 $K = 100$ 瑞士法郎,看跌期权的报价为 $C = 5$ 瑞士法郎。合约规模为 10。表 3-4 列出了投资者以 5 瑞士法郎的价格卖出看跌期权的总回报和净回报(看跌空头头寸)。

表 3-4　　　　　　　　到期日投资者的总回报和净利润　　　　　　（单位:瑞士法郎）

股票价格(s_T)	总回报(P_T)	净利润	每张合约的净利润
80	20	15	-150
85	15	10	-100
90	10	5	-50
95	5	0	0
100	0	-5	50
105	0	-5	50
107	0	-5	50
110	0	-5	50

损益平衡点是 95 瑞士法郎。

3.2.3　看涨和看跌期权与远期和期货合约的对比

与期权相比,远期或期货合约意味着卖方和买方都有义务,而没有选择权,这也反映在它们的回报函数中。多头意味着必须以最初设定的远期价格购买标的物。空头意味着必须以最初设定的远期价格出售标的物。因此,交易双方的回报可以是正的,也可以是负的,但它仍然是一个零和游戏:一个交易方的收益是另一个交易方的损失,反之亦然。

$$回报_T = f(S_T) = \begin{cases} S_T - F_{0,T} & 多头 \\ F_{0,T} - S_T & 空头 \end{cases}$$

其中,S_T——到期时标的资产的价值;$F_{0,T}$——远期和期货初始合约价格。

更确切地说,如果最终标的物的价值高于远期价格,那么买方盈利,卖方亏损。相反,如果最终标的价值低于远期价格,买方亏损,卖方盈利。在数学上,期货/远期合约的回报是一个线性函数,而且是对称的(见图3-5)。

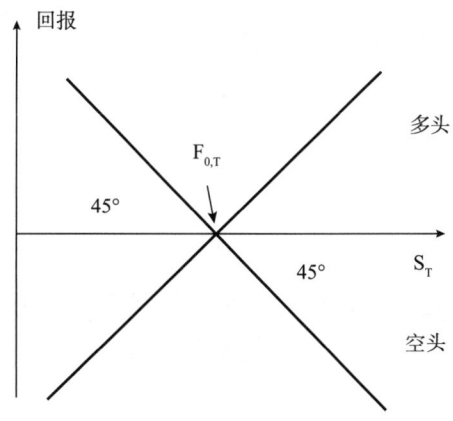

图3-5 远期多头和空头头寸的回报

多头头寸的回报与以远期价格为行权价的看涨期权的回报类似,但没有与下行潜力相关的期权特性。空头头寸的回报类似于以远期价格为执行价格的看跌期权的回报,但没有与上升潜力相关的期权功能。签订一个远期或期货对交易双方来说都是无成本的,也就是说,买方不需要支付费用。原因是,在远期和期货合约中,买方和卖方都面临着下行风险,这与期权不同,因为后者不能导致负的回报。因此,无论执行价格是多少,期权的当前价格必须是正。

由于其回报函数的线性特征,远期和期货合约可以很容易地通过纯粹的套利论证来定价。远期或期货合约的回报可以通过一个简单的静态策略进行复制。相比之下,期权的定价则需要对标的物的价值如何随时间变化作出一些具体的假设。布莱克、斯科尔斯和默顿是首先开发出股票期权估值公式的人。其灵感来自物理学中使用的数学和概率工具[①]，并最终成为连续时间金融学的基础，其工具适用于从投资组合选择到公司财务的各种经济问题。

投资者认为期权有用的其他原因：

- 期权提供了一种在标的资产静态投资中无法获得的非对称收益模式。正如我们将要看到的那样，这种模式只有通过采取动态交易策略才能实现；
- 相比直接在股票市场持有股票，期权允许持有者在更为优惠的保证金限制（对持有多头头寸的融资比例限制，从卖空中获得的资金的使用限制，卖空抵押的要求）下持有股票头寸；
- 期权具有灵活性并有很强的流动性；
- 期权可以提供股票和债券无法享受到的税收优惠；
- 期权可以视为一种有关市场预期的信息来源。

3.2.4 股票期权的例子

股票期权（Equity Option）给予其持有者在确定日期或确定日之前，以确定的价格买入（看涨期权）或卖出（看跌期权）确定数量股票的权利（而非义务）。在这一确定的日期过后，股票期权不复存在。相应地，股票期权的卖方有义务在买方要求时以确定的价格向期权买方卖出（看涨）或买入（看跌）确定数量份额的股票。

类似股票分拆、反向股票分拆、权利发行、分红、重组、合并或标的证券的发行者进行清算等特殊事件发生时，股票期权的初始条款可能进行某些调整。

【例3-6】*某投资者购买一份某股票的期权（看涨期权或看跌期权），行权价格为60欧元。随后公司进行一分为二的股票分拆，则每份订立的期权将调整为一份期权包含10股股票、行权价格为每股30欧元，而不是原来的持有5股股票、行权价格为60欧元/股的期权。*

但是，对于"一般"现金红利或分配通常不进行调整。比如在美国，多

[①] 尽管布莱克和斯科尔斯作为期权定价模型之父而广为人知，但他们的起源更早。Bachelier（1900）在他的博士论文"Théorie de la speculation"中开发了一个看涨期权的定价模型，然而，他对现代金融的贡献并没有得到任何肯定，直到保罗萨缪尔森在20世纪60年代要求提供英文翻译。

数发行人分红一般都被认为是"通常"举动，除非在分红公告那天，红利派发超过了标的证券市值的10%。超过10%的分红一般会引发期权合约的调整。然而，从2009年2月1日起，一条新规定开始生效：不论其规模如何，只要现金红利或分配宣布遵循按季度或其他时间周期派发的政策或操作，就将被认为是正常的。除此之外的红利派发被认为是异常的。股权清算公司通常会对异常的红利派发进行调整，除非其金额小于每份期权合约12.50美元（最小规模限制）。

按照惯例，股票看涨期权的持有者不享有股票持有者的同等权利，如投票权、获得常规现金分红和特殊股息的权利等。他们必须执行看涨期权并持有标的股票才能拥有这些权利。

举例说明，表3-5给出了欧洲期货交易所（Eurex）交易的欧洲和俄罗斯蓝筹股的标准化期权合约文本。这些文本条款适用于将近750种荷兰、斯堪的纳维亚、法国、德国、意大利、俄罗斯、西班牙、瑞士和美国的股票期权。

表3-5　欧洲期货交易所（Eurex）股票期权合约文本

标的资产	欧洲和俄罗斯蓝筹股
合约规模	1、10、50、100、500、1 000、2 500或5 000股
期限	最长12个月、24个月和60个月：3个连续日历月和接下来的3个（对于西班牙股票期权是9个）季月（3月、6月、9月、12月），再加之后的4个（对于西班牙股票期权是最近的1个）半年月（6月、12月）以及随后的2个年月（12月）
每日结算价格	每日结算价由Eurex确定。股票期权的每日结算价是通过Cox/Ross/Rubinstein的二项式模型确定的，如有必要，股息预期、当前利率或其他付款也被考虑在内
计价货币	欧元（标准期权），美元，瑞士法郎，英镑
交易时间	上午9:00至下午5:30（标准期权）
	上午9:50至下午4:30（俄罗斯股票期权）
	上午9:00至下午5:20（瑞士股票期权）
	……
	以标准开盘时间欧洲中部时间9:00为基准，欧洲期货交易所（Eurex）在欧洲中部时间8:50至9:05之间就各国股票期权顺次开盘交易
	以标准收盘时间欧洲中部时间17:30为基准，欧洲期货交易所（Eurex）在欧洲中部时间17:30至17:36之间就各国股票期权顺次开盘交易
最后交易日	最后交易日为每个到期月份的第三个星期五，对于意大利股票期权是第三个星期五的前一天，遇节假日顺延至第二天

续表

标的资产	欧洲和俄罗斯蓝筹股
最后结算价格	美式期权；在期权有效期内的任何一个交易日的交易后完整期（欧洲中部时间 20：00）之前，都可以行使期权 欧式期权，适用于集团 ID 为 DE14、CH14、FI14、FR14 和 NL14 的股票期权。期权只能在最后一个交易日被行权，直到交易后完整期结束（20：00 CET） 欧洲式的俄罗斯股票期权：期权只能在最后一个交易日行权，直到交易后完整期结束（欧洲中部时间 17：40）
交割方式	于执行后 2 个交易日进行标的股票的实物交割
期权价格	在成交后的第一个交易日以货币全额付款

图 3－6 显示了苹果公司期权在 2018 年 7 月 23 日的报价，当天苹果公司的股票价格为 190.11 美元。

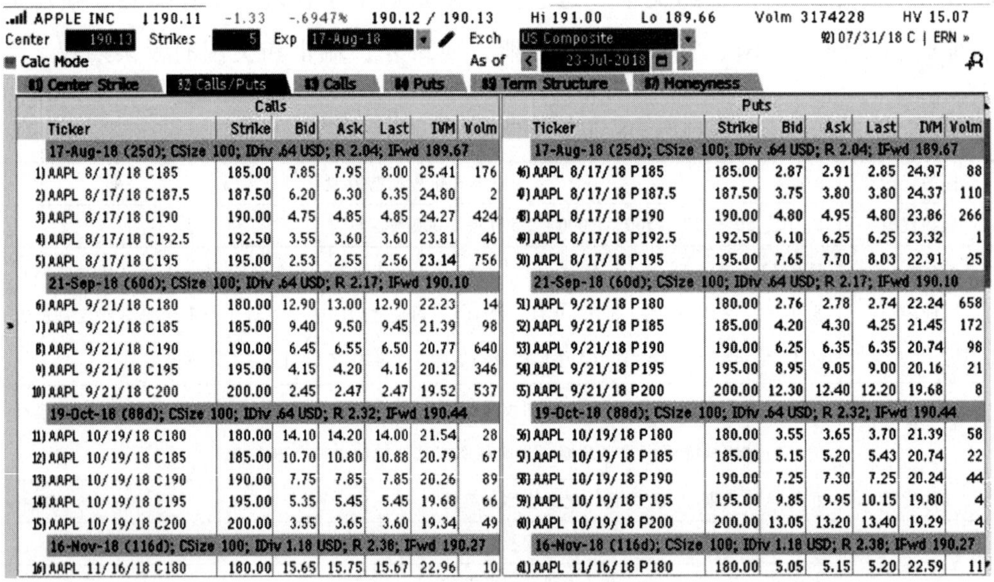

APPLE INC　↓190.11　-1.33　-.6947%　190.12 / 190.13　Hi 191.00　Lo 189.66　Volm 3174228　HV 15.07
Center 190.13　Strikes 5　Exp 17-Aug-18　Exch US Composite　92) 07/31/18 C | ERN »
Calc Mode　As of 23-Jul-2018
81) Center Strike　82) Calls/Puts　83) Calls　84) Puts　85) Term Structure　87) Moneyness

Calls Ticker	Strike	Bid	Ask	Last	IVM	Volm
17-Aug-18 (25d); CSize 100; IDiv .64 USD; R 2.04; IFwd 189.67						
1) AAPL 8/17/18 C185	185.00	7.85	7.95	8.00	25.41	176
2) AAPL 8/17/18 C187.5	187.50	6.20	6.30	6.35	24.80	2
3) AAPL 8/17/18 C190	190.00	4.75	4.85	4.85	24.27	424
4) AAPL 8/17/18 C192.5	192.50	3.55	3.60	3.60	23.81	46
5) AAPL 8/17/18 C195	195.00	2.53	2.55	2.56	23.14	756
21-Sep-18 (60d); CSize 100; IDiv .64 USD; R 2.17; IFwd 190.10						
6) AAPL 9/21/18 C180	180.00	12.90	13.00	12.90	22.23	14
7) AAPL 9/21/18 C185	185.00	9.40	9.50	9.45	21.39	98
8) AAPL 9/21/18 C190	190.00	6.45	6.55	6.50	20.77	640
9) AAPL 9/21/18 C195	195.00	4.15	4.20	4.16	20.12	346
10) AAPL 9/21/18 C200	200.00	2.45	2.47	2.47	19.52	537
19-Oct-18 (88d); CSize 100; IDiv .64 USD; R 2.32; IFwd 190.44						
11) AAPL 10/19/18 C180	180.00	14.10	14.20	14.00	21.54	28
12) AAPL 10/19/18 C185	185.00	10.70	10.80	10.88	20.79	67
13) AAPL 10/19/18 C190	190.00	7.75	7.85	7.85	20.26	89
14) AAPL 10/19/18 C195	195.00	5.35	5.45	5.45	19.68	66
15) AAPL 10/19/18 C200	200.00	3.55	3.65	3.60	19.34	49
16-Nov-18 (116d); CSize 100; IDiv 1.18 USD; R 2.38; IFwd 190.27						
16) AAPL 11/16/18 C180	180.00	15.65	15.75	15.67	22.96	10

Puts Ticker	Strike	Bid	Ask	Last	IVM	Volm
17-Aug-18 (25d); CSize 100; IDiv .64 USD; R 2.04; IFwd 189.67						
46) AAPL 8/17/18 P185	185.00	2.87	2.91	2.85	24.97	88
47) AAPL 8/17/18 P187.5	187.50	3.75	3.80	3.80	24.37	110
48) AAPL 8/17/18 P190	190.00	4.80	4.95	4.80	23.86	266
49) AAPL 8/17/18 P192.5	192.50	6.10	6.25	6.25	23.32	1
50) AAPL 8/17/18 P195	195.00	7.65	7.70	8.03	22.91	25
21-Sep-18 (60d); CSize 100; IDiv .64 USD; R 2.17; IFwd 190.10						
51) AAPL 9/21/18 P180	180.00	2.76	2.78	2.74	22.24	658
52) AAPL 9/21/18 P185	185.00	4.20	4.30	4.25	21.45	172
53) AAPL 9/21/18 P190	190.00	6.25	6.35	6.35	20.74	98
54) AAPL 9/21/18 P195	195.00	8.95	9.05	9.00	20.16	21
55) AAPL 9/21/18 P200	200.00	12.30	12.40	12.20	19.68	8
19-Oct-18 (88d); CSize 100; IDiv .64 USD; R 2.32; IFwd 190.44						
56) AAPL 10/19/18 P180	180.00	3.55	3.65	3.70	21.39	58
57) AAPL 10/19/18 P185	185.00	5.15	5.20	5.43	20.74	22
58) AAPL 10/19/18 P190	190.00	7.25	7.30	7.25	20.24	44
59) AAPL 10/19/18 P195	195.00	9.85	9.95	10.15	19.80	4
60) AAPL 10/19/18 P200	200.00	13.05	13.20	13.40	19.29	4
16-Nov-18 (116d); CSize 100; IDiv 1.18 USD; R 2.38; IFwd 190.27						
61) AAPL 11/16/18 P180	180.00	5.05	5.15	5.20	22.59	11

图 3－6　股票期权报价的例子

数据来源：Bloomberg。

请注意：

- 看涨期权总是在左边，而看跌期权则在右边。
- 大部分的交易量通常集中在平值期权上。
- 价格是以一个标的资产为基础进行报价的。有效的支付价格将是报价乘以它的股份数（例如，乘以 100 股）。

- 当一个期权没有交易时，它的价格往往是用一个任意的数值（理论价格，买入或卖出价格等）而不是由一个有效的交易价格来表示的。在媒体上，有时用价格旁边的符号（".s"）来表示。因此，在使用一个价格之前，检查交易量是非常重要的。

3.3 基本的期权策略*

期权可以独立交易，也可以与其他资产或其他期权一起交易。本节将介绍一些基本的期权策略。然而，通过使用期权的组合可以在到期日创造许多回报，下面只讨论其中的几个组合。还需要注意的是，任何期权策略的成本必须等于策略中各期权价格的总和；否则就会出现套利机会。

3.3.1 价差策略*

价差策略包括在两个或更多相同类型的期权中建仓。它通常涉及做多和做空不同执行价格的期权。同样的价差可以用不同的期权类型创建。按照标的物特征类型的不同，价差可以分为不同类型。这些期权可以因其执行价格（"垂直"或"正交"价差）、到期日（"水平"或"日历"）或执行价格到期日两者（"对角"价差）做区分。我们在此只讲述垂直价差，因为其他价差涉及多个到期日。它们可以被分为预期价格上涨的牛市价差和预期价格下跌的熊市价差。

牛市看涨价差（Bull Call Spread）对应于买入一个行权价格较低（K_{C1}）的看涨期权，同时卖出一个行权价格较高（K_{C2}）的看涨期权；而牛市看跌价差（Bull Put Spread）期权对应于买入一个行权价格较低（K_{P1}）的看跌期权，同时卖出一个行权价格较高（K_{P2}）的看跌期权（见图3-7）。

投资者使用牛市价差策略的原因是他是看涨的，但又不太确定。如果完全确定，他就会直接买入看涨期权。投资者的初始现金流是负的。因为回报更可能是正的，行使价较低的看涨期权比行使价较高的看涨期权更可能获得回报。根据无套利原理，K_{C1}的看涨期权一定比K_{C2}的看涨期权更昂贵。同样地，较高行权价的看跌期权比较低行权价的看跌更有可能获得回报。所以K_{P2}

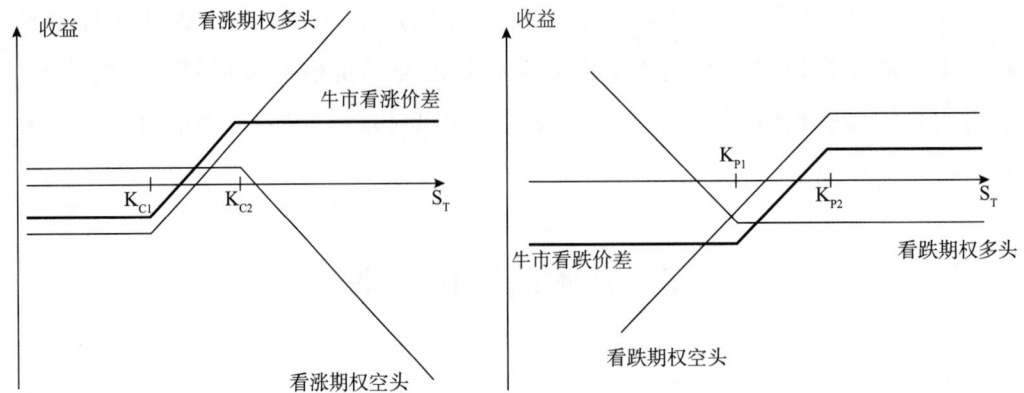

图 3-7 牛市价差的收益

的看跌期权一定比K_{P1}的看跌期权更贵。因此，投资者的初始现金流是负的，而在标的资产上涨的情况下，会获得正回报。

【例 3-7】 以如下的头寸为例：买进 XYZ 股票 12 月看涨期权，行权价为 165 瑞士法郎，期权价格为 13.5 瑞士法郎，同时卖出 12 月看涨期权，行权价为 180 瑞士法郎，期权价格为 7 瑞士法郎，标的股票 XYZ 交易价格为 170 瑞士法郎。发生净支出 6.5 瑞士法郎。

如果股价上涨，价差期权将会获利。如果到期时 XYZ 股票收于 171.5 瑞士法郎之上，头寸是盈利的（171.5 = 165 + 6.5）。如果到期时 XYZ 股票收于 180 瑞士法郎（或之上），头寸获得最高金额的收益。如果收于 180 瑞士法郎，看涨期权多头头寸价值 15 瑞士法郎，看涨期权空头部位到期时没有价值，因此利润为 15 - 6.5 = 8.5 瑞士法郎。

【例 3-8】 假设 ABC 股票交易价为 45 瑞士法郎，ABC 股票 12 月行权价为 40 瑞士法郎的看跌期权价格为 0.6 瑞士法郎，另一份 ABC 股票 12 月看跌期权，行权价为 50 瑞士法郎，则期权价格为 5.75 瑞士法郎。投资者构造一个牛市价差期权，牛市看跌价差期权将以 0.6 瑞士法郎的价格购买行权价为 40 瑞士法郎的 12 月看跌期权，同时按 5.75 瑞士法郎的价格卖出行权价格为 50 瑞士法郎的 12 月的看跌期权。

这笔交易将产生 5.15 瑞士法郎的盈余。这也是投资者所能收到的最大盈余金额。如果 ABC 股票在期权到期时收于 50 瑞士法郎之上，两个期权都没有价值，投资者就得到全部的初始期权价格 5.15 瑞士法郎作为他的盈利。如果 ABC 股票在期权到期时收于 40 瑞士法郎之下的任意价位，投资者受到的损失最大。

熊市看跌价差（Bearput Spread）相当于卖出行使价较低的看跌期权的同时，买入行使价较高的看跌期权。而熊市看涨期权价差（Bearcall Spread）相当于卖出行使价较低的看涨期权的同时，买入行使价较高的看涨期权（见图3-8）。

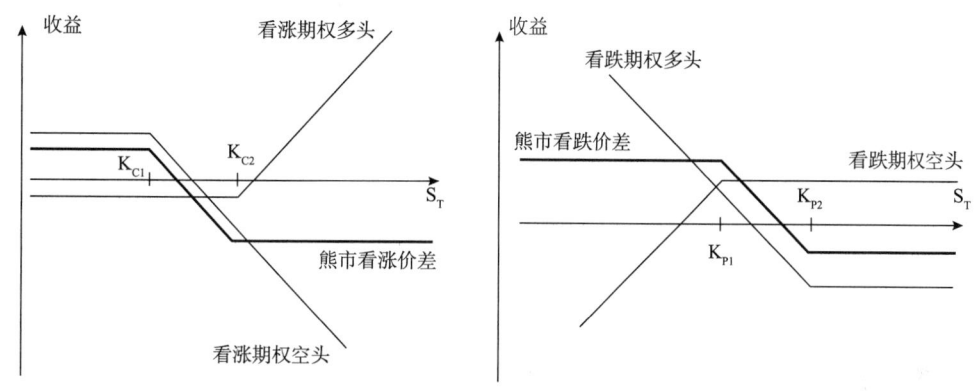

图3-8　熊市价差的收益

投资者使用熊市价差策略的原因是他是看跌的，但又不太确定。如果完全确定，他就会直接买入看跌期权。由于卖出的期权比买入的贵，投资者的初始现金流是正的，在标的资产下跌的情况下，会获得正回报。

【例3-9】以如下的头寸部位为例：卖出XYZ股票12月看涨期权，行权价为165瑞士法郎，期权价格为13.5瑞士法郎，同时买进12月看涨期权，行权价为180瑞士法郎，期权价格为7瑞士法郎，标的股票XYZ交易价格为170瑞士法郎。

投资者得到6.5瑞士法郎的利润，这等于他的最大利润金额。潜在损失总金额为8.50瑞士法郎（加上佣金）。

所有的价差期权策略都提供最小和最高收益，这取决于标的资产的价格水平和所选择的行权价格。在某种意义上，它们允许投资者只购买确定范围的收益。这样的头寸对于预期股票价格近期会适度上涨或下跌的投资者是非常适用的。后续策略有可能是，如果期权将进入实值状态，则采取对其进行监控，因为将其买回可能是最优的。

注意，牛市差价期权策略通过结构化产品被间接地提供给私人投资者，这些产品根据发行人的不同而有不同的名称，例如，由瑞士银行发行的GROI（担保投资收益）、瑞士信贷发行的CPU（资本保护单位），等等。这些产品无非是将牛市价差期权与债券投资相结合。

3.3.2 宽跨式（Strangle）和跨式（Straddles）期权 *

多头宽跨式期权策略包括同时买入具有相同到期日的一个看涨期权和一个看跌期权。看跌期权的行权价低于看涨期权的行权价格。图 3-9 展示了到期时多头宽跨式期权的收益。

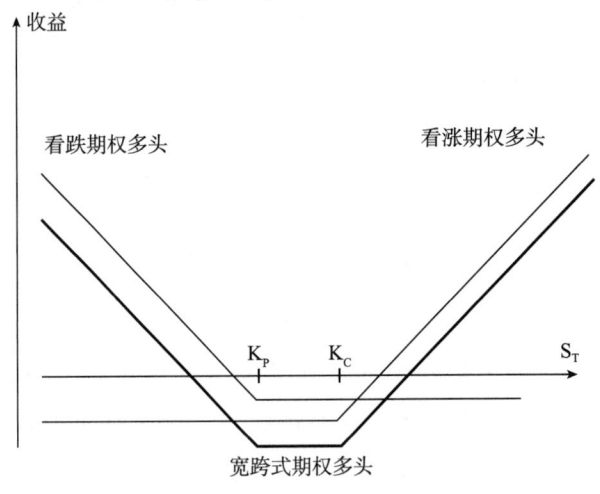

图 3-9 宽跨式期权多头收益

由图 3-9 可知，收益是标的物的非线性凸函数。上升时的收益是无限的，而下跌时的收益则以零为界。最大的损失是看涨期权和看跌期权的期权费之和，而且只发生在到期时资产价格处于两个行权价之间的时候。宽跨式期权相当于对标的资产波动性的赌注：它只有当标的资产价格有足够的上行或下行空间时才有收益。因此持有人押注于标的资产的高波动性。

【例 3-10】某支股票价格最近在 280 瑞士法郎至 300 瑞士法郎之间波动。投资者坚定地相信股价很快就会脱离这个状态，或者上涨或者下跌。投资者以 7.3 瑞士法郎的价格购买了该股票 3 个月期的看涨期权，行权价格为 300 瑞士法郎，同时以 6.8 瑞士法郎的价格购买了该股票 3 个月期的看跌期权，行权价格为 280 瑞士法郎。到期时，从策略中获得的收益或损失如下：

损益平衡点为 314.1 瑞士法郎（看涨期权行权价格加上两个期权的价格）和 265.9 瑞士法郎（看跌期权行权价格减去两个期权的价格）。如果股价上涨到超过 314.1 瑞士法郎，或下跌到低于 265.9 瑞士法郎，宽跨式期权持有者就可以获得收益。否则，投资者就会遭受损失。如果到期时，股票价格位于两行权价格之间，就会发生最大的损失（14.1 瑞士法郎）。

空头宽跨式期权策略包括同时卖出具有相同到期日的一个看涨期权和一个看跌期权。看跌期权的行权价格低于看涨期权的行权价格。图3-10 表示执行这个策略在到期时的收益。它是宽跨式期权空头的精确反映。

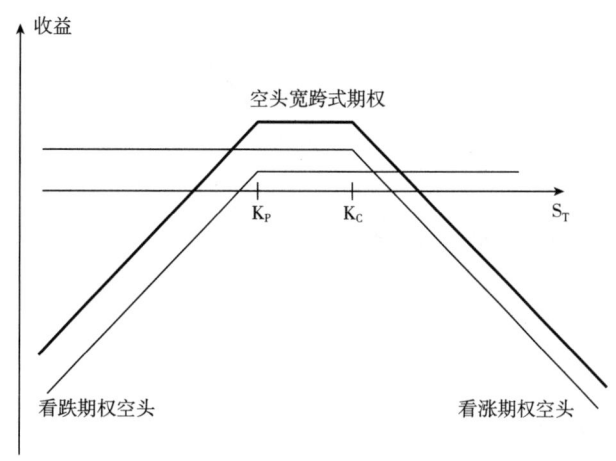

图 3-10　宽跨式期权空头收益

向上的收益是有限的，等于看涨期权和看跌期权的期权价格之和，这只有当到期时资产价格处于两行权价之间时才发生，向下的损失却是无限的。持有人在低波动率上下注，因为该期权只在标的资产在到期时的价格在初始价格附近的情况下才会得到回报。

【例3-11】某股票价格最近在280瑞士法郎至300瑞士法郎之间波动。投资者坚定地相信在未来3个月股价仍然会处于这个区间。投资者按7.3瑞士法郎的价格出售该股票3个月期的看涨期权，行权价格为300瑞士法郎，同时按6.8瑞士法郎的价格出售该股票3个月期的看跌期权，行权价格为280瑞士法郎。到期时，从策略中获得的收益或损失如下：

损益平衡点为314.1瑞士法郎（看涨期权行权价格加上两个期权的价格）和265.9瑞士法郎（看跌期权行权价格减去两个期权的价格）。如果股价仍处于265.9瑞士法郎到314.1瑞士法郎这个区间，宽跨式期权持有者就可以获得收益。否则，投资者就会遭受损失。如果到期时，股票价格位于两行权价格之间，就会得到最大的收益（14.1瑞士法郎）。

跨式期权（Straddle）包括具有相同行权价格与相同到期日的一个看涨期权和一个看跌期权。跨式期权的多头（空头）将是同时在两个期权上处于多头（空头）头寸部位。

图3-11描绘了跨式期权多头的收益。

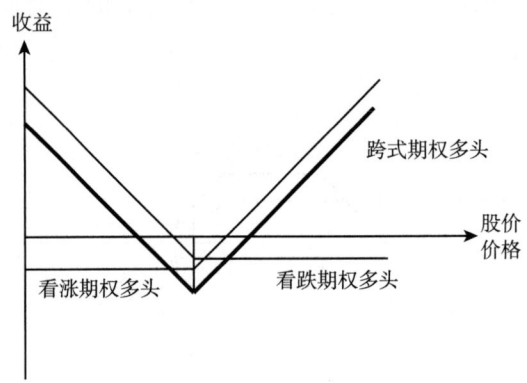

图3-11 跨式期权多头收益

当投资者预期市场大幅度波动，却不清楚趋势是向上还是向下，则采取这样的策略是合适的。跨式期权购买者的最大损失是两个期权的成本。

【例3-12】从9月末开始某股票价格在280瑞士法郎至300瑞士法郎之间波动。投资者坚定地相信股价很快就会脱离这个状态，或者上涨或者下跌。投资者以11.5瑞士法郎的价格购买了12月该股票的看涨期权，行权价格为290瑞士法郎，同时以11.3瑞士法郎的价格购买了12月该股票的看跌期权，行权价格为290瑞士法郎（假设合约规模为1）。到期时，从策略中获得的收益或损失如表3-6所示。

表3-6　　　　　从策略中获得的收益或损失　　　　（单位：瑞士法郎）

到期时股价	行权价格为290瑞士法郎的看涨期权价值	看涨期权的利润/损失	行权价格为290瑞士法郎的看跌期权价值	看跌期权的利润/损失	总利润/损失
260	0	-11.5	30	18.7	7.2
267.2	0	-11.5	22.8	11.5	0
280	0	-11.5	10	-1.3	-12.8
290	0	-11.5	0	-11.3	-22.8
300	10	-1.5	0	-11.3	-12.8
312.8	22.8	11.3	0	-11.3	0
320	30	18.5	0	-11.3	7.2

损益平衡点为312.8瑞士法郎（行权价格加上两个期权的价格）和267.2瑞士法郎（行权价格减去两个期权的价格）。如果股价上涨超过312.8瑞士法郎，或下跌低于267.2瑞士法郎，跨式期权持有者就可以获得收益，否则，投资者就会遭受损失。如果到期时，股票价格等于行权价格，就会发生最大的损失（22.8瑞士法郎）。

跨式期权多头唯一不同于宽跨式期权多头的是两个期权具有相同的行权价格$K_P = K_C$，这减少了损失区域的宽度（或者看涨期权或者看跌期权到期时处于实值状态，除非出现资产价格到期时正好等于行权价格这种不太可能的情况），但是投资者的最大损失增加了。

【例3-13】相信市场指数的波动性会增加，但不确定价格变动的方向。为了创造一个投资机会不受方向不确定性的影响，可以买入跨式期权，包括行权价格为5 000瑞士法郎的看跌期权多头与行权价格为5 000瑞士法郎的看涨期权多头。看涨期权的期权价格为163瑞士法郎，而看跌期权的期权价格为157瑞士法郎。跨式期权的总成本为320瑞士法郎，如果瑞士市场指数仍然为5 000，这是可能损失的最大金额。

当市场指数变动幅度大到足以弥补跨式期权成本时，或者低于4 680瑞士法郎（5 000 - 320），或者高于5 320瑞士法郎（5 000 + 320），跨式期权就会产生利润。如果市场指数达到0，则达到下跌时最大利润为4 680瑞士法郎（5 000 - 320），上涨时的潜在收益是无限的。

跨式期权空头只是宽跨式期权空头的一个特例，跨式期权中两个期权具有相同的行权价格。这减少了收益区域的宽度，但是最大收益也增加了。

【例3-14】在市场上，投资者预期只存在微小的波动，且相对稳定的瑞士市场指数为5 000。他决定卖出基于瑞士市场指数的一个看涨期权和一个看跌期权，行权价格都为5 000瑞士法郎。看涨期权的期权价格为163瑞士法郎，而看跌期权的期权价格为157瑞士法郎。从卖出跨式期权获得的即时收益为320瑞士法郎，如果市场指数仍然为5 000，这就是投资者可能获得的最大收益。

当市场指数价值低于4 680瑞士法郎或者高于5 320瑞士法郎时，跨式期权空头的净收益将为负值。下跌时达到的最大损失为4 680瑞士法郎（5 000 - 320），上涨时的损失是无限的。

希望对冲波动性增加的投资者可以购买宽跨式期权和跨式期权。这是一种对冲工具，它可以被认为是对上升和下降风险的保险。期权费与保险的价格相对应。考虑到一家银行持有某项资产的多头头寸，并担心其波动性的增加。它可以买入宽跨式期权和跨式期权来对冲，因为它们的价值在资产出现大的价格变动时增加。投资者也可以利用宽跨式期权和跨式期权对波动性进行投机。如果他们觉得波动率定价过低，可以买入这些期权，如果他们觉得波动率定价过高，或者卖出这些期权。一方面，如果代理人预期的波动率比市场预期的要高，那么期权的价格就会偏低，因为它们是基础波动率的增函数。因此，他应该做多宽跨式期权和跨式期权。另一方面，如果他预期的波动率低于市场预期，那么期权的价格就过高，他应该做空宽跨式期权和跨式期权。

3.4 套利关系

3.4.1 引言：无套利原则

在处理期权估价之前，必须介绍一个非常重要的概念。无套利原则是或有债权定价的核心，这个概念在经典的教科书中经常被引用。套利机会是一种策略，它的初始投资不需要严格大于0，但允许投资者在到期日锁定无风险的利润。采用非正式的说法，它相当于"不劳而获"。套利机会源于某些资产在市场上的错误定价。更确切地说，在期权定价里，如果存在两种到期时有相同回报的资产[①]，但今天的价格却不一样，这时就会出现套利机会。这显然是一种定价异常现象，如果是这样的话，就意味着人们可以利用套利的机会，做多价格低的资产，做空价格高的资产。最初的回报是正的（因为空头的价值超过了多头的价值），而最终回报等于零。这意味着投资者在不承担任何风险的情况下赚取了最初的差额。从投资者方面，"纯"套利自然是一个非常理想的策略。他可以在不承担任何风险和不进行初始投资的情况下获得正回报。当然，寻找套利机会并利用这些机会的套利者的存在，会导致准市场的即时

---

① 我们必须从广义上理解"资产"：事实上，作为资产组合的投资组合，也可以被视为一种资产。

修正。买入价值过低的资产，做空价值过高的资产，会把价格推到一个水平，使这些机会消失。因此，套利机会不可能在有足够套利者的有效市场上存在。而或有债权必须在无套利的假设下进行定价。

现在让我们再来看看期权合约的估价。如前所述，远期和期货合约可以通过纯粹的套利论证进行简单的定价，因为它们的收益（回报）是标的资产的线性函数，可以很容易地被一个静态策略复制，根据无套利原则，复制策略的初始价值必须等于远期合约的初始价值。为远期或期货合约定价不需要任何对基础概率分布的假设。由于期权回报是标的物的非线性函数，为期权定价更具挑战性。期权回报只有通过动态策略（而不是静态策略）才能复制，而且期权的定价需要对标的物的收益分布的假设。然而，不考虑使用的模型和所做的假设，通过排除套利机会，一些关系可以被推导出来，并且可以给出期权价格的界限。本节就是这样做的。

我们将使用以下记号：K——期权的执行价格或行权价格；C——看涨期权的价值（欧式或美式）；C_E——欧式看涨期权的价值；C_{US}——美式看涨期权的价值；P——看跌期权的价值（欧式或美式）；P_E——欧式看跌期权的价值；P_{US}——美式看跌期权的价值；τ——距离到期的时间 $= T - t$；$C(S_t, \tau, K)$——剩余到期时间 τ、执行价格为 K 的股票 S 的看涨期权（欧式或美式）在时间 t 的价值；$P(S_t, \tau, K)$——剩余到期时间 τ、执行价格为 K 的股票 S 的看跌期权（欧式或美式）在时间 t 的价值。

3.4.2 到期日的期权价值

如前所述，期权的回报也是其内在价值。到期时，持有人会收到回报，所以到期时期权的价值一定等于其内在价值。否则存在一个套利机会。事实上，如果期权在到期日 T 的价值低于其回报，那么就可以买入期权并立即行权，从而获得无风险的利润。如果期权价值相对更高，则可以卖出该期权，价格高于必须立即支付给期权持有人的金额，因此卖方肯定会获利。这些套利机会不可能长期存在。投资者会利用它们，直到它们消失。

3.4.3 一般套利关系

我们将使用简单的套利论证来建立一些期权价格的一般属性。在这种情况下，我们不需要对标的资产的概率分布进行假设。讨论将使我们能够为看涨期权和看跌期权的价格确定上限和下限。在这些界限之外的期权价格将代表一个套利的机会。为了简单起见，我们在此假设任何期权（看跌或看涨）合约的规模为1。也就是说，它使其所有者有权购买（看涨）或出售（看跌）一股股票。

3.4.3.1 无红利

我们首先考虑一般情况，即在期权有效期内不派发股息的股票期权。期权是一种有限责任工具，也就是说，它不能有一个负的回报。因此，任何期权的价值 Op 都不能是负的。

$$Op \geq 0$$

如果期权价格为负数，可以现在买入并持有至到期日。这使得现在获得正的现金流，而在未来不会出现负的现金流。因此，无须任何初始投资，就可以获得无风险的利润。这是一种套利策略。如果市场有效，这样的机会是不可能存在的。所以 $Op \geq 0$。

美式期权可以在任何时候行使，而欧式期权则只能在到期日行使。在其他条件相同的情况下，美式期权的价值至少与欧式期权相等。

$$Op_{US} \geq Op_{EU}$$

在任何时候，包括今天，都有行使的权利，这对美式期权来说还有一个重要的含义：它们的价值应该至少等于它们的内在回报。

$$Op_{US}(S_t) \geq f_{Op}(S_t)$$

任何美式期权的回报都是如此，交易价值甚至应该高于内在价值。现在还有时间，期权可以变得更有利可图。然而，反过来则不对。交易价值不能低于内在价值。如果上述关系不成立，就会有一个很容易的套利机会：买入期权并立即行权。执行期权的回报将高于支付的价格，而套利者很容易将差价收入囊中。请注意，这与欧洲期权的情况不同，后者的等号只在到期日成立。

如果两个美式期权只在到期时间上有所不同，那么到期时间较长的期权的价值至少与到期时间较短的期权的价值相当。

$$Op_{US}(S, \tau_1, K) \geq Op_{US}(S, \tau_2, K), 如果 \tau_1 > \tau_2$$

期限较长的期权包含期限较短的期权所有的情况，所以前者的价值至少与后者相同①。

我们现在将更详细地研究看涨和看跌期权。

看涨期权

看涨期权赋予其持有人以一定的价格 K 购买标的物的权利。如果两个看涨期权只在执行价格上有差异，那么执行价格较低的看涨期权的价值至少与执行价格较高的期权相同。

$$C(S_t, \tau, K_1) \leq C(S_t, \tau, K_2)，如果 K_1 > K_2$$

在其他条件不变的情况下，行权价格较低的看涨期权比行权价格较高的看涨期权能获得更高的回报。因为前者允许在市场上以低于后者的价格购买具有一定（较高）价值的资产。为了反映这一点，期权费也必须更高。

不管发生了什么，期权的价值永远不能高于标的资产的价值。

$$C_t \leq S_t$$

欧式和美式期权都是如此。如果这种关系不成立，就会存在一个简单的套利机会：买入标的资产，卖出期权。套利者赚取差价，并持有该资产直至到期。无论发生什么，他都能履行自己的合约义务。因此，股票价格是看涨期权价格的上限。

现在考虑以下两个投资组合：第一个投资组合 A 是由行权价为 K、到期日为 T 的欧式看涨期权的多头头寸和零息债券的多头头寸组成。第二种情况 B 是由一只股票 S 组成。两个投资组合的价值比较如表 3-7 所示。

表 3-7　　　　　　　　投资组合 A 和投资组合 B 的价值比较

	t 时刻的价值	T 时刻的价值	
		$S_T \leq K$	$S_T > K$
投资组合 A	$C_E + Ke^{-r\tau}$	$0 + K$	$(S_T - K) + K$
投资组合 B	S_t	S_T	S_T
		A > B	A = B

由于在时间 T，投资组合 A 的回报不可能小于投资组合 B 的回报，因此

---

① 请注意，对于欧式期权来说，情况并不总是如此。一个较长期限期权的价值可能低于短期期权，这取决于两个到期日之间预期会发生什么。

投资组合 A 的价值必须等于或高于投资组合 B 现在的价值。否则，就会有一个套利机会，人们应该卖出投资组合 B，买入投资组合 A。于是：

$$C_E(S_t,\tau;K) + Ke^{-r\tau} \geq S_t$$

或

$$C_E(S_t,\tau;K) \geq S_t - Ke^{-r\tau}$$

欧式看涨期权的价值永远不会低于股票价格减去执行价格的现值。然而，期权价值不能是负数。因此，以下是欧式看涨期权价格的下限：

$$C_E(S_t,\tau,K) \geq \max(0, S_t - Ke^{-r\tau})$$

【例 3-15】考虑到一支目前价格为 55 瑞士法郎的股票，有 3 个月期、执行价格为 50 瑞士法郎的欧式看涨期权可用。我们将假设在看涨期权到期前没有股息，而且连续无风险利率为每年 2%。看涨期权价格的下限为：

$$C_E(S_t,\tau;K) \geq \max(0, S_t - Ke^{-r\tau}) = \max(0, 55 - 50 e^{-0.02 \cdot \frac{3}{12}}) = 5.25 \text{ 瑞士法郎}$$

由于美式期权可以在直到到期前的任何时候行权，美式看涨期权的价值必须至少等于其内在的回报。

$$C_{US}(S_t,\tau;K) \geq \max(0, S_t - K)$$

然而，与欧式看涨期权的下限相比较，并且美式期权的价值必须高于欧式期权的价值，我们可以得出：

$$C_{US}(S_t,\tau;K) \geq C_E(S_t,\tau;K) \geq \max(0, S_t - Ke^{-r\tau}) > \max(0, S_t - K)$$

γ 为正，这意味着美式看涨期权的价值总是高于其内在价值。因此，在到期前行使美式看涨期权永远不是最佳选择。那么美式看涨期权就应该作为欧式看涨期权来定价。

$$C_{US}(S_t,\tau;K) = C_E(S_t,\tau;K)$$

这似乎令人惊讶，但这只是货币的正时间价值的一个结果。考虑到一个想持有标的资产的投资者。今天行使一个看涨期权意味着支付 K 来购买股票。然而，推迟无罚金的支付总是最理想的。因为在未来支付一定数量的 X 比今天支付同样数量的 X 要更便宜。由于该股票不支付任何红利，所以今天不行使期权就不会失去任何回报。投资者应该持有该期权直到到期。如果投资者认为目前的股票价格被高估了，而且只会进一步下跌，他可能会想现在就行使他的美式看涨期权，直接在市场上卖出股票。这样他的回报就等于期权的内在价值，即 $S_t - K$。然而，在这种情况下，他更应该在市场上把期权卖给另一个愿意长期持有期权的投资者，因为他可以从这另一个投资者那里得到一个比期权内在价值更高的价格。因此，提前行使美式看涨期权是不可取的（见图3-12）。需要注意的是，美式看跌期权的情况并非如此，将在下一节中介绍。此外，当持有看涨期权而不是标的资产时，它为持有者提供了防止到期时标的资产的价格低于执行价格的保险。一旦看涨期权被行使，这种保护就不复存在。

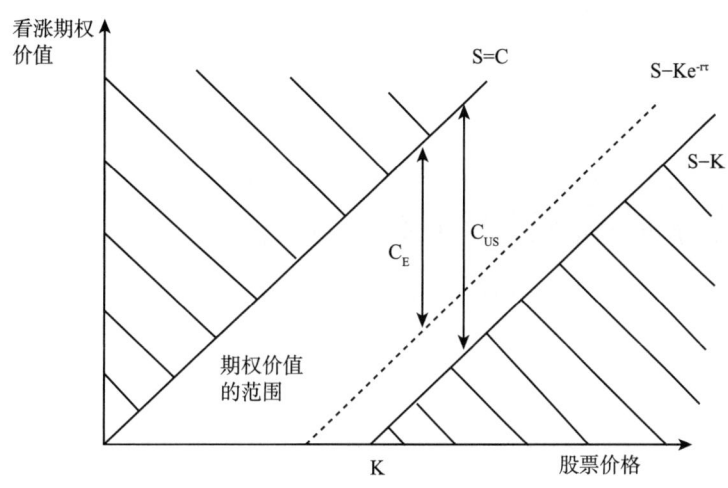

图3-12 到期前看涨期权价格的上下限

看跌期权

看跌期权赋予其持有人以一定的价格K出售标的资产的权利。如果两个看跌期权只在执行价格上有差异，那么执行价格较高的看跌期权的价值至少与执行价格较低的期权相同。

$$P(S_t, \tau, K_1) \geq P(S_t, \tau, K_2), 如果 K_1 > K_2$$

在其他条件不变的情况下，行权价格较高的看跌期权比行权价格较低的看跌期权能获得更高的回报率。因为前者允许在市场上以高于后者的价格出售具有一定（较低）价值的资产。为了反映这一点，期权费也必须更高。

由于标的股票是一种有限责任证券，其价值不能低于零。这意味着看跌期权的价格永远不会高于其执行价格。这对美式和欧式期权都是有效的。

$$K \geq P(S_t, \tau; K)$$

于是，执行价格是看跌期权价格的上限。

现在考虑以下两个投资组合：第一个投资组合C是由欧洲看跌期权的多

头头寸和一支股票 S 的多头头寸组成；第二个投资组合 D 是由在 T 时间支付 K 的零息债券组成。两个投资组合的价值比较如表 3-8 所示。

表 3-8　　　　　　　　　投资组合 C 和投资组合 D 的价值比较

	t 时刻的价值	T 时刻的价值	
		$S_T \leq K$	$S_T > K$
投资组合 C	$P_E + S_t$	K	S_T
投资组合 D	$Ke^{-r\tau}$	K	K
		C = D	C > D

由于在时间 T，投资组合 C 的回报不可能小于投资组合 D 的回报，因此投资组合 C 今天的价值必须等于或高于 D 今天的价值。否则，就存在套利机会，人们应该卖出 D 组合，买入 C 组合。所以：

$$P_E(S_t, \tau; K) + S_t \geq Ke^{-r\tau}$$

或：

$$P_E(S_t, \tau; K) \geq Ke^{-r\tau} - S_t$$

欧式看跌期权的价值永远不会低于执行价格的现值减去股票价格。然而，期权价值不能是负数。因此，我们可以得到欧式看跌期权价格的下限：

$$P_E(S_t, \tau; K) \geq \max(0, Ke^{-r\tau} - S_t)$$

【例 3-16】考虑到一支目前价格为 55 瑞士法郎的股票，有 3 个月期、执行价格为 50 瑞士法郎的欧式看跌期权可用。我们将假设在看涨期权到期前没有股息，而且连续无风险利率为每年 2%。看跌期权价格的下限为：

$$P_E(S_t, \tau; K) \geq \max(0, Ke^{-r\tau} - S_t) = \max(0, 50e^{-0.02 \cdot \frac{3}{12}} - 55) = 0$$

由于美式期权可以在直到到期前的任何时候行前，美式看跌期权的价值必须至少等于其内在的回报。

$$P_{US}(S_t, \tau; K) \geq \max(0, K - S_t)$$

因此，与看涨期权的情况不同，美式看跌期权的下限要高于欧式看跌期权的下限。这种差异又是由于资金的时间价值造成的。更早的卖出比更晚的卖出要好，因为卖出的收益可以用来投资，以便在未来赚取更多的钱。由于看跌期权意味着以 K 的价格卖出股票，所以有时立即将 K 变现并在到期日投资以获得更高的价值可能是最理想的做法。但只有在股票价格足够低的情况下才会出现这种情况。通常情况下，行权策略是只要标的资产价格越过某个极限值，美式期权就会被行权。因此，美式看跌期权的价值高于或等于欧式看跌期权的价值（见图 3-13）。

$$P_{US}(S_t,\tau;K) \geqslant P_E(S_t,\tau;K)$$

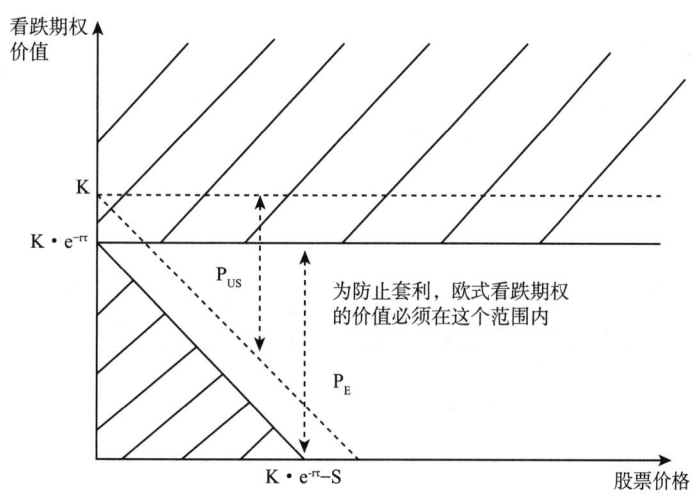

图 3-13 到期前看跌期权的上下限

3.4.3.2 支付红利

现在考虑股票期权的有效期内支付股息的情况。

看涨期权

考虑到股息支付，无红利情况下的关系可以稍作调整。由于期权持有人没有收到红利，所以看涨价格的上下限就会减少。假设 PV（D）是在期权有效期内支付的所有红利的现值：

$$C_E(S_t,\tau;K) \geqslant S_t - Ke^{-r\tau} - PV(D)$$

如果上述不等式不成立，就意味着不等式左边的价值被低估，而右边的价值被高估。这就存在一个套利机会，人们可以通过以下方式来利用它：做多低估值的，做空高估值的。这时，套利者可以买入看涨期权，做空股票，并以价格 $Ke^{-r\tau}+PV(D)$ 购买零息债券。这立即产生了现金流：

$$-C_E(S_t,\tau;K) + S_t - Ke^{-r\tau} - PV(D) > 0$$

到期时，套利者可以卖出价值为 D 的部分零息债券，向做空股票的买家支付股息。然后，买回股票，行使赎回权，并从零息债券中获得收益 K。该策略的回报如表 3-9 所示。

表 3-9 策略的回报

	$S_T \leq K$	$S_T > K$
回报	不执行看涨期权 $-S_T + 0 + K > 0$	执行看涨期权 $-S_T + (S_T - K) + K = 0$

在时间 T 不可能有任何损失,该策略将给出一个确定的初始最小利润。所有投资者都会实施套利策略,直到它消失。因此,在有效的市场中,上述的不等式必须成立。

当标的资产派发股息时,提前行使美式看涨期权可能是最佳选择。如果,刚好在红利支付日之前,以下关系成立:

$$K \cdot (1 - e^{-r\tau}) < PV(D)$$

那么,投资行权价格所能得到的利息现值就会低于期权有效期内支付的红利金额。在这种情况下,提前行使美式看涨期权是最佳选择,其价值高于相应的欧式看涨期权。

$$C_{US}(S_t, \tau; K) > C_E(S_t, \tau, K)$$

看跌期权

考虑到股息支付,无红利情况下的关系可以稍作调整。由于股票支付红利后,其价格会减少同样的数值,这对看跌期权的持有者有利。假设 PV(D) 是在期权有效期内支付的所有红利的现值:

$$P_E(S_t, \tau; K) \geq Ke^{-r\tau} - S_t + PV(D)$$

如果上述不等式不成立,就存在一个套利机会,人们可以借入 $Ke^{-r\tau} + PV(D)$,买入看跌期权和股票。这就会立即产生现金流:

$$-P_E(S_t, \tau; K) - S_t + Ke^{-r\tau} + PV(D) > 0$$

到期时,投资者因持有股票多头收到红利的同时偿还掉贷款中的红利现值部分。无论股票价格如何变化,他到期至少能获得收益 K 以偿还贷款。该策略的回报如表 3-10 所示。

表 3-10 策略的回报

	$S_T \leq K$	$S_T > K$
回报	执行看跌期权 $S_T + (K - S_T) - K = 0$	不执行看跌期权 $S_T + 0 - K > 0$

这个策略的回报不可能是负的,所以它的价值必须是正的,上面的不等式一定成立。

3.4.4 基本关系:看跌-看涨平价关系

看跌-看涨平价关系是指具有相同执行价格 K 和相同到期日的看涨期权价格 C 和看跌期权价格 P 之间的强套利关系。

3.4.4.1 无红利的欧式看跌-看涨期权平价关系

首先,我们假设标的资产在期权有效期内不支付红利。考虑一个投资组合 A,其中包括:

- 买入一只股票的欧式看涨期权。
- 以成本 Ke^{-rT} 买入一个无风险的零息债券,在到期日 T 提供回报 K。

到期时,投资组合的回报如表 3-11 所示。

表 3-11　　　　　　　　　　投资组合 A 的价值

A	t 时刻的价值	T 时刻的价值	
		$S_T \leq K$	$S_T > K$
购买看涨期权	C_E	0	$S_T - K$
购买债券	Ke^{-rT}	K	K
总计	$C_E + Ke^{-rT}$	K	S_T

现在,考虑第二个投资组合 B,其中包括:

- 购买同一只股票的欧式看跌期权,执行价格为 K,到期时间为 T。
- 买入一股该股的股票。

到期时,投资组合的回报如表 3-12 所示。

表 3-12　　　　　　　　　　投资组合 B 的价值

B	t 时刻的价值	T 时刻的价值	
		$S_T \leq K$	$S_T > K$
购买股票	S_t	S_T	S_T
购买看跌期权	P_E	$K - S_T$	0
总计	$S_t + P_E$	K	S_T

两个投资组合在到期日具有相同的回报：

$$V_T = \max(K; S_T)$$

于是，它们在起初有相同的成本：

$$S_t + P_E = C_E + Ke^{-rT}$$

否则，就存在套利机会：一个成熟的投资者如果注意到了这个差异，就可以做空高估值的投资组合，做多低估值的投资组合。由于两个投资组合在到期时有完全相同的回报，他的多头头寸在任何情况下都能抵销空头头寸，而且他肯定会把最初的差额作为利润收入囊中。这个等式就是一个标的资产无红利支付的欧式期权的看跌看涨期权平价关系。

由于这两个投资组合具有相同的回报，因此具有相同的价值，一个投资者对这两个投资组合中分别做多和做空都必须有一个初始价值为零的策略，因为它在到期时的回报为零。因此，看跌－看涨期权平价也可以写成：

$$S_t + P_E - C_E - Ke^{-rT} = 0$$

从图 3－14 可以看出，无论股票价格如何，满足看跌－看涨平价的投资组合的初始价值为零①。

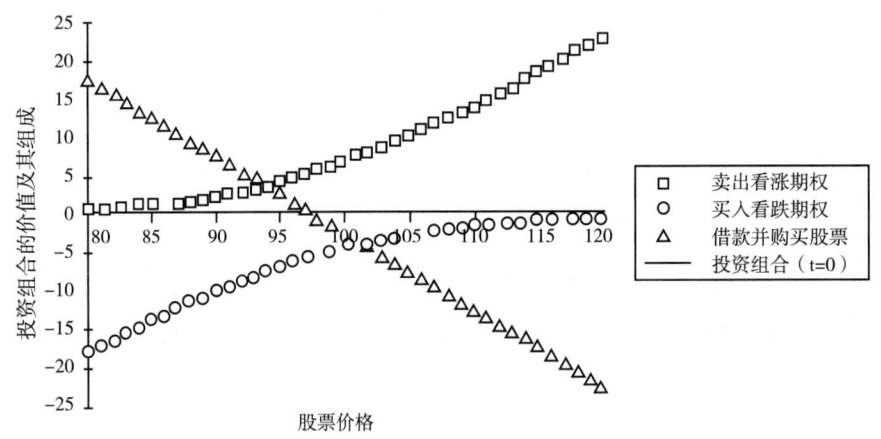

图 3－14　满足看跌－看涨期权平价关系的投资组合的初始价值

通过将看跌－看涨平价中的看跌期权价值分离出来，我们可以看到：一个欧式看跌期权的价值等于一个投资组合的价值，这个投资组合包括一个具

---

①　我们使用了看涨和看跌期权价格的理论值（见下文）。另外，为了提高视觉效果，我们把股票的价值和所需的借贷金额结合起来。投资组合的价值与股票价格无关，始终是零（即：它和 X 轴重合）。

有相同到期时间和行权价格的看涨期权、相关股票的空头头寸，以及面值为 K、到期日为 T 的债券。

$$P_E = C_E - S_t + Ke^{-rT}$$

如果这个关系在实际市场上不成立（忽略交易成本、保证金和税收），我们就可以用零投资获得确定的利润：卖出被高估的期权，用所得购买被低估的期权，并加上股票和借贷相应的头寸。同样，如图 3-15 所示，无论到期时股价为多少，投资组合的盈利均为 0，从而与 x 轴重合。

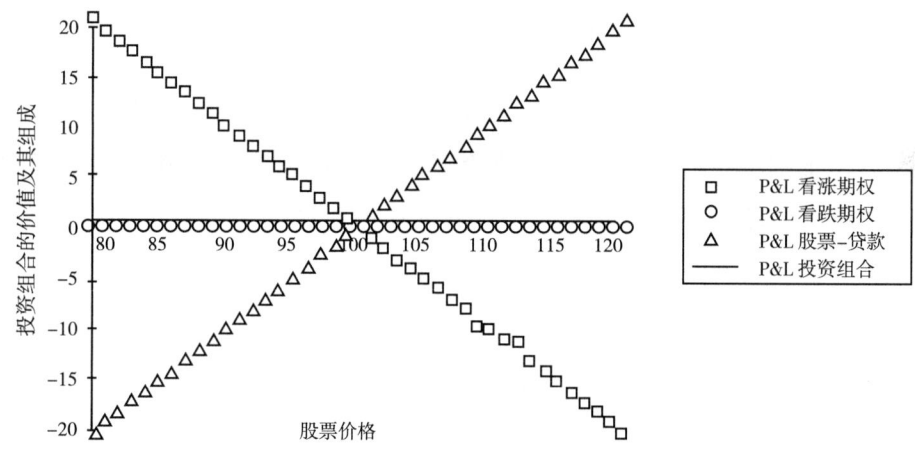

图 3-15 满足看跌 - 看涨期权平价关系的投资组合的到期价值

【例 3-17】3 个月的股票看涨期权报价为 3 瑞士法郎，3 个月的股票看跌期权报价为 2 瑞士法郎。它们的行权价格均为 35 瑞士法郎，标的股票的报价为 35 瑞士法郎，3 个月期的贷款的年化连续时间利率为 6%。

由于 $Ke^{-rT} = 34.48$ 瑞士法郎，看涨期权的价格为 3 瑞士法郎，运用看跌 - 看涨平价关系，得到看跌期权的理论价格为 2.48 瑞士法郎。因此看跌期权相对看涨期权被低估（或者反过来讲，看涨期权相对看跌期权被高估）。

套利策略应该包括以 3 瑞士法郎的价格卖出一个看涨期权，按 2 瑞士法郎的价格买入一个看跌期权，以 35 瑞士法郎买入一股股票，并以 6% 的年利率借款 34.48 瑞士法郎，3 个月后偿还。这样的策略使我们立即获得净利 0.48 瑞士法郎，正好等于看跌期权相对被低估的价值。到期时，没有其他的损益。

3.4.4.2 有红利的欧式看跌 - 看涨期权平价关系

标的资产支付红利并不改变基本关系。如果要支付的红利是已知的，就可以投资于在同一日期支付相同金额的无风险债券。人们在今天将支付的股息的现值投资于无风险债券,然后以相同的利率重新投资股息,直到期权到期。支付股息时,股票价格下降,下降的金额等于股息值。然而,无风险债券的头寸补偿了股票价格的下降,两者之间的关系为:

$$P_E + S = C_E + Ke^{-rT} + PV(D)$$

其中,D 是红利在到期日的价值。它可以写为:

$$C_E - P_E - S + Ke^{-rT} + PV(D) = 0$$

3.4.4.3 无红利的美式看跌 – 看涨期权平价关系

我们已经了解到无红利支付的股票的美式看涨期权在到期日前执行是非理性的,从而提前执行的权利是没有价值的。这意味着无红利支付的股票的美式看涨期权价格与等价的欧式看涨期权的价格相同。

然而,这对美式看跌期权并不成立,因为它提前行权可能是最优的。从而,美式看跌期权将比等价的欧式期权更有价值。

因此,看跌 – 看涨期权平价为:

$$C_{US} - S + Ke^{-rT} \leq P_{US} \leq C_{US} - S + K$$

可以证明如下:假设 $P_{US} > C_{US} - S + K$,则卖出看跌期权,买进看涨期权,卖空一份股票,投资 K 于无风险债券。初始现金流 $P_{US} - C_{US} + S - K$ 为正,这意味着期初即获得正收益。到期时,如果看跌期权不被执行,我们可以结清头寸,如表 3 – 13 所示。

表 3 – 13　　无红利支付的股票美式期权的看跌 – 看涨平价关系 1

	$S_T \leq K$	$S_T > K$
看跌期权空头的回报	$-(K - S_T)$	0
看涨期权多头的回报	0	$S_T - K$
购买股票	$-S_T$	$-S_T$
贷款所得	Ke^{rT}	Ke^{rT}
结果	$Ke^{rT} - K$	$Ke^{rT} - K$

这再次得到无风险收益,而与无套利假设矛盾。如果看跌期权在到期前被执行,运用投资于无风险债券的 K 瑞士法郎来购买看跌期权持有者的股票,并结清股票的空头头寸。利润等于看涨期权的价格加上投资于 K 瑞士法郎债

券的利息。

因此，无套利条件要求 $P_{US} \leq C_{US} - S + K$。这就证明了我们的平价关系的第一部分。

第二部分可以按照类似的方法证明，以如下头寸为例：购买一个看跌期权，卖出一个看涨期权，购买股票，并借入与行权价格现值相等金额的款项。如果 $C_{US} - S + Ke^{-rT} > P_{US}$，这个策略的初始投资将获得一个初始利润。看涨期权将不被提前执行（因为股票不支付任何红利），到期时，我们结清头寸，如表3-14所示。

表3-14　无红利支付的股票的美式期权的看跌-看涨平价关系2

	$S_T \leq K$	$S_T > K$
看跌期权空头的回报	$K - S_T$	0
看涨期权多头的回报	0	$-(S_T - K)$
卖出股票	S_T	S_T
偿还借款	$-K$	$-K$
结果	0	0

因此，我们获得一个有初始收益的无风险策略。为了避免套利机会，我们必须使 $C_{US} - S + Ke^{-rT} \leq P_{US}$。这就证明了我们的平价关系的第二部分。

【例3-18】以XYZ股票的3个月期美式看跌期权和3个月期美式看涨期权为例，行权价格均为40美元。股票价格为41.25美元，看跌期权的价格为2.625美元，看涨期权的价格为4.125美元。3个月期的国库券卖价为97.42美元。在这里是否存在套利机会？

看跌期权的价格下限为：

$$4.125 + (40 \times 0.9742) - 41.25 = 1.843(美元)$$

上限为：

$$4.125 + 40 - 41.25 = 2.875(美元)$$

看跌期权价格处于这两个限制之间，因此无套利机会。

3.5　B&S期权定价模型

运用简单套利理论的特征，我们能推导出欧式和美式期权价格的上下限。

这些结论能增进我们对期权的理解，却不能为我们提供一个准确的定价关系。这正是下文要讨论的。

3.5.1 风险中性定价

很明显，当前的期权价格应该是一个预期值，或者更准确地说，是期权回报的预期值，也就是概率加权的平均回报。然而，这个期望值并不依赖于"物理概率"，它使用所谓的风险中性概率，记为 Q。风险中性概率的正式推导见附录。简而言之，风险中性概率排除了套利机会，它是用于计算期权价格的合成概率。期权是或有权利要求，其回报可以由投资于标的资产和无风险资产的组合来复制。更确切地说，我们可以证明，一个投资组合可以通过和基础资产的期权的空头头寸和多头头寸结合，组成无风险组合，或者反之亦然。因此，持有标的资产并对无风险资产进行充分投资应该可以复制该期权。当前建立这个策略所需的金额就是期权的理论价格。风险中性方法等同于复制投资组合的方法，其优点是更加直接。在物理概率测度下，对任何资产，投资者需要预期其与风险相对应的收益。相反，在风险中性测度标准下，任何金融资产的预期收益都是无风险利率。换句话说，在 Q 下任何资产的贴现系数都是无风险利率。如果投资者不关心风险，就会出现这种情况，特此命名。因此，计算一个价格就相当于计算一个期望值，例如，看涨期权的价格就等于其在 Q 下的预期报酬，并以无风险利率折现。

$$C_t = e^{-rT} E^Q [\max(S_T - K)]$$

风险中性定价是一个无模型的概念，布莱克-斯科尔斯（Black-Scholes）模型是它在欧式看涨和看跌期权中的应用。在附录中研究的二项式模型，实际上是构建了风险中性概率背后的直觉，并说明了它与复制组合方法的等价性。

3.5.2 无红利的股票欧式期权定价

布莱克、斯科尔斯及默顿的公式是最广泛使用的期权定价公式，这个公式给出了单支股票的欧式看涨期权和看跌期权精确价值的确切表达。该模型和相关的看涨和看跌期权公式掀起了一场金融理论和实践的革命。1997 年，两位发明者默顿（Merton）和斯科尔斯（Scholes）以该贡献获得了诺贝尔经济学奖。

公式的推导相当复杂，我们将不在此探讨。股票价格是用称为几何布朗运动（GBM）的高斯随机过程建模的。它以前曾被用于在物理学中模拟物体在空间的位置。现被布莱克、斯科尔斯和默顿应用于金融分析。它对应的是正态分布的对数回报，以及对数正态分布的股票价格。总体来说，布莱克和斯科尔斯模型依赖于几个假设：

- 完美的连续时间市场：投资者可以在任何时间交易，不存在交易成本和税收，没有卖空限制。
- 不存在套利机会。
- 在期权存续期内，无风险利率为常数。
- 标的资产的价格波动率为常数。
- 标的资产的价格波动服从对数正态分布，即连续复利收益率服从正态分布。
- 在期权存续期内，标的资产不支付任何红利和现金流。

欧式看涨期权最终表达式如下：

$$\begin{aligned} C_t &= e^{-r\tau} E^Q [\max(S_t - K)] = e^{-r\tau} E^Q [(S_T - K) 1_{S_T > K}] \\ &= e^{-r\tau} E^Q [S_T 1_{S_T > K}] - e^{-r\tau} K E^Q (1_{S_T > K}) \\ &= S_t \cdot N(d_1) - e^{-r\tau} K \cdot N(d_2) \end{aligned}$$

其中，

$$d_1 = \frac{\ln\left(\frac{S_t}{Ke^{-r\tau}}\right)}{\sigma\sqrt{\tau}} + \frac{1}{2}\sigma\sqrt{\tau} = \frac{\ln\left(\frac{S_t}{K}\right) + \left(r + \frac{1}{2}\sigma^2\right)\tau}{\sigma\sqrt{\tau}}$$

并且，

$$d_2 = d_1 - \sigma\sqrt{\tau}$$

其中，S_t——标的资产的即期价格；τ——距离到期的时间 = T - t；K——看涨期权的执行价格或行权价格；σ——股票的波动率；r——按连续复利计算的年化无风险利率。

N（x）为服从标准正态分布的变量的累积概率分布函数（即变量小于 x 的概率，也就是一直到 x 的正态分布曲线下的面积），对于给定的 x，N（x）的值可以在表 3 - 15 中查到。

1_A(X) 为 X 的子集 A 的示性函数,其定义为:如果 X 属于 A,1_A(X) =1;如果 X 不属于 A,1_A(X) =0。

系数 N(d_1) 和 N(d_2) 是概率。后者对应的是风险中性的概率,而前者对应的是在期权到期时被执行时的股票价格回报的折现预期。本着同样的原理,欧式看跌期权的公式如下:

$$\begin{aligned} P_t &= e^{-r\tau}E^Q[\max(K-S_T)] \\ &= e^{-r\tau}E^Q[(K-S_T)1_{S_T<K}] \\ &= e^{-r\tau}KE^Q(1_{S_T<K}) - e^{-r\tau}E^Q(S_T 1_{S_T<K}) \\ &= e^{-r\tau}K \cdot N(-d_2) - S_t \cdot N(-d_1) \end{aligned}$$

看跌期权的价格也可以用看跌 - 看涨平价来计算。请注意,由于正态分布是关于均值对称的,钟形曲线下面的面积等于 1。我们总是可以使用一个只有正的 x 值正态分布表,并使用转换关系:N(-x)=1-N(x)来获得负 x 对应的数值(见图 3-16)。

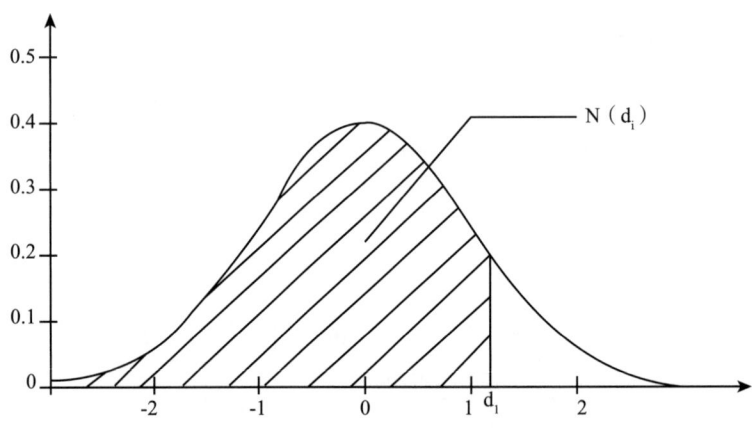

图 3-16 累计概率分布函数的解释

表 3-15　　　　　　　　　　正态分布表

X	0.00	0.01	0.02	0.03	0.04	0.05	0.06	0.07	0.08	0.09
0.0	0.5000	0.5040	0.5080	0.5120	0.5160	0.5199	0.5239	0.5279	0.5319	0.5359
0.1	0.5398	0.5438	0.5478	0.5517	0.5557	0.5596	0.5636	0.5675	0.5714	0.5753
0.2	0.5793	0.5832	0.5871	0.5910	0.5948	0.5987	0.6026	0.6064	0.6103	0.6141
0.3	0.6179	0.6217	0.6255	0.6293	0.6331	0.6368	0.6406	0.6443	0.6480	0.6517
0.4	0.6554	0.6591	0.6628	0.6664	0.6700	0.6736	0.6772	0.6808	0.6844	0.6879
0.5	0.6915	0.6950	0.6985	0.7019	0.7054	0.7088	0.7123	0.7157	0.7190	0.7224

续表

X	0.00	0.01	0.02	0.03	0.04	0.05	0.06	0.07	0.08	0.09
0.6	0.7257	0.7291	0.7324	0.7357	0.7389	0.7422	0.7454	0.7486	0.7517	0.7549
0.7	0.7580	0.7611	0.7642	0.7673	0.7704	0.7734	0.7764	0.7794	0.7823	0.7852
0.8	0.7881	0.7910	0.7939	0.7967	0.7995	0.8023	0.8051	0.8078	0.8106	0.8133
0.9	0.8159	0.8186	0.8212	0.8238	0.8264	0.8289	0.8315	0.8340	0.8365	0.8389
1.0	0.8413	0.8438	0.8461	0.8485	0.8508	0.8531	0.8554	0.8577	0.8599	0.8621
1.1	0.8643	0.8665	0.8686	0.8708	0.8729	0.8749	0.8770	0.8790	0.8810	0.8830
1.2	0.8849	0.8869	0.8888	0.8907	0.8925	0.8944	0.8962	0.8980	0.8997	0.9015
1.3	0.9032	0.9049	0.9066	0.9082	0.9099	0.9115	0.9131	0.9147	0.9162	0.9177
1.4	0.9192	0.9207	0.9222	0.9236	0.9251	0.9265	0.9279	0.9292	0.9306	0.9319
1.5	0.9332	0.9345	0.9357	0.9370	0.9382	0.9394	0.9406	0.9418	0.9429	0.9441
1.6	0.9452	0.9463	0.9474	0.9484	0.9495	0.9505	0.9515	0.9525	0.9535	0.9545
1.7	0.9554	0.9564	0.9573	0.9582	0.9591	0.9599	0.9608	0.9616	0.9625	0.9633
1.8	0.9641	0.9649	0.9656	0.9664	0.9671	0.9678	0.9686	0.9693	0.9699	0.9706
1.9	0.9713	0.9719	0.9726	0.9732	0.9738	0.9744	0.9750	0.9756	0.9761	0.9767
2.0	0.9772	0.9778	0.9783	0.9788	0.9793	0.9798	0.9803	0.9808	0.9812	0.9817
2.1	0.9821	0.9826	0.9830	0.9834	0.9838	0.9842	0.9846	0.9850	0.9854	0.9857
2.2	0.9861	0.9864	0.9868	0.9871	0.9875	0.9878	0.9881	0.9884	0.9887	0.9890
2.3	0.9893	0.9896	0.9898	0.9901	0.9904	0.9906	0.9909	0.9911	0.9913	0.9916
2.4	0.9918	0.9920	0.9922	0.9925	0.9927	0.9929	0.9931	0.9932	0.9934	0.9936
2.5	0.9938	0.9940	0.9941	0.9943	0.9945	0.9946	0.9948	0.9949	0.9951	0.9952
2.6	0.9953	0.9955	0.9956	0.9957	0.9959	0.9960	0.9961	0.9962	0.9963	0.9964
2.7	0.9965	0.9966	0.9967	0.9968	0.9969	0.9970	0.9971	0.9972	0.9973	0.9974
2.8	0.9974	0.9975	0.9976	0.9977	0.9977	0.9978	0.9979	0.9979	0.9980	0.9981
2.9	0.9981	0.9982	0.9982	0.9983	0.9984	0.9984	0.9985	0.9985	0.9986	0.9986
3.0	0.9987	0.9987	0.9987	0.9988	0.9988	0.9989	0.9989	0.9989	0.9990	0.9990
3.1	0.9990	0.9991	0.9991	0.9991	0.9992	0.9992	0.9992	0.9992	0.9993	0.9993
3.2	0.9993	0.9993	0.9994	0.9994	0.9994	0.9994	0.9994	0.9995	0.9995	0.9995
3.3	0.9995	0.9995	0.9995	0.9996	0.9996	0.9996	0.9996	0.9996	0.9996	0.9997
3.4	0.9997	0.9997	0.9997	0.9997	0.9997	0.9997	0.9997	0.9997	0.9997	0.9998
3.5	0.9998	0.9998	0.9998	0.9998	0.9998	0.9998	0.9998	0.9998	0.9998	0.9998
3.6	0.9998	0.9998	0.9999	0.9999	0.9999	0.9999	0.9999	0.9999	0.9999	0.9999
3.7	0.9999	0.9999	0.9999	0.9999	0.9999	0.9999	0.9999	0.9999	0.9999	0.9999
3.8	0.9999	0.9999	0.9999	0.9999	0.9999	0.9999	0.9999	0.9999	0.9999	0.9999
3.9	1.0000	1.0000	1.0000	1.0000	1.0000	1.0000	1.0000	1.0000	1.0000	1.0000
4.0	1.0000	1.0000	1.0000	1.0000	1.0000	1.0000	1.0000	1.0000	1.0000	1.0000

【例 3-19】 一支股票的看涨期权具有如下特征，对应的布莱克-斯科尔斯（B-S）价格是多少？

股票价格：S = 280 瑞士法郎；

行权价格：K = 260 瑞士法郎；

年利率：R = 0.3%（单利）；

期限：0.247 年（即 90/365）；

收益率的年标准差：30%。

首先，需计算连续复利收益率：$r = \ln(1+R) = 0.3\%$，从中可以计算出行权价格的贴现值 $Ke^{-rT} = 260\,e^{-0.003 \times 0.247} = 259.8$。随后，可以计算出 d_1、d_2 两个参数：

$$d_1 = \frac{\ln\left(\frac{S_t}{Ke^{-r\tau}}\right)}{\sigma\sqrt{\tau}} + \frac{1}{2}\sigma\sqrt{\tau} = \frac{\ln\left(\frac{280}{259.8}\right)}{0.3 \cdot \sqrt{0.247}} + \frac{1}{2} \times 0.3 \times \sqrt{0.247} = 0.576915$$

$$d_2 = d_1 - \sigma\sqrt{\tau} = 0.576915 - 0.3 \times \sqrt{0.247} = 0.427946$$

接下来，通过查表得到 $N(d_1)$、$N(d_2)$ 的值：

$$N(d_1) = N(0.576915) = N(0.57) + 0.6915 \times [N(0.58) - N(0.57)]$$
$$= 0.7157 + 0.6915 \times (0.7190 - 0.7157) = 0.7180$$

$$N(d_2) = N(0.427946) = N(0.42) + 0.7946 \times [N(0.43) - N(0.42)]$$
$$= 0.6628 + 0.7946 \times (0.6664 - 0.6628) = 0.6657$$

于是，看涨期权的 B-S 价格为：

$$C = 280 \times 0.7180 - 259.8 \times 0.6657 = 28.10（瑞士法郎）$$

对于布莱克-斯科尔斯公式的直观解释如下：

- 公式的第一项是在到期时期权为实值的情况下（$S_T > K$）股票价格的预期现值（采用风险中性概率）。在这种情形下，$N(d_1)$ [更准确的说法是 $N(d_2)$] 为看涨期权到期时为实值的风险修正概率。

- 公式的第二项为预期行权成本的现值，期望值也是基于风险中性概率得到。

注意，对期权进行估值所需要的变量有：股票价格的波动率、无风险利率、距离到期的时间、行权价格和股票价格。在计算期权价值时并不需要标的股票的预期收益率，而仅需风险中性概率。

从这个解释中还可以推得，如果 S 相对 K 足够大时，d_1，$d_2 \to \infty$，而 $N(d_1)$，$N(d_2) \to 1$，使得 $C \cong S - Ke^{-rT}$。

3.5.3 支付已知红利的股票欧式期权定价

最初的 B-S 公式考虑的是没有分红的股票。然而，它可以被修改以考虑到有红利的情况。现在让我们假设标的股票在期权有效期内支付一个已知的红利。这个红利是支付给股票持有人的，而不是支付给期权持有人的，因为期权并没有给标的公司带来财产权。然而，由于红利对股票价格有影响，所以对期权价格产生影响。当股票除息时，其价值降幅通常是红利的金额。这意味着，尽管看涨期权持有者最初持有的是附带红利的股票看涨期权，但他最终可能拥有的是除息的股票看涨期权。有两种方法可以将红利考虑在布莱克-斯科尔斯模型中。

3.5.3.1 一次性红利支付

首先，我们假设在期权到期期限 τ 内，公司将在时间 t_1 支付一次性总额为 D 的红利。投资者知道，股票价格将在 t_1 之后下降 D。我们的想法是将 B-S 公式中的初始股票价格 S 替换为股票价格减去股息的现值[①] S^*。

$$C_E = (S - D \cdot e^{-r \cdot t_1}) \cdot N(d_1^*) - K \cdot e^{-r \cdot \tau} \cdot N(d_2^*)$$
$$= S^* \cdot N(-d_1^*) - K \cdot e^{-r\tau} \cdot N(-d_2^*)$$
$$P_E = K \cdot e^{-r \cdot \tau} \cdot N(d_2^*) - S^* \cdot N(d_1^*)$$

$$d_1^* = \frac{\ln\left(\dfrac{S_t^*}{K}\right) + \left(r + \dfrac{1}{2}\sigma^2\right)\tau}{\sigma\sqrt{\tau}}$$

$$d_2^* = d_1^* - \sigma\sqrt{\tau}$$

其中，t_1——直到红利支付日的剩余时间；τ——期权的到期期限；D——支付的红利。

---

① 从理论上讲，由于股价下跌，在分红前的时期内，这种方法计算的绝对价格波动（$\sigma \cdot S_t$）会偏小。一些学术论文提出了解决这一问题的方法，这些方法是基于对波动率的调整。

让我们举例说明这一点。

【例3-20】 2月8日，XYZ股票的欧式看涨期权3月25日到期（即 $T-t=0.125683$）。股票价格为51.7瑞士法郎，行权价格为52瑞士法郎，股票收益率的波动率为0.1235。股票将在3月15日支付红利 $D_1=1.50$ 瑞士法郎（即 $\tau_1=36/366=0.09836$），无风险利率为 $r=5.61\%$。

得到 $d_1^*=-0.617934$，$d_2^*=-0.661717$，从而查表得 $N(d_1^*)=0.268282$，$N(d_2^*)=0.254051$。因此，看涨期权的价格为：

$$C=(51.7-1.5\times e^{-0.0561\times 0.09836})\times 0.268282-52\times e^{-0.0561\times 0.125683}\times 0.254051$$
$$=0.35 \text{ 瑞士法郎}$$

不付红利时，价格为0.93瑞士法郎。

3.5.3.2 常数红利率

考虑股息的一种方便的替代方法是假设标的物支付一个已知的恒定红利收益率。在实践中，当精确的红利数额和/或支付日期未知时，就会使用红利收益率方法。这时的一个常见做法是假设一个常数红利率"y"。一个粗略的估计方法是：

$$y=\frac{\text{红利}}{\text{平均报价}}$$

正如我们将在后面所看到的，常数红利率的假设使得我们可以将定价方法应用于股指、期货或货币的期权。以 y 表示持续红利率，它会使股票价格的增长率以同样的速度下降。也就是说，持有一支连续支付红利率为 y 的股票，其价格从 t 时刻的 S_t 增加到 T 时刻的 S_T，相当于持有一支不付股息的、其价格从 t 时刻的 S_t 增加到 T 时刻的 $S_T\cdot e^{y\cdot(T-t)}$ 或者，其价格从 t 时刻的 $S_t\cdot e^{-y\cdot(T-t)}$ 增加到 T 时刻的 S_T。

因此，支付连续的股息收益率 y、价格为 S_t 的股票的欧式期权价值，与对应的不支付红利、价格 $S_t\cdot e^{-y\cdot(T-t)}$ 的股票的欧式看涨期权价值相同。因此，我们可以通过考虑"打折的"股票价格来调整原来的B-S公式。有：

$$C_E=(S_t\cdot e^{-y\cdot\tau})\cdot N(d_1')-e^{-r\cdot\tau}\cdot K\cdot N(d_2')$$
$$P_E=e^{-r\cdot\tau}K\cdot N(-d_2')-(S_t\cdot e^{-y\cdot\tau})\cdot N(-d_1')$$

$$d'_1 = \frac{\ln\left(\frac{S_t}{K}\right) + \left(r - y + \frac{1}{2}\sigma^2\right)\tau}{\sigma\sqrt{\tau}}$$

$$d'_2 = d'_1 - \sigma\sqrt{\tau}$$

其中，y 表示持续红利率。

3.5.4 美式期权

如果为美式期权，则需要考虑多种情况：

- 如果标的股票不支付红利，美式看涨期权的价格等于等价的欧式看涨期权。因此，传统的 B-S 定价公式也适用。尤其是对大部分短期的美式看涨期权。
- 如果标的股票支付红利，但不满足提前行权条件，根据红利修正后的 B-S 定价公式[①]将适用。
- 如果标的股票支付红利，且提前行权的情况不能排除（并且可能出现提前行权的情况），则不能用 B-S 公式。但是，费雪·布莱克（1975）提出了一种方法，称为"伪美式看涨期权"，即在一组到期日与红利支付时间对应的欧式期权组合中，取其中最高价来作为美式期权定价。该结果其实是一种受 B-S 模型启发而做出的看涨期权价值估计方法。

我们见到的大部分美式看跌期权不能排除提前行权的可能，即使标的资产不支付任何红利，也不适用 B-S 定价公式。因此，必须用二叉树定价模型[②]或更为复杂的方法。

3.5.5 B-S 模型的局限性

B-S 模型提供了一个直观的、易于应用的框架来评估和分析期权。然而，它是建立在很强的假设之上的。

具体而言，B-S 模型假设资产的对数回报服从正态分布，因此，资产价

---

① 如果红利未知，并且我们假设存在常数红利率，不能排除提前执行的情况。
② 二叉树定价模型将在之后介绍。

格服从对数正态分布。分布的参数取决于所考虑的期限，因为较长的期限意味着平均较高的的回报。然而，有相关证据表明资产回报的非正态性。无论均值和方差如何，正态分布的高阶时刻都是相同的。更确切地说，正态分布的偏度等于零，它是一个完全对称的分布。它的峰度也等于3，这是超额峰度定义的基础①。经验分析表明，资产回报有时会表现出高的峰度，以及不同于零的偏度，这意味着非对称分布。它们往往具有负的样本偏度，负数的极端实现往往比正数的极端实现更有可能。这可能是由于市场上的极端恐慌情形，例如，当投资者开始大量出售的时候。因此，B-S模型可能低估了现实中可能发生的大变动，因而期权价格也被错误地估计。更确切地说，如果大的波动被低估，模型对期权的定价就会偏低，尤其是虚值期权。

B-S模型还假设了资产收益分布的恒定参数，特别是波动率，它在所有的期权期限内保持不变。后者是一种关键的假设。期权价格取决于标的资产的波动率。回报结构是不对称的，因此，波动率越高，期权的价格也就越高。假设波动率不变肯定是对股票收益率过于严格的假设。因为已经有相关的证据表明波动率的聚类特征。从经验上看，高波动率的时期是围绕着特定的时间点聚集的。更确切地说，当出现负收益时，波动性往往比出现正收益时更大。需要注意的是，这个效应还有一个资产负债表的解释：当股票价格下跌时，由于股票价值下降，杠杆率会增加，假设一切保持不变，股权价值也会减少。换句话说，当公司表现出较高的信用风险时，股票的波动性就会增加。B-S模型中没有考虑到这种效应。因此它可能会对期权进行过高或过低的定价。这是一个严重的缺陷，已经有其他模型能更好地捕捉这种的现实，比如允许随机（非恒定）波动的 Heston 模型。更多关于波动率的内容请见3.7节。

3.6 期权价格的敏感性分析

我们现在来回顾，当模型参数变化时，期权价值会怎样变化。在金融领域，代表期权对标的变量变动敏感性的量叫作"希腊字母"。每一个希腊字母

---

① 一个峰度为3的分布，其超额峰度为零，相当于中峰分布。如果一个分布具有正的超额峰度，或者峰度大于3，那么它就是超峰度分布，或者换句话说，极端实现的概率更高。如果一个分布具有负的过剩峰度，或峰度低于3，它对应于较薄的尾部，或换句话说，较低的极端变现的概率。

衡量了在其他变量保持不变的情况下期权价值对于某一给定标的变量的微小变动的敏感性。在数学领域，它相当于偏导数。

希腊字母对交易员和投资者都很重要，当然对那些希望评估其投资组合中的风险的人也很重要。他们可以根据自己的市场观点或需要，决定改变头寸、对冲风险或增加风险。在下面的章节中，我们将讨论不支付红利的股票的期权情况。希腊字母的概念是无模型的，但是在布莱克-斯科尔斯（B-S）的设定中，它们很容易被计算出来。因为这些值存在于封闭式的解决方案中。当然，在这种情况下的有效性完全取决于 B-S 模型本身的有效性。然而，这是一个很好的出发点，它可以让我们对其中的关系有一个直观的认识。

3.6.1 德尔塔（Delta）

可以说，最重要的希腊字母是德尔塔（Delta）。德尔塔衡量了期权价格对其标的资产价格微小变动的敏感性。

$$\Delta = \frac{\text{期权价格的变换}}{\text{标的资产价值的变化}} = \frac{\partial Op}{\partial S}$$

对于期权，德尔塔通常以小数形式表示。

【例 3-21】某期权的德尔塔为 0.7 意味着，标的股票价格每变动 1 个单位，期权价格会变动 0.7 个单位。

通过在 B-S 公式中对股票价格求一阶偏导，我们可以很容易地得到德尔塔：

$$\frac{\partial C}{\partial S} = \Delta_C = N(d_1) > 0$$

和

$$\frac{\partial P}{\partial S} = \Delta_P = -N(-d_1) < 0$$

看涨期权的德尔塔是正数，而看跌期权的德尔塔是负数，因为看跌期权与标的资产市场的运动方向相反。德尔塔的值取决于期权是实值、平值还是虚值：

- 对于实值期权，看涨期权的德尔塔趋于 1，而看跌期权的德尔塔趋于 -1。

- 对于平值期权，看涨期权的德尔塔趋于0.5，而看跌期权的德尔塔趋于-0.5。
- 对于虚值期权，德尔塔趋于0。

交易员经常根据他们对标的资产价格的预期调整其头寸的德尔塔。一个特别的情况是德尔塔中性（Delta-neutral）头寸——对标的资产价格变动零暴露的头寸。举例来说，假设你拥有一份看涨期权。由于某种原因，你想要确保股票价格的微小变动不会影响看涨期权头寸的价值。一个简单的方法是计算看涨期权的德尔塔值，并卖出德尔塔单位的股票。整体上看，投资组合则由 $-\Delta$ 单位的股票加上一个单位的看涨期权组成。投资组合价值变动作为股票价格变动的函数满足如下关系：

$$\frac{\partial V}{\partial S} = -\Delta + \frac{\partial C}{\partial S} = -\Delta + \Delta = 0$$

于是，改头寸的确满足德尔塔中性。

【例3-22】 假设看涨期权的德尔塔为0.4。这意味着当标的资产发生很小的价格变动时，期权价格变动大约为变动额的40%。现在假设期权价值为4瑞士法郎，股价为30瑞士法郎。进一步假设投资者卖出5份该股票的看涨期权。现在他能构造一个资产组合：5份看涨期权空头和 $0.4 \times 5 = 2$ 份股票多头，该组合能对标的资产价格的微小变动免疫。如果股票上涨1瑞士法郎（得到 $2 \times 1 = 2$ 瑞士法郎的收益），而期权价格将上涨 $0.4 \times 1 = 0.4$（导致看涨期权发生 $0.4 \times 5 = 2$ 的损失）。相反，如果股票下跌1瑞士法郎 [导致 $2 \times (-1)$ 即2瑞士法郎的损失]，而期权价格将大约下降 $0.4 \times (-1) = -0.4$（看涨期权将产生 $0.4 \times 5 = 2$ 的收益）。因此，无论股票价格向哪个方向变动，期权上的收益（损失）总可以由股票的损失（收益）来补偿。

在这个实例中，期权头寸的德尔塔为 $0.4 \times (-5) = -2$ 瑞士法郎，而按照定义股票的德尔塔为1。因此股票头寸的德尔塔为 $1 \times 2 = 2$ 瑞士法郎。因此，整个资产组合的德尔塔为 $(-2) + 2 = 0$，称为德尔塔中性。

因为标的股票价格的变动和到期日的临近，德尔塔中性只能保持很短的一段时间，所以，德尔塔对冲要定期进行调整。

我们注意到期权的投资组合中，同种标的资产的德尔塔系数是可加的，可以通过对德尔塔的加权求和来确定一系列头寸的净风险敞口。

【例3-23】一个投资组合是由10个德尔塔为0.5的XYZ股票的看涨期权和12个德尔塔为-0.5的XYZ股票看跌期权组成。总头寸的德尔塔为 $\Delta = 10 \times 0.5 - 12 \times 0.5 = -1$,也就是说,净头寸相当于持有一支股票XYZ的空头。

如果标的资产价格发生变化,德尔塔对于估计期权头寸的价格变化非常有用。然而,德尔塔只提供了这种变化的线性近似值,因为期权是股票价格的非线性函数。而德尔塔的估计是线性的。当标的股票价格出现大幅波动时,会有一个误差。让我们通过图3-17进行解释。

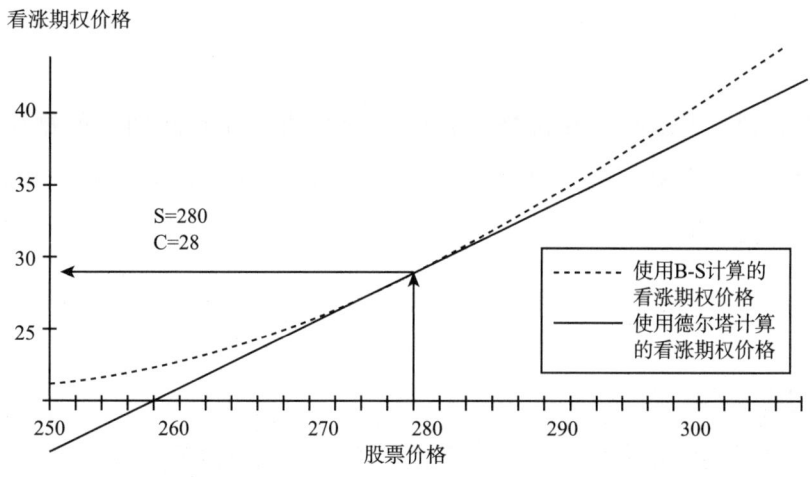

图3-17 运用德尔塔估计的看涨期权价格和B-S模型得到的看涨期权价格

我们用B-S公式计算了在标的资产不同价格对应的期权价格。同时,运用德尔塔的公式,在有其实期权价格的条件下,得到计算期权价格的第二种方法。从标的股票价格(这里是280瑞士法郎)和期权价格(这里是28.09瑞士法郎)开始,改变标的资产的价格。使用期权的德尔塔(这里是0.7180),我们可以计算新的期权价格为:旧期权价格+德尔塔·(新股票价格-起始股票价格)。

由表3-16我们很容易观察到,B-S模型的解析方法和运用德尔塔系数得到的近似值在起始点附近几乎没有差别:股票价格从280变化到280.1时,两方法计算的差值(0.00004)非常小。标的资产价格变化越大,两种方法得到的期权价格的差值越大。

表 3-16　　　　　　　　两种方法计算的期权价格差值

S	B-S模型	运用德尔塔系数	差值
250	10.73	6.56	4.17
270	21.35	20.92	0.43
280	28.09	28.09	0
280.1	28.16985	28.16891	0.00004
290	35.66	35.28	0.38
300	43.88	42.46	1.43

3.6.2　伽马（Gamma）

上文提到，当基础证券价格变化时，看跌期权和看涨期权的德尔塔发生变动。为了方便说明，图 3-18 显示了看涨期权和看跌期权在各个基础资产价格水平下的德尔塔。

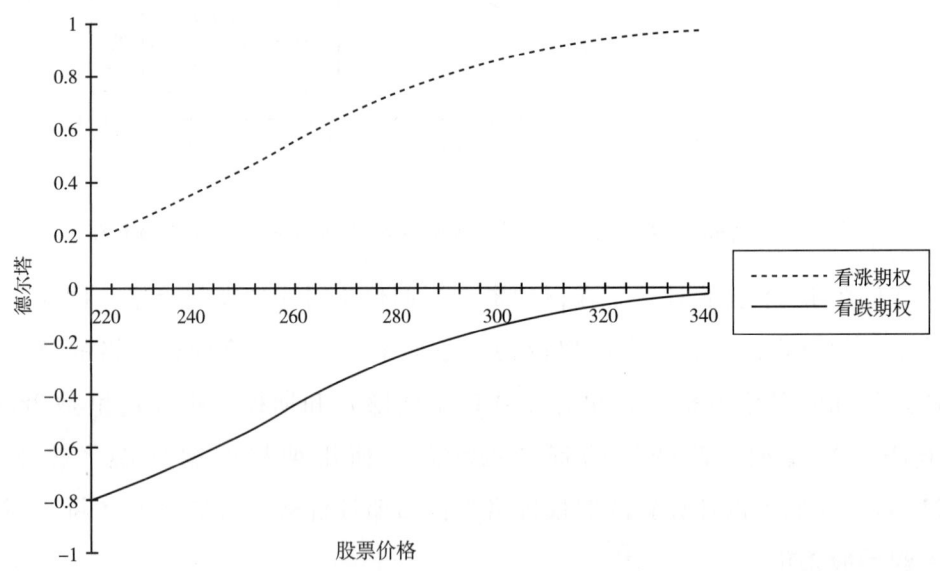

图 3-18　德尔塔是股票价格的函数

期权的伽马表示了期权德尔塔对标的资产变动的敏感性。

$$\Gamma = \frac{德尔塔的变化}{标的资产价格的变化} = \frac{\partial \Delta}{\partial S}$$

伽马可以很容易地通过 B-S 公式对股票价格求二阶偏导得到。对于看涨期权，我们有：

$$\Gamma_C = \frac{\partial^2 C}{\partial S^2} = \frac{\partial \Delta c}{\partial S} = \frac{\partial N(d_1)}{\partial S} = \frac{N'(d_1)}{S\sigma\sqrt{\tau}}$$

对于看跌期权，有：

$$\Gamma_P = \frac{\partial^2 P}{\partial S^2} = \frac{\partial \Delta p}{\partial S} = \frac{\partial[-N(-d_1)]}{\partial S} = \frac{N'(d_1)}{S\sigma\sqrt{\tau}}$$

其中，N'( ) 是正态分布密度函数：

$$N'(d_1) = \frac{1}{\sqrt{2\pi}} e^{\frac{-d_1^2}{2}}$$

【例 3-24】运用下面的参数，计算股票看涨期权的伽马差数是多少？

股票价格：S=280 瑞士法郎；

行权价格：K=260 瑞士法郎；

利率：R=0.3% 每年（单利）；

距离到期的时间：0.247 年 [90/365]；

收益率标准差：每年 30%。

根据看涨期权伽马差数的定义，我们有：

$$d_1 = \frac{\ln\left(\frac{S}{Ke^{-r\tau}}\right)}{\sigma\sqrt{\tau}} + \frac{1}{2}\sigma\sqrt{\tau} = \frac{\ln\left(\frac{280}{259.8}\right)}{0.3 \cdot \sqrt{0.247}} + \frac{1}{2} \times 0.3 \times \sqrt{0.247} = 0.576915$$

$$N'(d_1) = \frac{1}{\sqrt{2\pi}} e^{\frac{d_1^2}{2}} = 0.398842 \times e\left(\frac{-0.576915^2}{2}\right) = 0.337782$$

$$\frac{N'(d_1)}{S\sigma\sqrt{\tau}} = \frac{0.337782}{280 \times 0.3 \times \sqrt{0.247}} = 0.008091$$

因此，这个看涨期权的伽马为 0.00809。如果股价上涨到 S=281，我们有两个方法来计算新的德尔塔：一是根据新的股价运用 B-S 公式计算德尔塔；二是在旧的德尔塔中加入伽马。

- 基于新股价的德尔塔为：0.7260
- 基于旧的德尔塔加上伽马：0.7180+0.0081=0.7261

两个德尔塔的差异很小。

如果伽马小，德尔塔变动就很缓慢，但是如果伽马很大，德尔塔就对标的资产价格的变动非常敏感。因为德尔塔会变动，套期保值的头寸就必须在标的证券的价格变动后重新调整平衡，以继续保持德尔塔中性。对头寸进行多大幅度的调整取决于德尔塔的变动幅度，而德尔塔的变动又依赖于伽马。伽马有时称为凸度（Convexily），与看跌期权和看涨期权价值函数向上弯曲的形状有关。因为期权价格变动是标的资产价格变动的函数。

如果我们同时使用德尔塔和伽马，可以有效改善对期权价格变动的估值。

与前文相似，通过对不同水平的标的股票价格运用 B－S 公式计算得到对应的期权价格（见图 3－19）。同时我们运用德尔塔与伽马，从一个起始期权价格开始，得到另一种计算期权价格的方法：从标的股票价格（此处为 280 瑞士法郎）和期权价格（此处为 28.09 瑞士法郎）开始，然后改变标的股票的价格。运用期权的德尔塔（此处为 0.7180）加上伽马（此处为 0.00809），我们可以通过［旧的期权价格＋德尔塔系数×（新的股价－初始股价）＋0.5×伽马系数×（新的股价－初始股价）²］计算出新的期权价格（见表 3－17）。

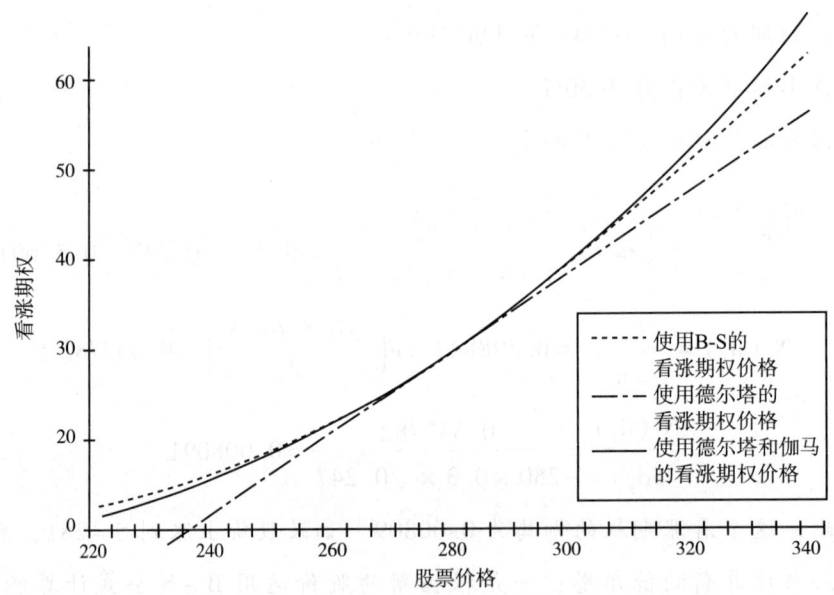

图 3－19　运用德尔塔和伽马与运用 B－S 公式估计的看涨期权价格

表 3－17　　　　　　　　　三种方法计算的期权价格的差值

S	B－S 模型	运用德尔塔	运用德尔塔和伽马	差值
250	10.73	6.56	10.2	0.53
270	21.35	20.92	21.32	0.03
280	28.09	28.09	28.09	0

续表

S	B-S模型	运用德尔塔	运用德尔塔和伽马	差值
280.1	28.16985	28.16981	28.16985	0.00000
290	35.66	35.28	35.68	-0.02
300	43.88	42.46	44.08	-0.2

运用伽马可以使我们估计的期权价格非常接近通过 B-S 公式得到的精确值。而且我们还可以看到期权价格是股票价格非线性的函数。仅使用德尔塔得到的近似值显然是线性的。然而，使用德尔塔和伽马得到的近似值为非线性的。

如图 3-20 所示，看涨期权和看跌期权的伽马总是正数，且随着股价变动而变动，可以明显看到，伴随着标的股票价格的变动，伽马发生相当大的变动。平值期权的伽马最大。期权越趋向实值或虚值，伽马越小。

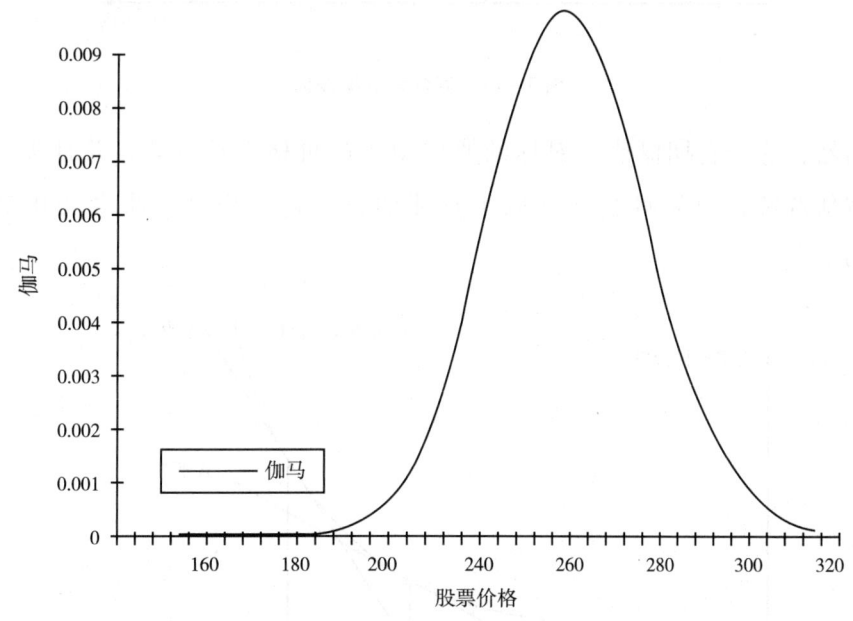

图 3-20 伽马关于股票价格的函数

与德尔塔的情况一样，资产组合的伽马也是各组成证券成分证券的伽马的加权平均数。

3.6.2.1 德尔塔对冲和德尔塔-伽马对冲策略的实例

考虑下面的情况：我们已经售出一个股票看涨期权，并想自己进行套期保值直到期权到期。如果我们买入 Δ 份股票，就实现了套期保值，因为股票上涨 1 瑞士法郎会使我们在股票上获得 Δ 瑞士法郎的收益，而同时看涨期权的空头头寸会造成 Δ 瑞士法郎的损失（见图 3-21）。

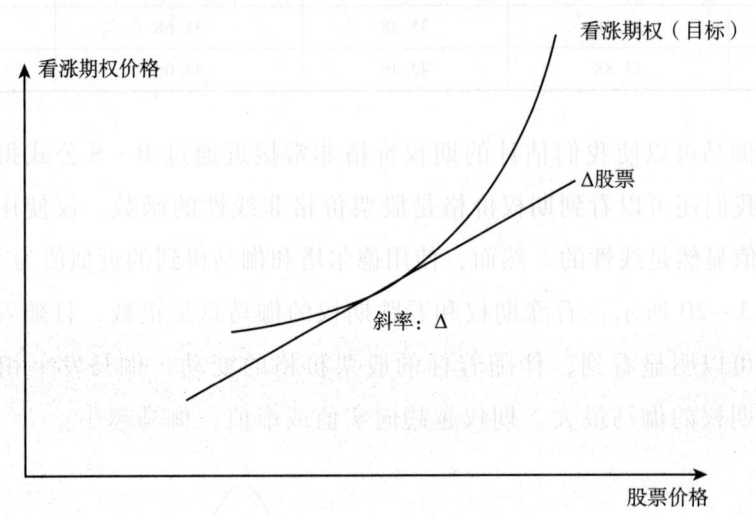

图 3-21　德尔塔套期保值

当然，这个套期保值只对标的股票微小的价格变动有效，并且头寸必须定期重新调整，因为斜率（近似于看涨期权的德尔塔 Δ）将会变化（见图 3-22）。

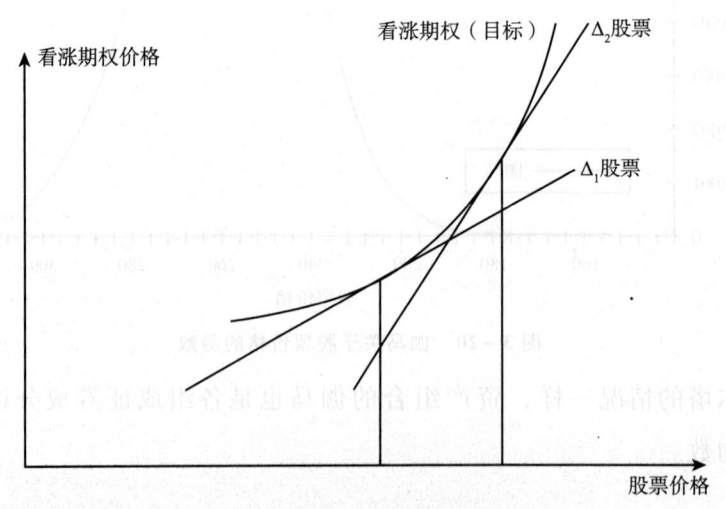

图 3-22　德尔塔套期保值和股票价格变化

注意，可以通过选用同样具有凸度的资产，例如另一个期权，来增强套期保值的效果（见图 3-23）。

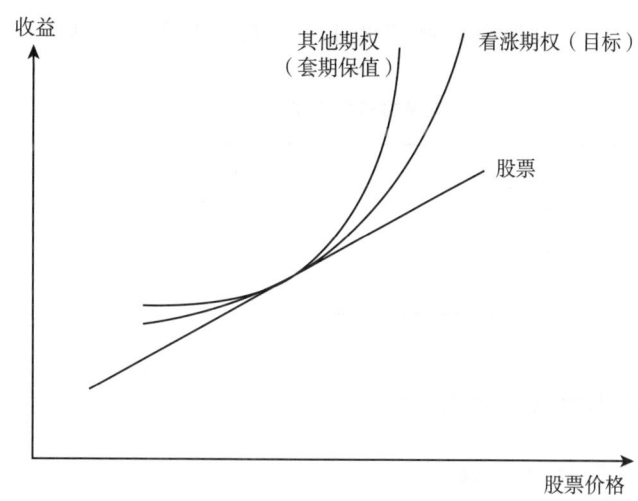

图 3-23 德尔塔-伽马套期保值

让我们假设第二个看涨期权（"套期保值者"）距离到期的时间比看涨期权空头头寸要短，因此具有更大的伽马。通过结合第二个期权和股票，我们可以复制一个资产组合，该资产组合能在切点处同时模仿目标期权的斜率与曲率。因为德尔塔套期保值已经模仿了斜率，德尔塔系数—伽马套期保值可以同时模仿斜率和曲率。这能更好地复制收益情况，因为它对标的股票价格的变动更不敏感。

为了达到有效的伽马套期保值，我们必须使用另一个具有比空头看涨期权有更大的伽马（即曲率）的期权。研究伽马与股价的函数关系，我们可以通过下列方式获得符合条件的伽马系数：

- 基于相同标的股票的期权，但是具有较短的持续期（必须知道这个期权到期时要做些什么）。
- 基于相同标的股票的期权，具有相同的期限，但是具有不同的行权价格。
- 上述期权的混合。

让我们通过一个简单的实例进行说明。

【例 3-25】以 XYZ 股票的看涨期权为例。假设已经售出 1 月的看涨期权，行权价格为 60，并想进行套期保值直到到期，以防范 XYZ 股价的变动。我们可用的套期保值工具有 XYZ 股票本身和 XYZ 的 1 月的看涨期权，行权价格为 67.50。

为了简化，我们假设合约规模为 1。情况如表 3-18 所示。

表 3-18　期权的初始德尔塔和伽马

	德尔塔	伽马
看涨期权，行权价为 60（目标）	0.71578	0.0060359
看涨期权，行权价为 67.50（套期保值工具）	0.546021	0.0070546
XYZ 股票	1	0

首先对伽马风险进行套期保值。如果买 $\dfrac{\Gamma_{65}}{\Gamma_{67.50}} = \dfrac{0.0060359}{0.0070546} = 0.85559$ 单位的套期保值看涨期权（行权价格为 67.50 的看涨期权），就不存在伽马风险（见表 3-19）。

表 3-19　对伽马风险进行套期保值

	德尔塔	伽马
出售行权价为 60 的看涨期权	-0.71578	-0.0060359
购买 0.85559 份行权价为 67.50 的看涨期权	0.46717	0.0060359
	-0.24861	0.00

但是德尔塔风险仍然存在，我们可以运用股票来对它进行套期保值（见表 3-20）。

表 3-20　德尔塔套期保值

	德尔塔	伽马
出售行权价为 60 的看涨期权	-0.71578	-0.0060359
购买 0.85559 份行权价为 67.50 的看涨期权	0.46717	0.0060359
	-0.24861	0.00
购买 0.24861 份 XYZ 股票	0.24861	0.00
	0.00	0.00

因此我们既没有 Γ 风险（收益的曲率）也没有 Δ 风险（收益的斜率）。我们的资产组合包括 1 份 XYZ 的 1 月看涨期权空头，行权价是 60；0.85559 份 XYZ 的 1 月看涨期权多头，行权价是 67.50；以及 0.248610 份 XYZ 股票多头。

现在我们知道这些"希腊字母"，仅对变量的微小变动有效，因此这个资产组合只能达到瞬时的套期保值效果，需要定期进行重新调整。例如，一天后，可能观察到的如表3-21所示。

表3-21　　　　　　　　　　　一天后的德尔塔和伽马

	德尔塔	伽马
看涨期权，行权价为60（目标）	0.704065	0.0062145
看涨期权，行权价为67.50（套期保值工具）	0.531309	0.0071529
XYZ股票	1	0

为了保证套保效果，我们需要调整自己的头寸，如表3-22所示。

表3-22　　　　　　　　　　　　调整头寸

	德尔塔	伽马
出售行权价为60的看涨期权	-0.704065	-0.0062145
购买0.85559份行权价为67.50的看涨期权	0.454583	0.0061199
购买0.01321份行权价为67.50的看涨期权	0.007019	0.0000945
	-0.242463	0.00
购买0.248610份XYZ股票	0.248610	0.00
卖出0.006147份XYZ股票	-0.006147	0.00
	0.00	0.00

我们将需要频繁地检查我们的头寸直到期权到期。同时还会产生多种问题：交易所期权合约规模一般是50或100，投资者不可能买到头寸的小数部分，这会带来凑整问题，以及交易成本不能忽略等。

3.6.3　拉姆达/欧米茄（Lambda/Omega）

拉姆达（Lambda）也叫欧米茄（Omega），度量了期权价值的变动百分比相对于资产价格变动百分比的大小。

$$\Lambda = \frac{\text{期权价格变化的百分比}}{\text{标的资产价格变化的百分比}} = \frac{\frac{\partial Op}{Op}}{\frac{\partial S}{S}}$$

拉姆达通常被用作度量杠杆度。因为期权在构建之时就是具有杠杆性的证券，所以拉姆达永远大于1。

【例 3 – 26】 以股票的看涨期权为例，其拉姆达为 2。这意味着，如果标的股票价格上涨 1%，则看涨期权价值增加 2%。

3.6.4 西塔（Theta）

西塔（Theta）指在其他条件不变时期权价值随时间的变化率。它衡量了期权价值随时间的损耗率。数学上的表示是在期权有效期（T）不变时，期权价值函数对日历天数 t 的一阶导数：

$$\theta = \frac{期权价格的变化}{时间的变化} = \frac{\partial Op}{\partial t}$$

Theta 可以通过在 B-S 公式中对时间 t 求一阶偏导而得到。我们有：

$$\theta_C = \frac{\partial C}{\partial t} = \frac{-S\sigma}{2\sqrt{\tau}} N'(d_1) - Ke^{-r\tau} \cdot r \cdot N(d_2)$$

和

$$\theta_P = \frac{\partial P}{\partial t} = \frac{-S\sigma}{2\sqrt{\tau}} N'(d_1) - Ke^{-r\tau} \cdot r \cdot [N(d_2) - 1]$$

其中，$N'(\ )$ 是累积概率密度函数的一阶导数 [即 N' 等于标准正态分布的概率密度函数 $N'(x) = \frac{1}{\sqrt{2\pi}} e^{-\frac{x^2}{2}}$]。$\tau = T - t$ 是距离到期的时间。看涨期权和看跌期权的 Theta 通常是负的，这说明随着时间的流逝，期权的价格将下降[①]，并在数量上表现为年。

【例 3 – 27】 给定以下参数，某股票的看涨期权在一个月后的价值将如何变化？

股票价格：S = 100 美元；

行权价格：K = 100 美元；

利率：r = 3% 每年（单利）；

距离到期的时间：0.493 年（180/365）；

收益率的标准差：每年 30%。

---

① 在一些特殊情况下西塔可以是正的。高分红收益的绝对实值的欧式看涨期权和绝对实值的欧式看跌期权就是很好的例子。比如，当 S = 50，K = 100，r = 5%，g = 30%，T – l = 1，那么看跌期权的货币价值就是 P = 45.24 和 9p = 4.29 > 0。如果现价保持连续直至到期日，则看跌期权到期日价格就是 50，比现价更大。

参数 C = 9.08，且 $d_1 \cong 0.1756$，$d_2 \cong -0.0351$，$N(d_2) = 0.4860$。

$$\frac{\partial C}{\partial t} = \frac{-S\sigma}{2\sqrt{\tau}} N'(d_1) - Ke^{-r\tau} \cdot r \cdot N(d_2)$$

$$= \frac{-100 \times 0.3}{2\sqrt{0.493}} \times \frac{1}{\sqrt{2\pi}} e^{\frac{-0.1756^2}{2}} - 100 \times e^{-0.03 \cdot 0.493} \times 0.03 \times 0.4860$$

$$\cong -9.83$$

因此，如果我们将到期时间减少一个月（$\tau = T - t$ 从 $0.493 = 180/365$ 减小到 $0.411 = 150/365$），买入价大约下降：

$$\Delta C = \theta_C \cdot \Delta t = -9.83 \times \frac{30}{365} \cong -0.81$$

新的看涨期权价为：

- 用运用 B-S 公式准确计算得到新的到期日：$C_{new} = 8.24$。
- 用西塔近似计算：$C_{new} \cong C_{old} + \theta_C \cdot \Delta t = 9.08 - 0.81 = 8.27$。

这两个价值的差异是由于解释变量（此处为时间）波动太大造成的。

3.6.5 柔（Rho）

柔（Rho）是期权价格关于利率的敏感性：

$$\rho = \frac{\text{期权价格的变化}}{\text{利率的变化}} = \frac{\partial Op}{\partial r}$$

看涨期权的价格是利率的递增函数，由 B-S 公式可得：

$$\frac{\partial C}{\partial r} = \tau K e^{-r\tau} \cdot N(d_2) > 0$$

【例 3-28】如果我们改变利率，股票的看涨期权的价值如何变动（运用上例参数，到期期限是 9 个月或 0.247 年）？

$$\frac{\partial C}{\partial r} = \tau K e^{-r\tau} \cdot N(d_2) = 0.247 \times 260 \times e^{-0.003 \times 0.247} \times 0.6657 = 42.64$$

因此，如果我们把利率从 0.3% 提高到 1.3%，看涨期权的价值将增加（42.64 × 利率的变动）。还有两种计算新的看涨期权价格的方法：

- 对新的利率运用 B-S 公式计算得到：28.522；
- 运用旧的期权价格加上由柔（Rho）的变化带来的变动：28.09 +

$(42.64 \times 0.01) = 28.516$。

同样地,只要相应的变量(此处为 r)变化微小,差异就很小。

另外,看跌期权的价格为利率的减函数,由 B-S 公式得:

$$\frac{\partial P}{\partial r} = \tau K e^{-r\tau} \cdot [N(d_2) - 1] < 0$$

3.6.6 维伽(Vega)

维伽是期权价格关于标的资产波动率的敏感性:

$$\upsilon = \frac{期权价格的变化}{标的资产波动率的变化} = \frac{\partial Op}{\partial \sigma}$$

看涨期权的价格是标的资产收益率波动的递增函数,由 B-S 公式可得:

$$\frac{\partial C}{\partial \sigma} = S \cdot \sqrt{\tau} \cdot N'(d_1) > 0$$

【例 3-29】如果我们改变波动率,股票的看涨期权价值如何变动(运用上例参数)?

$$\frac{\partial C}{\partial \sigma} = S \cdot \sqrt{\tau} \cdot N'(d_1) = 280 \times \sqrt{0.247} \times 0.337782 = 47$$

因此,我们将波动率从 30% 增加到 35%,看涨期权的价格将增加(47.00 × 波动率的变化)。还有两种计算新的看涨期权价格的方法:

- 对新的波动率运用 B-S 公式计算得到:30.49
- 运用旧的期权价格加上由西格马(Sigma)的变化造成的变动:28.09 + (47×0.05) = 30.44

只要相应的变量(此处为 σ)变化微小,二者的差异就很小。

同样地,看跌期权的价格也是标的资产收益率波动的增函数,由 B-S 公式得:

$$\frac{\partial P}{\partial \sigma} = S \cdot \sqrt{\tau} \cdot N'(d_1) > 0$$

这与看涨期权的维伽完全相同。它们的价值都随着标的资产的波动性而增加,因为回报函数是不对称的。资产价值发生极端变化的概率较高,而期权持有者会从中受益。而简单的资产多头头寸则不是这样的,因为回报函数是对称的。波动率的增加意味着更多的上升潜力,但也意味着下降潜力。

3.7 波动率和相关主题*

运用 B-S 公式对期权进行定价时所需的参数中,唯一无法直接观测到的是标的资产的波动性。不幸的是,它又是一个较为重要的参数,它的估计至关重要。模型假设我们已知从今天到到期日的股票收益率的未来波动率。因为我们不知道股票的未来价格,我们只能对其进行估计。有两种估计波动率的最简单方法:运用历史数据或者计算隐含波动率。期权价值被认为是给定的,那么目标就是使用定价公式(如 B-S 模型)找到波动率水平,从而使得给定价格与定价模型(如 B-S 模型)计算的结果相同。

3.7.1 利用历史数据估计波动率*

估计波动率的一种方法是运用股票价格的历史数据。这个方法的问题是选择合适的时间长度来估计模型使用的参数,好像股票未来的波动率是已知的且是恒定的。但即使是零星的经验也表明股价波动性不稳定,经常跳跃式波动。

估计过程如下:我们观测到固定时间间隔的股票价格,例如每天($\tau=1/252$)[①] 或每周($\tau=1/52$)。这些观测值可以用于计算时间段内的收益率:

$$r_i = \ln\left(\frac{S_i}{S_{i-1}}\right), i = 1, \cdots, n$$

其中,n+1 是观测值的数目。然后运用这些收益率来估计时间段内的波动率,公式为:

$$S = \sqrt{\frac{1}{n-1}\sum_{i=1}^{n}(r_i - \bar{r})^2}$$

其中,$\bar{r}$ 等于 r 的均值。记住 B-S 公式要求年化的股票收益率的波动率。因此,必须用单位时间的波动率乘以 $1/r$ 的平方根来求得年化波动率。

我们知道,波动率在时间段内不是常数,难点是找到合适的 n 值。如果 n

[①] 对于按天的时间间隔,我们仅考虑交易日。

太大,我们就会选用过于久远的数据而得到与实际情况不同的波动率。如果 n 太小,则估计的精度就会不好。对于股票数据,一个较好的折中应该是运用 90 到 180 天的时间段的日数据。

3.7.2 隐含波动率和波动率微笑*

历史波动率的一个替代方法是使用隐含波动率:即能使通过模型计算得到的价格等于市场上观察到的期权价格的波动率。我们可以通过在市场上观察到的期权价格,从 B-S 公式中反向推导出隐含波动率。不幸的是无法得到隐含波动率的解析解,而必须用数值法代替[①]。

【例 3-30】针对之前看涨期权的例子,给定不同的期权价格,则期权的隐含波动率(而非波动率)为多少?

表 3-23 按如下步骤得到:对波动率进行随机假设(最后一列),以得到我们方法的基准。然后利用 B-S 公式计算期权价格,给出看涨期权"市场价格"(第一列)。给定这些期权的价格,我们再运用数值法推断,波动率假设为多少时,计算结果等于给定的期权价格。正如所看到的,选用的数值法仅用 3 次迭代就得到令人惊异的精确度(当估计的波动率使得 B-S 公式得到的价格与期权市场价格的差值在 0.01 之内时,迭代终止)。方法精确度的提升(例如,求解波动率的估计值使得观测的期权价格尽可能地接近 B-S 公式价格加/减 10^{-10})只引起要求的迭代次数很小的增加(本例中为 4 到 5 次)。

表 3-23　　　　　给定期权价格下期权的隐含波动率

看涨期权市场价格	隐含波动率 B-S 价格与市场价格精确到 0.01	迭代次数	隐含波动率 B-S 价格与市场价格精确到 0.0000000001	迭代次数	用于推导看涨期权的 B-S 价格的波动率
29.76673	0.098305	3	0.098301	5	0.098301
30.84359	0.110001	3	0.11	4	0.11

---

① 这与债券的到期收益率计算方法类似。原则上,对方程要求解的变量(本例中为波动率)可以试验不同的值,检验所得结果与观察到的期权价格相差多少。如果我们的实验出现偏差,我们就要调整我们的猜想,重新计算新的期权价格,然后再次比较计算结果与市场价格,如此往复。如果我们使用智能的方法来进行这个计算,而不是采用插值法给出上千个测试值,那么在实例中我们计算的隐含波动率通过 4 或 5 步就能达到非常高的精确度。在此我们使用牛顿_莱福逊(Newton_Raphson)迭代法,并选择一个确保收敛的波动率的初始估计值。

续表

看涨期权市场价格	隐含波动率 B-S价格与市场价格精确到0.01	迭代次数	隐含波动率 B-S价格与市场价格精确到0.0000000001	迭代次数	用于推导看涨期权的B-S价格的波动率
33.32773	0.13476	3	0.13476	4	0.13476
41.75798	0.210009	3	0.210009	4	0.2100088
54.13927	0.313245	2	0.313245	4	0.313245

通常的市场运用是将期权隐含波动率与从股票历史收益率数据得到的波动率比较。如果隐含波动率相对于"历史波动率"较高，市场专业人士将根据专业知识倾向于卖出波动性，因为波动率越高售出期权收到的期权价格将越高。如果隐含波动率相对于"历史波动率"较低，投资者将很倾向于购买波动性，因为购买期权所支付的期权价格将比平常要低。

另一个隐含波动率的应用是监控市场对特定股票的波动率的判断。当新信息到达市场时，判断会发生变化（表明在B-S公式中假定波动率恒定并不精确，但对于简化现实以得到便于处理的方程是很必要的）。还有另一个不同的做法就是使用一个期权的隐含波动率去对另一个基于同一股票的期权进行定价。

正常情况是基于同一支标的股票，在给定的时点上同时有好几支期权交易。原则上，根据B-S公式，不论其执行价格和到期日如何，所有那些期权应该有相同的隐含波动率。然而，有很多原因使得这些期权经常显示出不同的隐含波动率。如果我们估计不同期权的隐含波动率，而这些期权彼此仅有行权价格不同，我们会看到当这些隐含波动率按照行权价格画出散点图时，呈现为U形曲线。这个结果就是众所周知的"微笑效应"，其中最小的波动率是从处于平值状态的期权中得到的，而当行权价格向任何一个方向变动时隐含波动率都会增加。这就说明股票波动率的估测是一个困难重重的工作。

有很多理由可以说明这一波动率微笑的存在。

- 实际交易所交易的期权定价不满足B-S公式的一个或多个假设。
- 在1987年美国股市崩盘之前，期权价格中并没有出现波动性微笑。股市的崩盘凸显了极端的意外事件可能会发生，而且其概率被B-S模型低估了。因此，从那时起，当我们将美国股票指数期权的隐含波动率与一些衡量货币价值的指标进行对比,观察到一个"傻笑"的模式。深度虚值或实值的期权在布莱克-斯科尔斯模型中被低估了,因为投资者对这些情况的重视程度高于模型所预测的那样。

所有这些只表明 B-S 模型是基于简单的假设。甚至费舍尔-布莱克[①]本人也认为是"不现实的简化假设"。但他很快又补充说:"然而这个弱点也是它(模型)的最大优势。人们喜欢这个模型,因为他们可以很容易地理解它的假设。作为初步的近似估测,该模型通常是良好的,如果你能看到假设中的漏洞,你就能以更复杂的方式使用该模型。"

有些人已经开发一些特殊的期权定价公式,允许波动率随时间变化。在某些情况下,那些公式会比原始公式效果更好,但是好像没有一个公式在所有情况下都效果更好。

因此,布莱克建议从估计波动率的不同方式开始着手,而不是从允许波动率变化的不同公式着手。他认为提出一个估计值来代替历史波动率更好,这个估计值是期权有效期内股票波动率的估计。值得注意的是估计波动率的最好方法会显得比期权公式本身更为复杂。对于如何调整波动率,他给了我们一些提示:

• 因为波动率确实是变化的,相比几年前的波动,应对近期的历史数据赋予更多的权重。

• 因为股价下降时波动率上升,而股价上涨时波动率下降,所以在价格下跌后要增加对波动率的估计值,即便历史波动率没有增加。

• 价格下跌带来的波动率增加通常是暂时的(就像波动率的任何一次增加一样),但它比其他原因导致的波动率增加持续得更长(平均而言),这个可以在隐含波动率中观察到:当股价下跌,通常可以观察到隐含波动率会上升。当股价逐步上涨时,通常会观察到隐含波动率下降。

• 运用其他股票和市场的波动率来得出未来的波动率。如果其他股票的波动率也上升,则波动率的上升更可能持续。

• 如果未来波动率是已知的(按公式所假设的),运用期权对股票套期保

---

① 参见 Black Fisher, 1992, "Living up to the model", in "From Black-Scholes to black holes", Risk Magazine Ltd, England.

值是无风险的。正是因为未来波动性是不确定的，套期保值头寸是有风险的。

在此可以有更多的检验补充，但是必须记住的一点是使用简单的模型并且理解它的假设比使用最为复杂的通常也是难以理解的模型更有成效。如果对模型有很好的直觉，则也有方法将参数调整到适当的值。

3.7.3 波动率指数（VIX）

历史波动率是对波动率的一种向后的估计。隐含波动率是对波动率的前瞻性估计，因为它代表了市场对所考虑期限内的波动率的看法。VIX，或称波动率指数，是对标准普尔500指数期权在平均30天期限内所隐含的波动率的一种衡量。历史上，Menachem Brenner 和 Dan Galai 在20世纪80年代末首次研究波动率指数。芝加哥期权交易所（CBOE）开发了一个指数，他们称之为 VIX，使用的数据从1986年到1993年。现在，CBOE 每天都在计算这个指数，并以百分点为单位进行报价。它近似于标准普尔500指数在30天内的变化，然后进行年化。它可被认为是一个代表美国市场恐惧或压力的指数，但它实际上同时代表了下行和上行的波动。

在图3-24中，我们可以看到 VIX 指数和标准普尔500指数的历史变化。标准普尔500指数的每一次下跌都会转化为 VIX 指数的一个峰值。换句话说，在波动率指数和标准普尔500指数之间存在负相关关系。对许多人来说，VIX 在10到15之间，意味着市场是有信心的，隐含波动率很低。VIX 在20和30之间，市场是波动的。VIX 超过30，市场似乎有压力，而且非常不稳定，这可能是金融危机的一个迹象。在2008年的金融危机期间，VIX 指数达到了远远超过40的水平。衍生品基于 VIX 交易，允许投资者对市场的隐含波动率和它接下来的变化下赌注[①]。投资者担心市场回调和波动性增加，可以通过以下方式对市场的隐含波动性下赌注。例如，投资者担心市场调整和波动性增加，可以购买 VIX 指数的看涨期权。通过这样做，投资者至少做到了部分套期保值，因为如果波动率在市场下跌时达到峰值，期权的价值会增加。当然，由于 VIX 指数与股票价格不在同一水平上交易，应该设置适当的套期保值。表

---

① 2000年代，交易所交易的期货和期权相继交易。

3 -25 显示了 2018 年 7 月 23 日的 VIX 期权的报价。

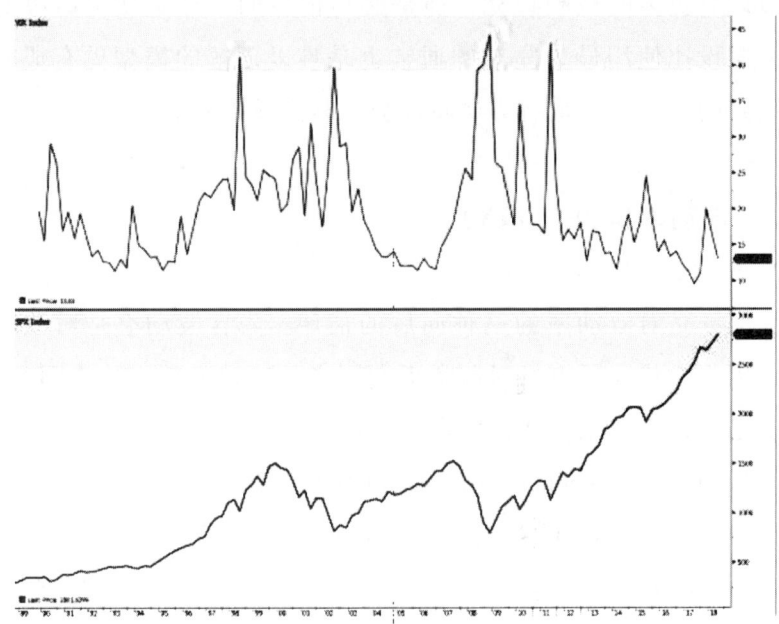

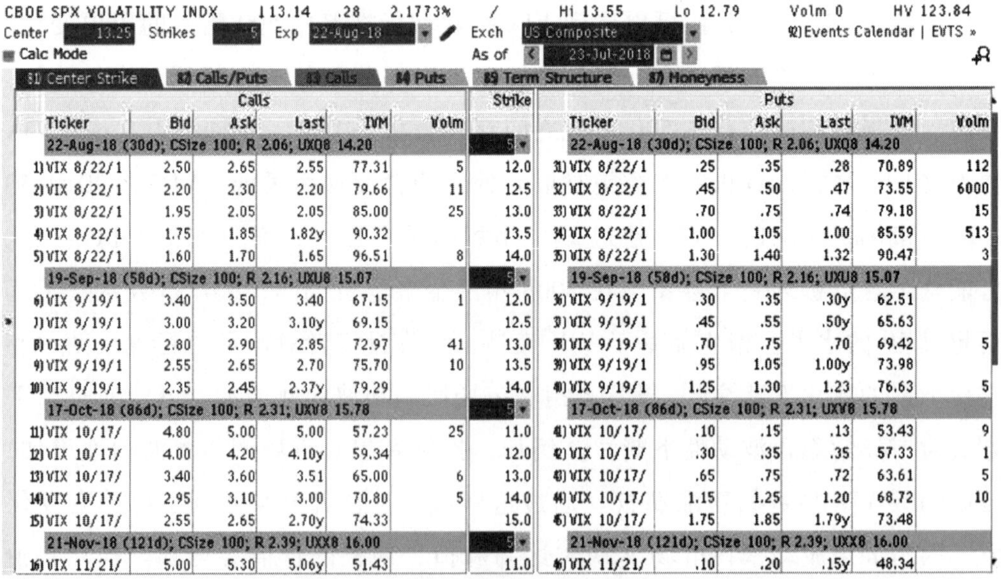

图 3 -24　VIX 指数和标准普尔 500 指数

数据来源：Bloonberg。

CBOE SPX VOLATILITY INDX　↓13.14　.28　2.1773%　/　Hi 13.55　Lo 12.79　Volm 0　HV 123.84
Center 13.25　Strikes 5　Exp 22-Aug-18　Exch US Composite　92) Events Calendar | EVTS »
Calc Mode　As of 23-Jul-2018
81) Center Strike　82) Calls/Puts　83) Calls　84) Puts　89 Term Structure　87) Moneyness

Calls						Strike	Puts					
Ticker	Bid	Ask	Last	IVM	Volm		Ticker	Bid	Ask	Last	IVM	Volm
22-Aug-18 (30d); CSize 100; R 2.06; UXQ8 14.20						5	22-Aug-18 (30d); CSize 100; R 2.06; UXQ8 14.20					
1) VIX 8/22/1	2.50	2.65	2.55	77.31	5	12.0	31) VIX 8/22/1	.25	.35	.28	70.89	112
2) VIX 8/22/1	2.20	2.30	2.20	79.66	11	12.5	32) VIX 8/22/1	.45	.50	.47	73.55	6000
3) VIX 8/22/1	1.95	2.05	2.05	85.00	25	13.0	33) VIX 8/22/1	.70	.75	.74	79.18	15
4) VIX 8/22/1	1.75	1.85	1.82y	90.32		13.5	34) VIX 8/22/1	1.00	1.05	1.00	85.59	513
5) VIX 8/22/1	1.60	1.70	1.65	96.51	8	14.0	35) VIX 8/22/1	1.30	1.40	1.32	90.47	3
19-Sep-18 (58d); CSize 100; R 2.16; UXU8 15.07						5	19-Sep-18 (58d); CSize 100; R 2.16; UXU8 15.07					
6) VIX 9/19/1	3.40	3.50	3.40	67.15	1	12.0	36) VIX 9/19/1	.30	.35	.30y	62.51	
7) VIX 9/19/1	3.00	3.20	3.10y	69.15		12.5	37) VIX 9/19/1	.45	.55	.50y	65.63	
8) VIX 9/19/1	2.80	2.90	2.85	72.97	41	13.0	38) VIX 9/19/1	.70	.75	.70	69.42	5
9) VIX 9/19/1	2.55	2.65	2.70	75.70	10	13.5	39) VIX 9/19/1	.95	1.05	1.00y	73.98	
10) VIX 9/19/1	2.35	2.45	2.37y	79.29		14.0	40) VIX 9/19/1	1.25	1.30	1.23	76.63	5
17-Oct-18 (86d); CSize 100; R 2.31; UXV8 15.78						5	17-Oct-18 (86d); CSize 100; R 2.31; UXV8 15.78					
11) VIX 10/17/	4.80	5.00	5.00	57.23	25	11.0	41) VIX 10/17/	.10	.15	.13	53.43	9
12) VIX 10/17/	4.00	4.20	4.10y	59.34		12.0	42) VIX 10/17/	.30	.35	.35	57.33	1
13) VIX 10/17/	3.40	3.60	3.51	65.00	6	13.0	43) VIX 10/17/	.65	.75	.72	63.61	5
14) VIX 10/17/	2.95	3.10	3.00	70.80	5	14.0	44) VIX 10/17/	1.15	1.25	1.20	68.72	10
15) VIX 10/17/	2.55	2.65	2.70y	74.33		15.0	45) VIX 10/17/	1.75	1.85	1.79y	73.48	
21-Nov-18 (121d); CSize 100; R 2.39; UXX8 16.00						5	21-Nov-18 (121d); CSize 100; R 2.39; UXX8 16.00					
16) VIX 11/21/	5.00	5.30	5.06y	51.43		11.0	46) VIX 11/21/	.10	.20	.15y	48.34	

图 3 -25　VIX 期权报价

数据来源：Bloonberg。

自然地，对股票而言的正确的假设，对波动率指数是不正确的。用来模拟 VIX 的过程应该与用来模拟股票价格的过程不同。已实现的和隐含的波动率是均值回归的，其长期均值对应于标准普尔 500 的无条件波动率。当前 VIX 的现值高于其长期均值意味着负漂移，这将使指数向其均值下降。与此相反，当前 VIX 的现值低于长期均值意味着正漂移，使指数向其均值增加。换句话说，这个过程围绕其长期平均值振荡。股票价格并没有表现出均值反转。无论其价格水平如何，股票通常有正的预期收益。否则，投资者就不会持有它们。但 VIX 指数的情况并非如此。根据定义，它不是一种金融资产。然而，它通过 VIX 衍生品被货币化。而投资者愿意交易衍生品，特别是期权，因为在某种程度上，这是一种交易"风险"的方式。

3.8 其他标的资产的期权

我们主要看到了股票期权的例子。然而，交易型期权并不局限于这个资产类别。接下来，我们给出了不同标的资产的期权的例子，并在适用时提出了 B-S 公式的应用。

3.8.1 股指期权

投资者面临个别资产的价格风险，但他们也面临着整体的市场风险。因此，拥有代表一组证券价格的股指期权似乎很自然。从理论上讲，股指的看涨期权将赋予其持有人在某一日期以特定价格购买股指（标的资产）的权利（但不是义务）。股指的看跌期权将给予其持有人在某一日期以特定价格出售股指（标的资产）的权利（但不是义务）。个股期权和股指期权之间存在着微妙的区别。由于股票指数是不能实际交割的，必须建立现金结算。因此，股指期权和股票期权的主要区别在于结算程序。单一股票的实值看涨期权的持有人通常会收到一定数量的股票（取决于合同规模），而股指的实值看涨期权的持有人则收到一笔现金，其数值等于指数价值与执行价格之间的差额乘以合同规模。

表 3-24 给出了在欧洲期货交易所（Eurex）交易的斯托克欧洲 50

（STOXX Europe 50）指数期权和欧元区斯托克 50（Euro STOXX50）指数期权合约文本。

表 3-24　斯托克欧洲 50（STOXX Europe 50）指数期权和

欧元区斯托克 50（Euro STOXX 50）

指数期权合约文本（截至 2018 年 7 月 28 日）

	斯托克欧洲 50 指数期权	欧元区斯托克 50 指数期权
交易代码	OSTX	OESX
合约乘数	每一个指数点 10 欧元	
交割方式	在最终交割日之后的第一个交易日进行现金结算	
报价方式	以 1 点为单位进行报价，保留一位小数	
最小变动单位	最小变动价位为 0.1 点（即 1 欧元）	
合约交割月份	最长 3 个月：连续 3 个最近的日历月 最长 12 个月：连续 6 个最近的日历月和两个接下来的季月（3月、6月、9月和12月循环） 最长 24 个月：连续 3 个最近的日历月和接下来的 3 个季月（3月，6月，9月，12月循环），以及再接下来的 2 个半年月（6月和12月循环） 最长 60 个月：连续 3 个最近的日历月，接下来的 3 个季月（3月，6月，9月和12月循环），然后是接下来的 4 个半年月（6月和12月循环），再加上接下来的 2 个年月（12月循环） 最长 119 个月：连续 3 个日历月和接下来的 3 个季月（3月，6月，9月，12月循环），再加上之后的 4 个半年月（6月和12月循环）和再后来的 7 个年月（12月循环）	
最后交易日	最后交易日即为最终交割日 在最后交易日的中午 12：00 停止交易	
最终交割日	最终交割日为每个到期月份的第三个星期五，遇节假日顺延到下一个交易日	
最终交割价格	最终交割价格由欧洲期货交易所根据最终交割日欧洲中部时间 11：50 至 12：00 之间的股票指数平均值确定	
行权方式	欧式期权：期权只能在最终交割日当天盘后交易期（欧洲中部时间 21：00）结束之前执行	
行权价格	期权上市时，(1) 应确定每一份看涨和看跌期权在未来 24 个月中每一个行权日的至少 7 个执行价格，并使得出现 3 个实值期权、1 个平值期权和 3 个虚值期权；(2) 应确定每一份看涨和看跌期权在未来的超过 24 个月每一个行权日的至少 5 个执行价格，并使得出现 2 个实值期权、1 个两平期权和 2 个虚值期权	
交易时间	上午 8：50 至下午 5：30	

数据来源：Eurex 交易所。

表 3-25 给出欧洲期货交易所 EUREX 交易的瑞士市场指数（SMI）期权合约文本。

表 3-25　　　　　　　　　Eurex 瑞士市场指数期权合约文本

标的资产	瑞士市场指数（Swiss Market index）
交易代码	0SMI
合约乘数	每点价值 10 瑞士法郎
交割方式	在最终交割日之后的第一个交易日进行现金结算
报价方式	以 1 点为单位进行报价，保留一位小数
最小变动价位	最小变动价位为 0.1 点（即 1 瑞士法郎）
合约交割月份	最长 24 个月：3 个连续日历月和接下来的 3 个季月（3 月、6 月、9 月、12 月），再加上之后的 2 个半年月（6 月和 12 月） 最长 60 个月：3 个最近的连续日历余人，3 个接下来的季月（3 月、6 月、9 月和 12 月），后来是接下来的 4 个半年月（6 月和 12 月）和再后来的 2 个年月（12 月）
最后交易日	最后交易日在每个交割月份最终交割日之前 在最后交易日的下午 5:20 停止交易
最终交割日	最终交割日为每个到期月份的第三个星期五，遇节假日顺延至下一交易日
最终交割价格	最终交割价格由欧洲期货交易所在最终交割日根据 SMI 指数值来确定，而 sMI 指数值是根据各成分股在 SIX 瑞士交易所的开盘价确定的
行权方式	欧式期权；期权只能在最终交割日盘后交易期（欧洲中部时间 21:00）结束之前执行
行权价格	期权上市时：(1) 应确定每一份看涨和看跌期权在未来的 24 个月中每一个行权日的至少 7 个执行价格，并使得出现 3 个实值期权、1 个平值期权和 3 个虚值期权；(2) 应确定每一份看涨和看跌期权在未来的超过 24 个月每一个行权日的至少 5 个执行价格，并使得出现 2 个实值期权、1 个平值期权和 2 个虚值期权
交易时间	上午 8:50 至下午 5:20

注意，除了上面提到的期权以外，欧洲期货交易所（Eurex）还提供一种叫作欧洲期货交易所每周期权（Eurex Weekly Options）的短期指数期权。这些期权在每月的第 1、第 2、第 4、第 5 个星期五到期，第三个星期五是标准期权的到期日。对于没有第五个星期五的月份，期权的到期日顺延至下一个星期五。这些短期期权的标的指数可以是道琼斯欧洲斯托克 50 指数、瑞士市场指数和德国 DAX 指数。

表 3-36 给出在芝加哥期权交易所（CBOE）交易的标准普尔 500 指数（standard and Poor's 500）期权合约文本。

表 3-26　　　　芝加哥交易所（CBOE）的标准普尔 500 指数期权合约文本

标的资产	标准普尔 500 指数（standard and Poor's500，SPX）
乘数	100 美元
行权价格间隔	5 点，远期月份是 25 点为间隔

续表

行权价格	最初列出实值、虚值和平值状态的行权价格。当有标的资产在现行的最低或最高行权价进行交易时,逐渐加入新的品种序列
期权价格报价	以小数表示。1点等于100美元。报价低于3.00点的期权交易最小变动为0.05点(5.00美元)其余的序列最小变动为0.10点(10美元)
执行方式	欧式期权,通常只能在终止期前的最后一个交易日执行
到期日期	到期月份第三个星期五紧随的星期六
终止月份	最多12个近期月份
结算价格	执行后将在到期日后的交易日进行现金结算 执行结算价值(SET)的计算是用到期日前最后一个交易日(通常为星期五)每只成分股在自己的主要市场上的开盘报价计算的。如果指数中的股票在决定执行或结算价值的那一天(每天都会计算SET值)没有公开报价,则运用在主要市场上最近的一个公开报价。执行结算金额等于执行结算价值sET与期权行权价的差额乘以100美元
头寸和执行限制	没有头寸和行使限制。每个交易许可证持有者(不包括做市商)或TPH组织,如果在SPX和Mini-SPX(10个Mini-SPX期权等于1个SPX全价合约)的自营账户或为其客户的账户保持日终累计头寸超过10万份,应向市场监管部报告某些信息。TPH必须报告有关该头寸是否被对冲的信息。如果是的话,必须报告说明所使用的对冲,例如,股票组合的当前市场价值、其他股指期权头寸,其他股指期权头寸、股指期货头寸、股指期货期权。对于客户账户,提供账户名称、账户号码和税号或社会保险号码。此后,如果头寸保持在或高于报告门槛,则需要在到期后的周一以及在调整对冲使得头寸套保接触或部分套保的情况下进行后续报告。低于阈值不需要报告
保证金	购买到期期限低于9个月的期权,必须全额支付。没有现货保护的期权卖方必须存入/保持期权建仓价格的100%并加上总合约价值的15%(目前的指数水平乘以100美元),如果期权处于虚值状态,再减去虚值的金额。最低保证金数额是期权价格的100%加上10%的合约总值(计算维持保证金时,使用当前期权的市场价值,而不是期权建仓时的价格)。额外的保证金依据交易所规则12.10
最后交易日	SPX期权的交易一般在执行结算价值计算日的前一个交易日停止

股指期权的报价形式与单只股票期权的形式相同。

指数期权的期权价格通常用点数和点数的分数共同表示。期权价格的每一点都代表一种货币单位的一定金额。为了决定单个股指期权总的期权价格,必须用报价乘以乘数。

【例3-31】某投资者按 $2\frac{1}{2}$ 的价格买入1份股指看涨期权。该期权的乘数为100。期权价格总额为250美元($2\frac{1}{2}$乘以100)。

图3-26显示了2018年8月8日S&P500指数期权的价格。

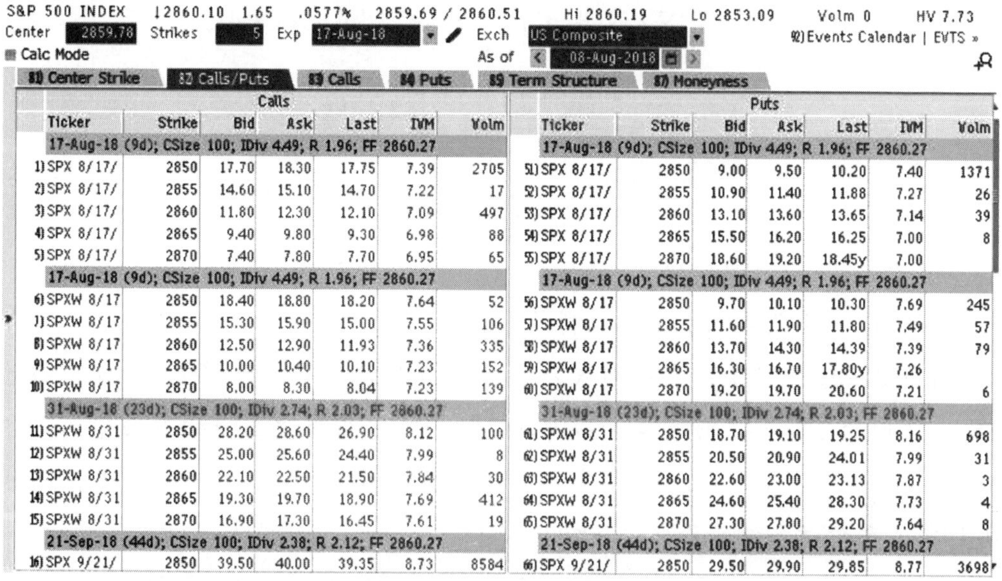

	Calls							Puts				
	Ticker	Strike	Bid	Ask	Last	IVM	Volm	Ticker	Strike	Bid	Ask	Last	IVM	Volm

(Table of SPX option quotes — partial reproduction)

	Ticker	Strike	Bid	Ask	Last	IVM	Volm
	17-Aug-18 (9d); CSize 100; IDiv 4.49; R 1.96; FF 2860.27						
1)	SPX 8/17/	2850	17.70	18.30	17.75	7.39	2705
2)	SPX 8/17/	2855	14.60	15.10	14.70	7.22	17
3)	SPX 8/17/	2860	11.80	12.30	12.10	7.09	497
4)	SPX 8/17/	2865	9.40	9.80	9.30	6.98	88
5)	SPX 8/17/	2870	7.40	7.80	7.70	6.95	65
	17-Aug-18 (9d); CSize 100; IDiv 4.49; R 1.96; FF 2860.27						
6)	SPXW 8/17	2850	18.40	18.80	18.20	7.64	52
7)	SPXW 8/17	2855	15.30	15.90	15.00	7.55	106
8)	SPXW 8/17	2860	12.50	12.90	11.93	7.36	335
9)	SPXW 8/17	2865	10.00	10.40	10.10	7.23	152
10)	SPXW 8/17	2870	8.00	8.30	8.04	7.23	139
	31-Aug-18 (23d); CSize 100; IDiv 2.74; R 2.03; FF 2860.27						
11)	SPXW 8/31	2850	28.20	28.60	26.90	8.12	100
12)	SPXW 8/31	2855	25.00	25.60	24.40	7.99	8
13)	SPXW 8/31	2860	22.10	22.50	21.50	7.84	30
14)	SPXW 8/31	2865	19.30	19.70	18.90	7.69	412
15)	SPXW 8/31	2870	16.90	17.30	16.45	7.61	19
	21-Sep-18 (44d); CSize 100; IDiv 2.38; R 2.12; FF 2860.27						
16)	SPX 9/21/	2850	39.50	40.00	39.35	8.73	8584

Puts:

	Ticker	Strike	Bid	Ask	Last	IVM	Volm
51)	SPX 8/17/	2850	9.00	9.50	10.20	7.40	1371
52)	SPX 8/17/	2855	10.90	11.40	11.88	7.27	26
53)	SPX 8/17/	2860	13.10	13.60	13.65	7.14	39
54)	SPX 8/17/	2865	15.50	16.20	16.25	7.00	8
55)	SPX 8/17/	2870	18.00	19.20	18.45y	7.00	
56)	SPXW 8/17	2850	9.70	10.10	10.30	7.69	245
57)	SPXW 8/17	2855	11.60	11.90	11.80	7.49	57
58)	SPXW 8/17	2860	13.70	14.30	14.39	7.39	79
59)	SPXW 8/17	2865	16.30	16.70	17.80y	7.26	
60)	SPXW 8/17	2870	19.20	19.70	20.60	7.21	6
61)	SPXW 8/31	2850	18.70	19.10	19.25	8.16	698
62)	SPXW 8/31	2855	20.50	20.90	24.01	7.99	31
63)	SPXW 8/31	2860	22.60	23.00	23.13	7.87	3
64)	SPXW 8/31	2865	24.60	25.40	28.30	7.73	4
65)	SPXW 8/31	2870	27.30	27.80	29.20	7.64	8
66)	SPX 9/21/	2850	29.50	29.90	29.85	8.77	3698

图 3–26 SPX 期权报价

数据来源：Bloomberg。

在定价方面，股指期权可以被看作支付红利的股票的期权。在这里，股票指数扮演着股票的角色。对于一个股指的欧式期权，B–S 定价公式如下：

$$C_E = \left(S - \sum_{j=1}^{J}\sum_{i=1}^{I} D_{i,j} \cdot e^{-r \cdot \tau_{j,i}}\right) \cdot N(d_1) - K \cdot e^{-r\tau} \cdot N(d_2)$$

$$P_E = K \cdot e^{-r \cdot \tau} \cdot N(-d_2) - \left(S - \sum_{j=1}^{J}\sum_{i=1}^{I} D_{i,j} \cdot e^{-r \cdot \tau_{j,i}}\right) \cdot N(-d_1)$$

其中：

$$d_1 = \frac{\ln\left(\dfrac{S_t - \sum_{j=1}^{J}\sum_{i=1}^{I} D_{i,j} \cdot e^{-r \cdot \tau_{j,i}}}{Ke^{-r\tau}}\right) + \left(\dfrac{1}{2}\sigma^2\right)\tau}{\sigma\sqrt{\tau}}$$

$$d_2 = d_1 - \sigma\sqrt{\tau}$$

其中，C_E——欧式看涨期权在时刻 t 的价格；S——指数在时刻 t 的价格；P_E——欧式看跌期权在时刻 t 的价格；σ——股票指数现货收益率的标准差；$D_{i,j}$——公司 j 在 t_i 时刻支付并按公司在股指中的比重加权的红利；$\tau_{i,j}$——公司 j 在 t_i 时刻的红利支付的剩余时间。

支付红利的股票期权通常做出有连续红利率的假设，则定价公式可变成：

$$C_E = (S \cdot e^{-y \cdot \tau}) \cdot N(d_1') - e^{-r \cdot \tau} K \cdot N(d_2')$$

$$P_E = e^{-r\tau}K \cdot N(-d_2') - (S \cdot e^{-y\tau}) \cdot N(-d_1')$$

$$d_1' = \frac{\ln\left(\frac{S}{K}\right) + \left(r - y + \frac{1}{2}\sigma^2\right)\tau}{\sigma\sqrt{\tau}}$$

$$d_2' = d_1' - \sigma\sqrt{\tau}$$

其中，y——持续红利率。

下面以一个数值例子进行示例说明。

【例 3-32】 以欧式股指期权为例。股指当前的价值为 800，行权价格为 850，复利的连续无风险利率为每年 1.3%，股票指数收益率的波动率为每年 23%。期权还有两个月到期，在未来两个月股指的预期红利率为 0.14% 和 0.19%。一份该合约的价格是多少？

已知 $S = 800$，$K = 850$，$r = 0.013$，$\tau = 0.1667$，$\sigma = 0.23$ 和 $y = 0.0198$（即 $0.14\% + 0.19\% = 0.33\%$ 每两个月，或 1.98% 每年），我们得到：

$$d_1 = \frac{\ln(0.941176) + (0.013 - 0.0198) \times 0.1667}{0.23 \times \sqrt{0.1667}} + \frac{1}{2} \times 0.23 \times \sqrt{0.1667}$$

$$= -0.6108$$

$$d_2 = -0.6108 - 0.23 \times \sqrt{0.1667} = -0.7047$$

由此，我们有 $N(d_1) = 0.2707$ 和 $N(d_2) = 0.2405$，看涨期权的价格是：

$$C = Se^{-y\tau} \cdot N(d_1) - Ke^{-r\tau} \cdot N(d_2)$$

$$= 800 \times 0.2707 \times e^{-0.0198 \times 0.1667} - 850 \times 0.2405 \times e^{-0.013 \times 0.1667} = 11.84$$

一份合约的价格是 11.84 美元。

3.8.2 期货期权

期货期权与标准期权非常类似，只是其标的资产为期货合约。期货期权持有者拥有在到期日或之前以确定的价格买入（看涨期权）或卖出（看跌期权）期货合约而非标的资产本身的权利。相应地，期权出售方有义务在买方行权时持有相反的期货头寸。例如：

- 标准普尔 500 指数期货看涨期权的买方有权按特定的行权价格持有标准普尔 500 指数期货合约多头头寸。

- 标准普尔500指数期货看涨期权的卖方有义务以特定的行权价格持有标准普尔500指数期货合约相应的空头头寸。
- 标准普尔500指数期货看跌期权的买方有权按特定的行权价格持有标准普尔500指数期货合约空头头寸。
- 标准普尔500指数期货看跌期权的卖方有义务以特定的行权价格持有标准普尔500指数期货合约相应的多头头寸。

【例3-33】芝加哥商品交易所（CME）9月的执行价为95的日元美式期货看涨期权给予买方在买入日和9月到期日之间的任意一天，以95（0.0095美元/日元的简写）的价格买入日元期货合约（名义金额为12 500 000日元）的权利，即使日元期货涨至0.0095以上，看涨期权的买方仍然有按0.0095的价格买入日元期货的权利。

期货期权的价格是期权买方能够买入（看涨期权）或卖出（看跌期权）标的期货合约的价格。执行期权则以指定的执行价格构建了相应的期货多头或空头。

【例3-34】芝加哥商品交易所（CME）6月到期的执行价格为100的育牛期货看跌期权的买方执行了期权。由此，他将以100的价格构建一个6月芝加哥商品交易所的育牛期货空头头寸。他既可以按照当前的期货价格将期货头寸平仓，也可以继续持有期货头寸。如果行权发生在最后交易日，则进行现金结算，因为标的期货合约在同一时间到期。

一般情况下，期货头寸在执行后的第二个交易日就立即生效，并且从那天开始盯市。如果在期货到期日前，期货头寸没有被平仓，则可能发生实物交割。

1982年10月，芝加哥期货交易所（CBOT）推出了期货期权——美国长期国债期货期权。1985年5月发行了10年期美国中期国债期货期权，随后又出现了基于长期市政债券指数期货、5年期和2年期美国短期国库券期货的期货期权。如今，还有基于股指期货、货币期货、债券期货、商品期货等的期货期权。通常来说，与基于现货资产的期权相比，如果期货期权更为便宜或者更便于交割时，它比前者更有吸引力。

所有在美国进行交易的期货期权都是美式期权，可以在任一交易日执行。这就使得根据行权日的不同，最终可以进行实物交割也可以进行现金结算。

表3-27至表3-30列出了一些流行的期货期权的特征。

表 3-27　　芝加哥商品交易所货币期货期权合约条款

标的资产	一份英镑期货合约（62 500 英镑） 一份加拿大元期货合约（100 000 加拿大元） 一份欧元期货合约（125 000 欧元） 一份日元期货合约（12 500 000 日元） 一份瑞士法郎期货合约（125 000 瑞士法郎）
交易所	芝加哥商品交易所
合约规模	一份期货合约
报价	美元/外币
类型	美式和欧式
行权价格	至少有 9 个看涨期权和看跌期权的行权价格（一个接近于标的资产的市价，4 个较高的价格和 4 个较低的价格）
合约月份	4 个季月（3 月、6 月、9 月、12 月）加 2 个连续日历月
交易时间	上午 7：20 至下午 2：00 左右（收盘时间因合约而各异）
最后交易日	合约月份第三个星期三前的第二个星期五
限制	无

数据来源：CME 集团。

表 3-28　　**3 月期欧洲欧元同业拆借利率期货期权与 3 月期欧洲瑞士法郎利率期货期权合约条款**

标的资产	3 月期欧洲欧元同业拆借（EURIBOR）利率期货 3 月期欧洲瑞士法郎（CHF）利率期货
交易所	伦敦洲际期货期权交易所（ICE futures）
期权类型	美式期权
合约规模	一份期货合约
交割月份	欧洲瑞士法郎利率期货期权，4 个到期月份可供交易 欧洲美元同业拆借利率期货期权：12 个到期月份可供交易，3 月、6 月、9 月、12 月，加上 4 个连续的月，且最近的 6 个连续日历月
交割说明	执行后的第一个交易日交割
到期日期	最后交易日
最后交易日	到期月份的第三个星期三之前的两个交易日
最小价格波动	0.005
行权价格	EURIBOR 至少 13 个可交易行权价格；CHF 至少 17 个可交易的行权价格，执行价格间隔是 0.125
期权价格	购买时并不支付期权价格，期权头寸随期货头寸要求每日盯市，保证金账户随着价格变化而出现正负波动。如果买方执行期权，则买方必须支付给清算中心最初的合约价格，清算中心再在第二个交易日偿付卖方。随着买卖双方保证金账户的变动，这样的支付将通过清算中心连接在一起

表 3-29　5 年期美国中期和国债期货期权合约条款（CME 集团）

标的资产	5 年期美国国库票据期货
交易所	CME
期权类型	美式期权
合约规模	一份期货合约
最小变动价位	1/64 点（15.625 美元/合约）取整到最近的美分/合约
行权价格	行使价以四分之一个点为单位间隔列出。最低行权价范围将包括最接近当前期货价格的平值行权价加上接下来的 30 个连续的较高和较低的执行价格
合约月份	至少连续四个合同月（三个连续到期月和一个季度到期）加上 3 月、6 月、9 月和 12 月的季度周期中的下两个月。非季度月合约行使时，合约将转化为最接近的一个季度月期货合约。季度月合约将转换到同一交割期的期货合约上
最后交易日	距离期权合约月份前一个月的最后一个交易日的前两个交易日最近的星期五。例如，12 月的中期国债期权的最后交易日应在 11 月。在 CME Globex 的对应期货合约的常规交易时段结束时，到期期权停止交易。未行使的期权应在最后一个交易日下午 7：00 到期
执行	在交易清算公司董事会于芝加哥时间下午 6：00 之前公示终止之前的任何交易日，期货期权的买方可以执行期权。处于实值状态的期权将被自动执行，除非交易清算公司董事会有特殊指令

表 3-30　轻质原油期货期权合约条款（CME 集团）

标的资产	轻质原油期货
交易所	纽约商品交易所（NYMEX）
期权类型	美式期权
合约规模	一份期货合约
最小变动价位	美元和美分每桶
行权价格	至少 100 个行权价，平值行权价向上、向下按 0.50 美元每桶的增量。接着是 20 个行权价：最高价向上、向下按 2.5 美元每桶的增量，最低价向上、向下按 0.50 美元每桶的增量；然后是 10 个行权价：最高价向上、向下按 5 美元每桶的增量，最低价向上、向下按 0.5 美元每桶的增量；在最近的 24 个月和未来 7 年的 6 月和 12 月，以每桶 0.50 美元的价格进行动态调整。仅在 25 个月以上的月份以每桶 0.50 美元的价格进行动态调整
合约月份	本年度和未来 8 个日历年的月度合约以及 2 个额外的连续合约月。新日历年的月度合约和另外 2 个连续的合约将在当年的 12 月合约终止交易后加入新的日历年
最后交易日	交易在标的期货合约交易结束前 3 个工作日终止。

期货期权报价方式与现货资产期权报价方式相同。唯一要记住的是标的资产不是现货资产本身，而是基于现货资产的期货。

B-S 公式可以简单地扩展至期货期权的定价。当运用持有成本模型时[①]，

---

① 参见第 1 章。

可以把期货合约视为按无风险利率支付红利的资产。从而期货期权可以按照支付连续红利的股票期权来进行分析，其中，期货价格扮演股价的角色，连续红利率等于无风险利率。

对于欧式期权：

$$C_E = e^{-r \cdot \tau} \cdot [F \cdot N(d_1) - K \cdot N(d_2)]$$

$$P_E = e^{-r \cdot \tau} \cdot [K \cdot N(-d_2) - F \cdot N(-d_1)]$$

其中，

$$d_1 = \frac{\ln\left(\frac{F}{K}\right) + \left(\frac{1}{2}\sigma^2\right)\tau}{\sigma\sqrt{\tau}}$$

$$d_2 = d_1 - \sigma\sqrt{\tau}$$

其中，F——目前的期货价格；τ——期权距离到期的时间；σ——期货收益率的波动率。

【例 3-35】 以欧式看跌原油期货期权为例。假设距离到期日的时间为 4 个月，当前的期货价格为 20 美元，且行权价格为 20 美元，连续的无风险利率为每年 3%，期货价格的波动率为每年 25%。

因为 ln (F/K) = 0，我们得到 $d_1 = \frac{\sigma \cdot \sqrt{\tau}}{2} = 0.07216$，$d_2 = d_1 - \sigma \cdot \sqrt{\tau} = -0.07216$，于是 N ($d_1$) = 0.4712，N ($d_2$) = 0.5288，看跌期权的价格是：

$$P = e^{-0.03 \times 0.3333} \times (20 \times 0.5288 - 20 \times 0.4712) = 1.14 \text{ 美元}$$

3.8.3 认股权证

认股权证是由公司发行，出售时收取现金的一种证券[①]。它承诺在到期日之前的任何时刻按固定的行权价格出售既定数量的股票给投资者。因此，认股权证很像公司出售的美式期权，但它与看涨期权不尽相同，因为发行认股权证时，公司会收到期权费。

认股权证行权时会增加流通在外的股份数量，从而稀释其他股东的权益，

---

① 这里不包括主要由投资银行发行并作为结构性产品交易的权证。

同时也减少仍然流通在外的认股权证数量。这个影响称为稀释效应（Dilution Effect）。如果我们对普通看涨期权执行实物交割，公司的总股数不会增加，因为这些股份是已经存在的。

【例 3-36】2016 年，ABC 公司有 1 000 股流通股。当前每股价格为 100 瑞士法郎。公司发行 100 份认股权证。认股权证将在 2018 年到期，行权价格为 130 瑞士法郎。到 2018 年，股票价格为 150 瑞士法郎。100 份认股权证行权后，股票价格为多少？

行权前：
$$公司价值 = 1\ 000 \times 150 = 150\ 000(瑞士法郎)$$
$$每股价格 = 150\ 000/1\ 000 = 150(瑞士法郎)$$

行权后：
$$公司价值 = 1\ 000 \times 150 + 100 \times 130 = 163\ 000(瑞士法郎)$$
$$每股价格 = 163\ 000/1\ 100 = 148.18(瑞士法郎)$$

行权前后的价格差异是由稀释效应造成的。

在其 1969 年的论文中[①]，Merton 和 samuelson（1969）提出了一个对权证进行合理定价的完善理论。其数学处理非常复杂，因为它考虑了有红利的美式期权定价问题（存在提前行权的可能），以及稀释问题（因为认股权证表现为对证券的一种或有要求权，这样会影响到证券）。基于一些严格的假设，我们可以运用修正后的 B-S 模型对欧式认股权证定价。用 N 表示流通股的数量，M 表示流通在外的认股权证的数量，W 为认股权证的价格；每份认股权证允许持有者在时刻 T 以每股 K 的价格购买 y 股公司股票的权利。例如，Calai 和 schneler[②] 在 1978 年从 B-S 模型中推导出一个模型：

- 用 $S + \dfrac{M}{N} \cdot W$ 代替股票价格 S。
- 波动率 σ 为公司股权（即股票加认股权证）的波动率。
- 布莱克-休尔斯公式得到的结果再乘以 $\dfrac{N \cdot \gamma}{N + M \cdot \gamma}$ 进而得到：

[①] 参见 Merton Robert and Samuelson Paul, 1969, "A complete model of warrant pricing that maximises utility", Sloan Management Review, 17-46.

[②] 参见 See Galai Dan and Schneller, 1978, "Pricing warrants and the value of the firm", Journal of Finance, vol. 33.

$$W = \left(\frac{N \cdot \gamma}{N + M \cdot \gamma}\right) \cdot \left[\left(S + \frac{M}{N} \cdot W\right) \cdot N(d_1) - Ke^{-r \cdot \tau} \cdot N(d_2)\right]$$

$$d_1 = \frac{\ln\left(\dfrac{S + \dfrac{M}{N} \cdot W}{K}\right) + (r + 0.5 \cdot \sigma^2) \cdot \tau}{\sigma \cdot \sqrt{\tau}}$$

$$d_2 = d_1 - \sigma \cdot \sqrt{\tau}$$

需要注意的是，计算 W 的公式在方程两边都含有 W。这样的问题需要通过数值方带来解决。

其中，W——t 时刻欧式认股权证的价格；S——当前股价；τ——认股权证距到期的时间；r——按连续复利计算的无风险利率；σ——公司股权波动率；K——认股权证的行权价格；N——流通股数量；M——流通在外的认股权证数量；γ——一份认股权证能够购买的股份数；N（x）——标准正态分布的累积概率分布函数（即变量小于 x 的概率）。

该方程仅适用于公司发行的对自己公司股票的认股权证，注意到这点很重要。我们同样把另外一些选择权也称为认股权证，它们由金融机构（多数为银行）发行，并像股票和债券一样在常规市场进行交易而不在诸如欧洲期货交易所（Eurex）等衍生品市场交易。在这种情况下，不存在稀释效应，这些权证可以按照标准的 B-S 公式进行定价。

3.8.4 外汇期权

外汇期权 1982 年诞生于费城股票交易所（PHLX）。如今，在许多交易所均有外汇期权的交易，如芝加哥[①]、多伦多、温哥华、阿姆斯特丹或者伦敦，但是费城仍是最重要的交易市场。2008 年，费城股票交易所被纳斯达克（NASDAQ）并购。简单地说，外汇期权（Currencyoption）给予持有者在确定日期以确定价格购买（看涨期权）或出售（看跌期权）确定数量的特定货币（标的资产）的权利（而非义务），特定的行权价格由另一种货币的确定数量来表示。外汇就是用一种货币来表示另一种货币的价格。因此，货币期权的

---

① 请注意，在芝加哥商业交易所交易的外汇期权实际上是外汇期货的期权。

行权价格就以汇率来表示。用以标明期权价格和行权价格的货币定义为交易货币。将按行权价格进行买卖的货币为标的货币（Underlyingcurrency）。

一种货币用另一种货币表示的价格被称为汇率。货币之间相互标价的方式常会引起混淆。习惯上，"ABC/XYZ"的报价方式表示与一个单位的货币 ABC 等价的货币 XYZ 的数量。举例来说，瑞士法郎和美元之间的报价可以写成"美元/瑞士法郎"以表示与 1 美元等值的瑞士法郎的数额，或者也可以写成瑞士法郎/美元以表示与 1 瑞士法郎等值的美元数额。问题在于两种报价习惯在金融市场中同时存在。

表 3-31 展示了费城股票交易所（PHLX）外汇期权的主要特征。

表 3-31　　费城股票交易所（PHLX）的外汇期权的主要特征

	外汇期权
交易地点	费城股票交易所（PHLX）
标的资产	澳元、英镑、加元、欧元、日元、瑞士法郎和新元
合约规模	10 000 单位外汇（对于日元是 1 000 000 单位）
报价方式	外汇期权的报价以每单位外汇所等价的美元数量给出
期权类型	欧式期权
行权日期	到期月份第三个星期五
到期月份	3 月循环的季月再加上 2 个近月（总共始终是 6 个月）
结算方式	用美元交割，而不发生外汇的收付
结算价格	到期日东部时间 12：00 的现货价格，更多的信息请参考 PHLX 规则第 1057 条
最后交易日	到期月份的第三个星期五
行权价格	交易所应确定执行价格的固定价位间隔 通常，执行价格间隔设置为长度半个美分的区间，更多信息请参见 PHLX 规则第 1012 条
期权报价	一个点 = 100.00 美元。因此，期货报价 2.13 等于 213.00 美元。报价的最小变动价位是 0.01 = 1.00 美元
头寸限制	同方向头寸限额为 600 000 份合约（欧元合约是 200 000 份）。允许通过套保进行冲抵，更多信息请参见 PHLX 规则第 1 001 条和 1 002 条
交易时间	东部时间（费城时间）上午 9：30 至下午 4：00

数据来源：Nasdaq。

以美元结算的外汇期权行权价通常以每单位外币多少美分的形式表示，除了日元是用 1/100 美分表示的。为了确定每份合约总的行权价格，需要用行权价报价乘以期权的交易单位合约规模。期权价格以美元结算。

【例 3-37】 10 月到期的执行价为 90 的瑞士法郎看涨期权给予持有者按照 K = 0.90 美元/瑞士法郎的汇率购买 10 000 瑞士法郎的权利。看涨期权将在 10 月的第三个星期五到期。假设在到期日汇率为 0.94 瑞士法郎/美元，期权的持有者应如何进行操作？

期权持有者应该执行期权。对于每份期权，期权持有者将支付 9 000 美元，收到 10 000 瑞士法郎。如果直接从现货市场购买的话，他得支付 9 400 美元。每份期权合约收益等于 10 000 × (0.94 − 0.90) = 400 美元。

交割程序包括：双方在美国支付美元，并在外币所在国接收相应的外币，支付均在期权清算所开设的账户中进行。每份外汇期权合约中的标的外币金额都是由该期权所在的期权市场确定的，并且不同的市场会有所差异。

请注意（为了简化，我们假设合约规模为 1）：

- 美元/瑞士法郎看涨期权允许持有者用 K 瑞士法郎来购买 1 美元。其行权价格 K 和期权价值都以瑞士法郎表示。
- 美元/瑞士法郎看跌期权允许持有者按 K 瑞士法郎的价格出售 1 美元。其行权价格 K 和期权价值都以瑞士法郎表示。
- 瑞士法郎/美元看涨期权允许持有者以 K 美元的价格购买 1 瑞士法郎。其行权价格 K 和期权价值都以美元表示。
- 瑞士法郎/美元看跌期权允许持有者按 K 美元的价格出售 1 瑞士法郎。其行权价格 K 和期权价值都以美元表示。

于是，表 3-32 中的报价是等价的。

表 3-32　　　　　　　　　　等价的报价

在瑞士	在外国（本例为美国）
美元/瑞士法郎	瑞士法郎/美元
用瑞士法郎表示行权价格（K）	用美元表示行权价格（1/K）
期权价格和报价都用瑞士法郎表示	期权价格和报价都用美元表示
看涨美元/瑞士法郎	看跌美元/瑞士法郎
购买一个看涨期权	购买一个看跌期权
卖出一个看涨期权	卖出一个看跌期权
购买一个看跌期权	购买一个看涨期权
卖出一个看跌期权	卖出一个看涨期权

B-S模型同样可用于欧式货币期权的定价。外汇可看作支付连续红利的资产，红利率等于外币的无风险利率。更准确地说，给定两种货币 A 和 B，即期汇率 S 写成 A/B，定价为交换一单位 A 的货币 B 的单位数。在 T 年内到期的远期合同的远期汇率 F 为 $F = S \cdot e^{(r_A - r_B) \cdot T}$。$r_A$ 起到了连续红利的作用（因为它减少了远期汇率），即 A 是外国货币，而 B 是本国货币。因此，外汇期权可以按照支付已知确定的连续红利的股票期权进行分析，其中，外币的美元价值扮演着股价的角色，而股票的连续红利等于外币的无风险利率。

对于欧式期权：

$$C_E = S \cdot e^{-r^* \cdot \tau} \cdot N(d_1) - e^{-r \cdot \tau} K \cdot N(d_2)$$

$$P_E = e^{-r \cdot \tau} K \cdot N(-d_2) - S \cdot e^{-r^* \cdot \tau} \cdot N(-d_1)$$

$$d_1 = \frac{\ln\left(\dfrac{S \cdot e^{-r^* \cdot \tau}}{K \cdot e^{-r \cdot \tau}}\right) + \left(\dfrac{1}{2}\sigma^2\right) \cdot \tau}{\sigma\sqrt{\tau}} = \frac{\ln\left(\dfrac{S}{K}\right) + \left((r - r^*) + \dfrac{1}{2}\sigma^2\right) \cdot \tau}{\sigma\sqrt{\tau}}$$

$$d_2 = d_1 - \sigma\sqrt{\tau}$$

其中，S——当前汇率；r^*——连续复利计的外币无风险利率，即 r_A；σ——外汇收益率的波动率；r——本币按连续复利计的无风险利率，即 r_B。

这一公式被称为加曼-柯尔哈根模型（Garman - Kohlhagen）。

【例 3-38】考虑 3 个月期的两平欧式看涨期权，标的资产为瑞士法郎（从美元的角度看）。现汇汇率为每瑞士法郎 0.8771 美元，汇率收益率的波动率为每年 20%，瑞士的连续复利无风险利率为每年 1.3%，美国的连续复利无风险利率为每年 4.3%。

这里，瑞士法郎是标的资产（S），所以外币无风险利率是 1.3%，本币无风险利率是 4.3%。运用加曼-柯尔哈根模型可得，看涨期权价值为 0.0381 美元，看跌期权价值为 0.0316 美元。

3.8.5 利率上限，利率下限和利率双限

柜台市场和交易所中交易的期权基于多种与短期金融工具相关的利率，如银行存款、存单、商业票据和短期国库券。这些期权可以归为以下两类：

- 一种称为基于价格的期权，它以标的债券价值为基础，给予期权持有

者购买或出售特定的标的债券，或收取现金结算金额的权利（取决于期权是现金结算还是实物交割）。多数这种类型的期权实际上是期货期权。我们在前面的部分已经讨论过。

- 另一种称为基于收益率的期权，这类期权根据行权价和基础收益率或基础利率的价值差额进行现金结算。这种类型的期权中，最为流行的是利率上限、利率下限、利率双限（在 OTC 市场进行交易）和收益率期权（在芝加哥期货交易所进行交易）。我们将重点关注利率上限、利率下限和利率双限。

利率上限是一系列利率上限单元（Caplets）的集合。利率上限单元是基于参考利率（例如 SOFR、SARON、€STR、住房按揭贷款利率或商业票据利率）在确定时间到期的单一欧式看涨期权。因此，利率上限可以看作利率的欧式看涨期权的投资组合，或者说是折价债券看跌期权的投资组合。利率上限的期限是一段时段，在该时段中利率上限保持有效。利率重置周期决定了观察和调整参考利率的频率，以及支付的频率。

在到期日，利率上限期权单元的损益用代数式表示如下：

$$\text{Caplet}_T = Q \cdot \text{Max}(\text{SARON} - K, 0) \cdot \frac{\text{days}}{360}$$

其中，SARON——重设日的即期 SARON 利率，K——行权价格（或利率），Q——名义金额。

利率上限是上限出售方和借款方之间的协议，通常被用于在给定的时间段内将借款方的利率浮动限制在确定的水平。以一年期利率上限单元（即一年期利率上限，$T=1$）为例，行权价格 $K=6\%$ 的 SARON（参考利率）。S_t 表示 t 时刻的 SARON。该利率上限单元是如何起作用的呢？

假定年初，观测到 SARON 为 S_0，这就是参考利率。年末，利率上限的行权价格与参考利率 S_0 比较，利率上限的价值是与 $\text{Max}(S_0 - K, 0)$ 成比例的。例如，如果参考利率 $S_0 = 5.95\%$，低于利率上限的执行利率，则利率上限没有价值。如果参考利率 $S_0 = 6.25\%$，高于利率上限的执行利率，利率上限的支付即为（6.25% - 6%），也就是 25 个基点乘以名义本金额。假设名义本金为 1 000 万瑞士法郎，利率上限的购买者将收到 25 000 瑞士法郎。

封顶的利率和未封顶的利率表达如图 3-27 所示。

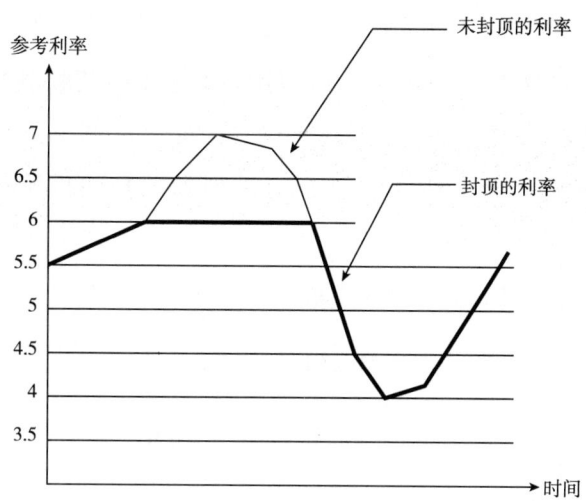

图 3-27　封顶的利率和未封顶的利率

这表明在利率上限中，第一个利率上限单元的价值在期初是明确已知的，因为我们知道 SARON 利率和利率上限。而不确定性产生于其他未来利率看涨期权的利率上限单元。一年期利率上限示意如图 3-28、图 3-29 所示。

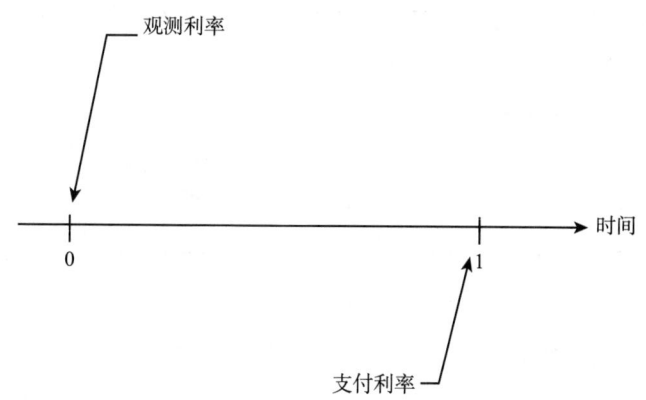

图 3-28　一年期利率上限示意

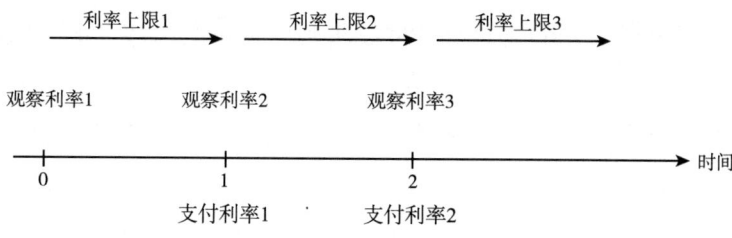

图 3-29　一年期利率上限示意

利率下限是一系列利率下限单元（Florlets）的集合。利率下限单元是基于参考利率（例如 SOFR、SARON、€STR、住房按揭贷款利率或商业票据利率）在确定时间到期的单一欧式看跌期权。因此，利率下限可以看作利率的欧式看跌期权的投资组合，或者说是有一系列到期日的折价债券看涨期权的投资组合。

在到期日，利率下限的损益用代数式表示如下：

$$\text{Floorlet}_T = Q \cdot \text{Max}(K - \text{SARON}, 0) \cdot \frac{\text{days}}{360}$$

其中，SARON——重设日的即期 SARON 利率，K——行权价格（或利率），Q——名义金额。

利率下限是下限出售方和贷款方之间的协议，通常被用于在给定的时间段内保证贷款方所面临的利率在最低利率（通常为 SOFR、SARON、住房按揭贷款利率或商业票据利率）以上（见图 3-30）。

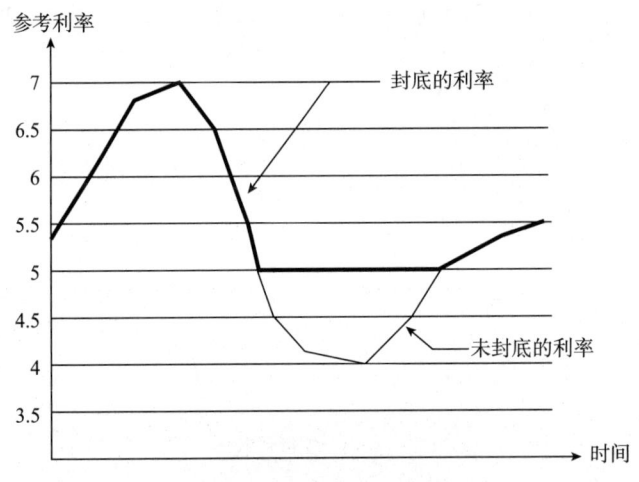

图 3-30 封底的利率和未封底的利率

最后，利率双限（Interestratecollar）是利率上限和利率下限的组合，将参考利率的变动控制在一定范围内（见图 3-31）。

既然利率上限是一组参考利率的看涨期权的组合，利率上限的价格就是一组单个看涨期权价值的总和。同理，利率下限为所包含的一组单个看跌期权价值的总和。因此，通常假设参考利率服从对数正态分布，运用修正的 B-S 公式对利率上限和利率下限进行估值。

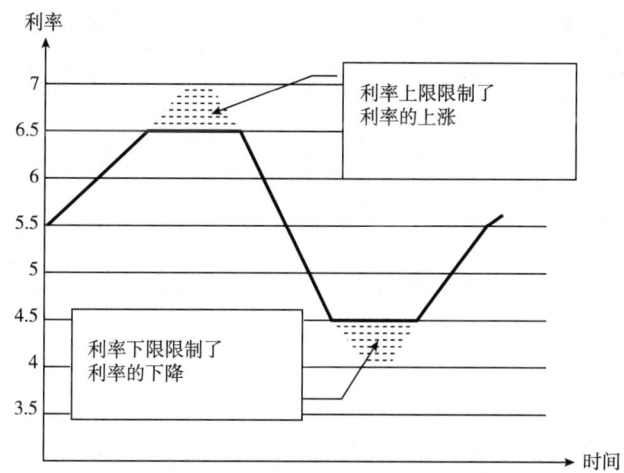

图 3-31 双限期权是利率上限和利率下限的组合

3.9 奇异期权*

除了标准期权（普通型期权、Plain、Vanillaoptions）以外，市场中还发展出了一系列的非标准奇异期权。这些期权只是在特定情况下的特征改变或经损益调整（改变到期收益）以满足特定需求的标准期权。它们在场外进行交易。其定价模型在本质上与 B-S 公式非常类似，但它们可能没有解析解，并且可能需要运用大量数学技巧。

这一节我们将集中介绍一些奇异期权关键特征。记住这个名单并不是详尽无遗的，并且在市场上每天都会产生新的金融合约以满足买方特殊的需求。在我们的介绍说明中，我们将对路径独立期权和路径依赖期权两类衍生产品加以区别。

3.9.1 路径独立期权*

路径独立期权，例如普通看涨期权（看跌期权），给予持有者在到期时得到收益的权利，其收益仅是到期时标的资产状态的函数。标的资产的不同轨迹可能产生相同的终值点，但不同的轨迹与此类期权的到期收益是无关的，因此它们被叫作路径独立期权。让我们以一个看涨期权为例：该期权基于标的

资产 S_t，其期限为 T、行权价格为 K。如果 $S_T > K$，该期权到期时的收益为 $S_T - K$，其余状态时为 0。该结果完全独立于股票从现在到 T 时刻的 S_t 所走的轨迹。

3.9.1.1 数值期权：现金或无价值和资产或无价值*

这是一种比较常见的奇异期权类型。有时它们也被称为通吃或全赔期权（All-or-nothing options）、二值期权（Binary options）或者赌注期权（Bet options）。按照交割方式划分，有两种不同类型的数值期权：现金或无价值和资产或无价值。

现金或无价值期权如果在到期时为实值状态，则支付一个固定金额的现金。即：现金或无价值看涨期权在到期时如果股票价格 S_T 高于执行价格 K，则支付固定金额 X。类似地，现金或无价值看跌期权在到期时如果股票价格 S_T 低于执行价格 K，则支付固定金额 X。在两种情况下，现金或无价值期权的执行价格不影响支付的金额，而只决定期权持有者是否会收到固定的支付。

资产或无价值期权类似于现金或无价值期权，只是支付不同。在资产或无价值期权中，期权持有者收到资产 S_T，而不是在现金或无价值期权中的固定金额（见图 3-32、图 3-33）。

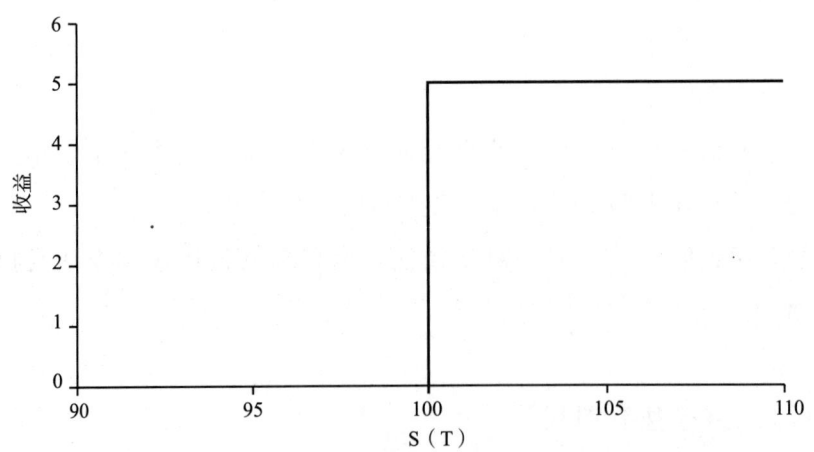

图 3-32 现金或无价值期权（X=5，K=100）的收益

我们注意到，标准的欧式看涨期权等价于资产或无价值看涨期权多头加上到期现金支付等于执行价格的现金或无价值看涨期权空头。类似地，欧式看跌期权等价于资产或无价值看跌期权空头加上到期现金支付等于执行价格的现金或无价值看跌期权多头。

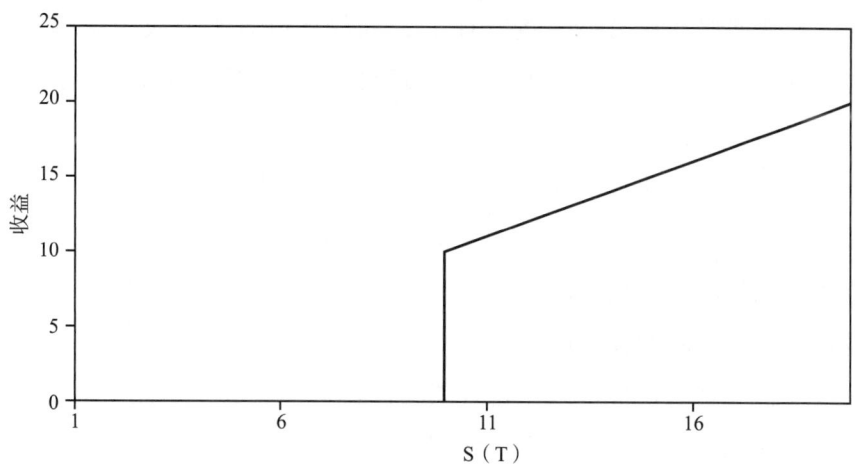

图3-33 资产或无价值期权（K=10）的收益

数值期权（Digital Options）可以很容易地在B-S框架下进行定价。例如，对于事先给定现金支付为X，到期时间为T的现金或无价值欧式期权，我们有：

$$C_t^{digital} = e^{-r\tau}X \cdot N(d_2)$$

$$P_t^{digital} = e^{-r\tau}X \cdot N(-d_2)$$

$$d_2 = d_1 - \sigma\sqrt{\tau} = \frac{\ln\left(\frac{S_t}{K}\right) + \left(r - \frac{1}{2}\sigma^2\right)\tau}{\sigma\sqrt{\tau}}$$

期权的价值等于固定金额的贴现值X乘以期权到期处于实值状态的概率。类似地，资产或无价值欧式期权的价格是：

$$C_t^{aon} = S \cdot N(d_1)$$

$$P_t^{aon} = S \cdot N(-d_1)$$

$$d_1 = \frac{\ln\left(\frac{S_t}{K}\right) + \left(r + \frac{1}{2}\sigma^2\right)\tau}{\sigma\sqrt{\tau}}$$

美式数值期权的公式由Reiner和Rubenstein（1991）给出。

3.9.1.2 复合期权*

复合期权就是期权的期权。在最简单的情形下，复合期权有四种基本形式：看涨期权的看涨期权、看跌期权的看涨期权、看涨期权的看跌期权、看跌期权的看跌期权。在第一个执行日 T_1，期权持有者需要决定执行第一份期权是否值得（取决于执行价格 K_1 和资产现价 S）。这样，在第一个到期日 T_1，有四种可能的支付：

看涨期权的看涨期权：$\max[C(s, T_2 - T_1, K_2) - K_1, 0]$

看跌期权的看涨期权：$\max[P(s, T_2 - T_1, K_2) - K_1, 0]$

看涨期权的看跌期权：$\max[K_1 - C(s, T_2 - T_1, K_2), 0]$

看跌期权的看跌期权：$\max[K_1 - P(s, T_2 - T_1, K_2), 0]$

很多金融工具的定价可以用复合期权进行建模。以下是几个例子：

- **实物期权**：石油租赁合同的持有者有权选择开发油田，而开发油田会创造真正提取石油的选择。因此，石油租赁合同可以看作原油价格的复合期权来进行定价。

- **公司金融**：股票可以看作公司价值的期权。基于运用财务杠杆的公司在公司债之前到期的股票期权可以看作公司价值的复合期权。

Geske (1979) 进行了复合期权定价的研究，并在 B-S 模型的假设条件下得到了解析式。

3.9.1.3 任选期权*

任选期权（Chooser Option）也叫作"随你选（Asyoulikeit）期权或"偏好期权"（Preference Option）。任选期权 CH (t) 赋予持有者在时刻 T_0 选择该到期日为 T、执行价为 K（T 大于 T_0）的合约是看涨期权还是看跌期权的权利。任选期权的标的期权通常都是欧式期权，并且有相同的执行价格，但在更为复杂的任选期权中可能存在不同的执行价格和到期日。

在最简单的情况下，T_0 时刻任选期权的支付为：

$$CH(T_0) = \max[C(S_{T_0}, T - T_0, K_0), P(S_{T_0}, T - T_0, K_0)]$$

因为期权持有者有权选择持有看跌期权或看涨期权，所以他将选择在 T_0 时刻价值最大的那个。为了评估这个合约，我们采用看涨—看跌期权平价公式关系，表述如下：

$$C(S_{T_0}, T - T_0, K_0) - S_{T_0} + Ke^{-r(T-T_0)} = P(S_{T_0}, T - T_0, K_0)$$

将这个表达式代入前面对 T_0 时期的收益的定义，得到：

$$CH(T_0) = \max[C(S_{T_0}, T - T_0, K_0), C(S_{T_0}, T - T_0, K_0) - S_{T_0} + Ke^{-r(T-T_0)}]$$

因此，在 T_0 时期期权持有者将确定持有看涨期权，以及金额为 $Ke^{-r(T-T_0)} - S_{T_0}$ 的收益，如果这个数值为正的话。从而我们得到：

$$CH(T_0) = C(S_{T_0}, T - T_0, K_0) + \max(Ke^{-r(T-T_0)} - S_{T_0}, 0)]$$

注意，收益 $\max(Ke^{-r(T-T_0)} - S_{T_0}, 0)$ 实际上是行权价格为 $Ke^{-r(T-T_0)}$、期限等于 T_0 的看跌期权的收益。因此任选期权的价格等于一个资产组合的价值，该资产组合由一个期限为 T、行权价格为 K 的看涨期权多头与一个期限为 T_0、行权价格为 $Ke^{-r(T-T_0)}$ 的看跌期权多头组成。

Rubenstein[1]（1991）给出了任选期权定价的解析式，包括卖出和买入选择的执行价格和到期日不同的情况。

3.9.1.4 交换期权*

交换期权是这样一种合约：它给予持有者在到期日 T 用一种资产交换另一种资产的权利。因此这种期权是资产 1 的价格 $S_{1,t}$ 和资产 2 的价格 $S_{2,t}$ 两个随机变量价值变化的函数。到期时用 $S_{1,t}$ 换 $S_{2,t}$ 的收益为：

$$收益_\tau = \max(S_{2,t} - S_{1,t}, 0)$$

Margrabe（1978）提出了这种合约的定价公式，表示为：

$$EX_t = S_{2,t} N(d_1) - S_{1,t} N(d_2)$$

其中：

$$d_1 = \frac{\ln\left(\frac{S_{2,t}}{S_{1,t}}\right) + \frac{1}{2}\sigma^2(T-t)}{\sigma\sqrt{T-t}}$$

$$d_2 = d_1 - \sigma\sqrt{T-t}$$

这个公式与欧式看涨期权的定价公式非常相似。实际上，资产 1 换资产 2 的期权与比例为 $\frac{S_{2,t}}{S_{1,t}}$、行权价格等于 1、利率等于 0 的欧式看涨期权 S_1 类似。在上述定价方程中：

$$\sigma^2 = \sigma_2^2 - 2\sigma_1\sigma_2\rho_{1,2} + \sigma_1^2$$

其中，σ_1——资产 1 的标准差；σ_2——资产 2 的标准差；$\rho_{1,2}$——资产 1

---

[1] 参见 Rubinstein, Mark (1991), "Options for the undecided", Risk, 4 (4), 43.

与资产 2 之间的相关系数。

3.9.2 路径依赖期权*

路径依赖期权给予持有者到期时获得收益的权利，而且收益是到期时标的资产的状态，以及资产从现在至到期的路径的函数。两个路径可能产生相同的终值点，但是他们能达到的最大、最小或平均价值可能不同。这种特点就很典型地意味着路径产生不同的支付模式。

3.9.2.1 障碍期权*（Barrier Options）

障碍期权是类似于标准期权的金融合约，只是执行的权利取决于标的资产价值是否跨越或达到某一给定的障碍水平。跨越时间可以是离散的，也可以是连续的。

在现实中，障碍期权可能在期初无价值，而只有当事先确定的敲入（Knock-in）障碍价格被突破时才被激活。或者，它们在期初是活跃的，而在敲出（Knock-out）障碍价格被突破时变得无效。因此，有四种障碍期权类型：

• 向上敲出：最初，现价低于障碍水平，当现价上升至障碍水平时触发敲出事件。

• 向下敲出：最初，现价高于障碍水平，当现价下降至障碍水平时期权变为无效合约。

• 向上敲入：最初，现价低于障碍水平，当现价上升至障碍水平时期权被激发。

• 向下敲入：最初，现价高于障碍水平，当现价下降至障碍水平时期权被激发。

在图 3-34 中，我们画出了股票价格随着时间变动的两个可能路径。如果我们以敲入看涨期权为例，按照路径 1，达到触发条件从而收益为 $S_T - K$。标记为 2 的路径得到的收益为 0（即使股票价值的终值高于路径 1 表示的股票价值），因为没有达到激活价格 B。

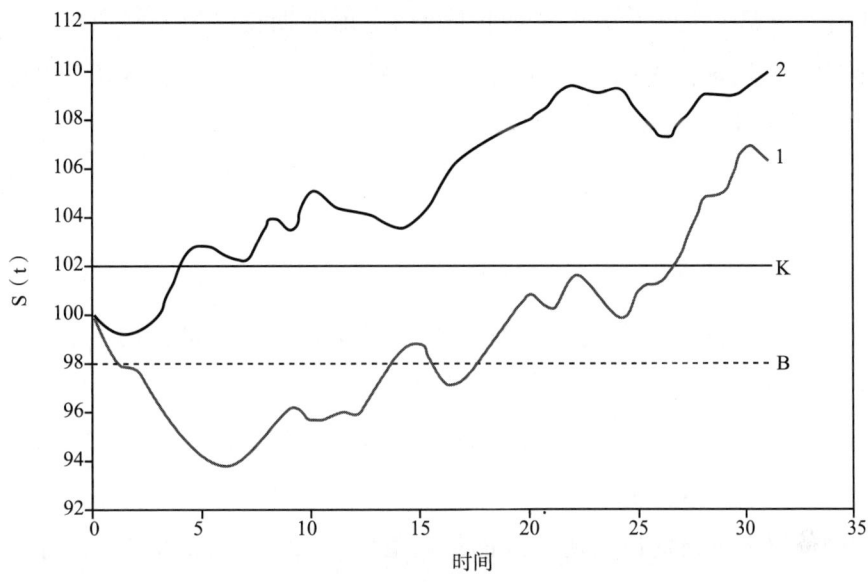

图 3-34 障碍期权：标的资产价格变化的两个可能路径

在 B-S 公式中，这些合约的价格存在解析解，但是它们的衍生产品定价相当棘手，超出了这部分陈述内容的范围①。

3.9.2.2 亚式期权*

亚式期权是场外交易的最普遍的非大众型期权之一。亚式期权是标的变量为标的资产在一段时间内的价格平均值的期权。平均值可以是算术平均值或几何平均值，并且平均价格可以基于离散样本或连续样本。

亚式期权倾向于比大众型期权便宜很多，因为标的资产（平均值）波动性较低，并且对接近到期日的人为操纵敏感性较低。亚式期权的标的资产通常为交易量较小的货币和商品。亚式期权最早出现于 1987 年，当时信孚银行东京办事处将其用于原油的平均期权定价，因此得名"亚式"期权。

我们用 S_A 表示标的资产在事先给定的期间内的平均价格，用 S_T 表示标的资产在到期时的价格，用 K 表示执行价格。亚式期权的支付函数为：

- 对于平均价格亚式期权：$V = \max[\delta(S_A - K), 0]$
- 对于平均执行价亚式期权：$V = \max[\delta(S_T - S_A), 0]$

---

① 感兴趣的读者可以查看 t M. Musiela, M. Rutkowski, Martingales Methods in Financial Modelling, Springer Verlag, 1997 或者 P. Wilmott, Derivatives, John Wiley, 1998.

其中，δ是二元变量，看涨期权取为 1，看跌期权取为 -1。

亚式期权用数值近似技术定价，因为对于这些类型的合约不可能获得解析公式（除了采用几何平均的期权）。

3.9.2.3 回望期权*

回望期权的收益为在事先确定的时期内标的资产价值的最大和/或最小值的函数。资产价格的最大或最小值可以在连续时间下衡量，而更普遍的情况是在离散时间下衡量。

固定执行价回望期权（Fixed Strike Lookback Option）的执行价格 K 是事前确定的。它在执行时基于标的资产在期权存续期内所达到的"最优"值。在看涨期权的情况下，最优值是所达到的最大值 S_{max}，因此看涨期权的支付等于：

$$收益_T = \max(S_{max} - K, 0)$$

在看跌期权的情况下，最优值是所达到的最小值 S_{min}，因此看跌期权的支付等于：

$$收益_T = \max(K - S_{min}, 0)$$

这些期权必须用现金结算。

浮动执行价格回望期权（Floating Strike Lookback Option）在结算时将标的资产在期权存续期内的"最优"值作为执行价格。在看涨期权的情况下，最优值是所达到的最小值 S_{min}，所以看涨期权的支付等于：

$$收益_T = \max(S_T - S_{min}, 0) = S_T - S_{min}$$

在看跌期权的情况下，最优值是所达到的最大值 S_{max}，因此看跌期权的支付等于：

$$收益_T = \max(S_{max} - S_T, 0) = S_{max} - S_T$$

回望期权定价的推导是相当复杂和冗长的，有兴趣的读者可以参考一些障碍期权中引用的参考书目。

3.9.2.4 其他期权*

还有一些其他类型的合约，它们或是在前面所述的合约基础上增加了一些特征，或是综合了其他奇异期权的特点。以下是几个例子：

- 巴黎期权（Parisian Options）赋予持有者以固定价格（执行价）买入

（看涨期权）或卖出（看跌期权）股票的权利，条件是股票价格在到期前的一定时间（期权窗口期）内低于（或高于）某个水平（障碍）。

- 百慕大期权（Bermudian Options）只能在事先规定的日期执行，通常是每个月的那几天。
- 俄罗斯期权（Russian Options）是永续回望期权，通常按美式期权或百慕大期权的方式执行。
- 以色列期权（Israeli Options）给予期权卖方以提前撤销期权的权利——成本是向期权持有者支付一笔金额，同时该期权保留了期权持有者可以提前执行期权的特征。

3.9.3 运用数值方法对奇异期权定价*

当考虑到结合多种上面提到的特征的期权合约时，通常不可能获得解析解。然而，可以运用数值法来求解。我们已经看到了二树模型，它可以被看作是数值方法的一个特例。我们现在来介绍另一种极为有效的技术，叫作蒙特卡洛模拟法。

假设我们想对巴黎式期权与亚式期权的结合进行定价。也就是这样一份合约，它将支付 $\max(S_A - K, 0)$，其中 S_A 是 0 时和到期时刻 T 之间资产的平均值，K 是执行价格，但发生支付的前提条件是标的资产价格低于给定的水平 B 持续至少 s 时间。

对于风险中性投资者，我们知道期权的价值是风险中性概率下收益折现值的期望。即：

$$PAC_0 = e^{-rT} E^Q [\max(S_A - K, 0) | 敲入]$$

其中，敲入意味着标的股票的价格低于障碍水平且持续了足够长的时间。

蒙特卡洛模拟法只表示模拟标的资产价格的上百万种可能的路径和计算每个路径的收益，然后平均所有路径所获得的收益。假设在模拟的第 j 次路径中，标的股票的价格低于障碍水平后经历的最长时间 < s，则期权将不被激活，收益为 0。如果标的资产价格在障碍水平以下的时间足够长，则期权被激活，其支付为 $\max(S_A - K, 0)$。

用 P(j) 表示在模拟 j 中获得的收益，蒙特卡洛近似法得到：

$$PAC_{(0)} \cong e^{-rT} \frac{1}{N} \sum_{j=1}^{N} P(j)$$

假设使用了相当大的模拟次数 N，则近似值收敛于这个奇异期权的真实价值。蒙特卡洛方法的优点在于它非常通用，任何类型的期权回报都可以用蒙特卡洛方法来定价。当然了，定价的相关性在很大程度上取决于对标的资产动态过程的假设。如果它不适合，模拟就不现实，价格就不正确。

3.10 附录：二叉树定价模型

二叉树模型初看之下可能仅仅被看成 B-S 公式的简单离散时间形式。它本质上将期权存续期分成很多子期，并假设在每个子期内股价的变动只有两种可能性。所得结果看起来比 B-S 公式更加直观，而且在数学上也更为简单。但在现实中，由于其简单性和通用性，二叉树模型比 B-S 公式更有用。尤其在对美式期权进行定价方面，也可以用于探究期权定价中的一些重要问题（不管是什么模型），比如自融资投资组合复制和风险中性定价。

3.10.1 一期二叉树模型

首先探讨基础的单步二叉树模型。假设一个距离到期日还有一期的股票欧式看涨期权，行权价格为 N，期权的回报函数为 $f(S_1, K)$。我们同时假定在期权有效期内，股票不会支付任何现金红利。

二叉树模型假设标的股票在时间 1 价格 S_1 服从简单的平稳二项过程。在任何时点，价格可能上升至 $u \cdot S$（概率为 q）或者下降至 $d \cdot S$（概率为 $1-q$）。这一简单的设定如图 3-35 所示。

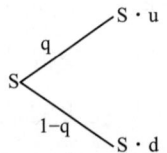

图 3-35 可能的股票价格变动（一期）

这个树形图叫作乘积（Multiplicative）（几何）二项过程，因为上下变动的幅度不是固定的，而是与引出两个分支的节点处的股价成固定的比例。

请注意，为了防止模型中的套利行为，有必要使 u 和 d 以某种方式与利率相关联。设 R 为该期间的总无风险利率，R = 1 + r。那么，我们需要假设 u > R > d 来排除套利。事实上，如果不是这样的话，无风险收益是可能的。如果 R > u，那么就可以卖出股票，并将该金额投资于无风险资产。在所有的情况下，股票价格的增长都低于无风险利率，而投资者可以随时偿还其经纪人，并将差额收入囊中。如果 d > R，情况则相反。人们可以以无风险利率借贷来购买股票。在所有情况下，股票的增长都会超过无风险利率，而投资者总是可以用股票所得来偿还他的无风险贷款。

现在让我们再来看看二叉树。与股票一样，期权的回报也是一个随机变量。但是，如果到期时的股票价格是已知的，那么期权的回报也是已知的，因为它是定义期权回报的唯一随机变量。Op_u 表示期末股权价格上升到 $S \cdot u$ 时期权的回报，Op_d 表示期末股票价格下跌到 Sd 时期权的回报。

$$Op_u = f(s \cdot u; K)$$
$$Op_d = f(s \cdot d; K)$$

到期时，根据无套利原理，期权价值等于期权回报。Op 为该股票期权的当前价值，它是未知的，正是必须要确定的。因此，以与股票相同原理来使用树图，如图 3-36 所示。

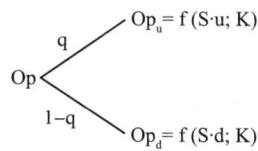

图 3-36 期权价格的可能变动（一期）

有几种方法可以得出期权的当前价值 Op，它们都是等价的。第一种和第二种方法的优势在于直观，但最后一种方法是迄今为止在实践中最方便的。

德尔塔套期保值方法

考虑德尔塔套期保值策略，即卖出一份期权，并购买 Δ 单位的标的资产①。这一投资组合的价值如表 3-33 所示。

---

① 我们假设 Δ 可以为分数，即我们可以购买分数股股票。

表 3-33　套期保值投资组合的价值

	投资组合价值 t = 0	投资组合价值 t = 1	
		$S_1 = S \cdot u$	$S_1 = S \cdot d$
卖出一个期权	$-Op$	$-Op_u$	$-Op_d$
买入 Δ 股股票	$\Delta \cdot S$	$\Delta \cdot S \cdot u$	$\Delta \cdot S \cdot d$
总计	$-Op + \Delta \cdot S$	$-Op_u + \Delta \cdot S \cdot u$	$-Op_d + \Delta \cdot S \cdot d$

使用二叉树，我们把投资组合的价值表示为（见图 3-37）：

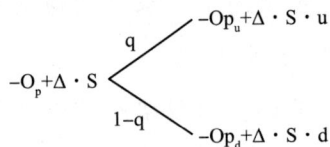

图 3-37　投资组合可能的价值变动（一期）

可以选择一个 Δ 使得总的投资组合是无风险的，即不论股价如何变动，投资组合的价值相同。

$$-Op_u + \Delta \cdot u \cdot S = -Op_d + \Delta \cdot d \cdot S$$

求解方程的未知数 Δ：

$$\Delta = \frac{Op_u - Op_d}{S \cdot u - S \cdot d}$$

这给出了 Δ 的直观解释。它表示期权价值相对于股票价值的变动额，或是当股价变动一定幅度时，期权的价值变动额。

持有该组合的投资者将不承担风险，因为该组合的终值确定已知。根据无套利原理，不论第一期的情况如何，投资者应该期望在该期间内赚取无风险利率：

$$-Op + \Delta \cdot S = \frac{-Op_u + \Delta \cdot d \cdot S}{R} = \frac{-Op_d + \Delta \cdot d \cdot S}{R}$$

代入 Δ 的表达式，得到：

$$Op = \frac{\dfrac{Op_u - Op_d}{S \cdot (u-d)} \cdot R \cdot S + Op_d - \dfrac{Op_u - Op_d}{S \cdot (u-d)} \cdot d \cdot S}{R}$$

$$= \frac{\dfrac{Op_u - Op_d}{(u-d)} \cdot R + Op_d - \dfrac{Op_u - Op_d}{(u-d)} \cdot d}{R}$$

即：
$$Op = \frac{Op_u \cdot \frac{R-d}{u-d} + Op_d \cdot \frac{u-R}{u-d}}{R}$$

这就是对距离到期日只有一期的欧式期权的定价公式。这个公式的优点是它的普适性，任何参数和任何期权的回报 $f(S_1, K)$ 都满足这个方程。这一公式还可以进一步简化，如果我们定义：

$$\Pi = \frac{R-d}{u-d}$$

然后得到：
$$D = \frac{Op_u \cdot \Pi + Op_d \cdot (1-\Pi)}{R}$$

这为我们提供了一个简单的期权定价公式。我们后面会讨论如何解释 Π 和 $1 - \Pi$。

复制投资组合方法

德尔塔套期保值的思想是运用股票和期权的特定组合构造无风险资产。或者也可以将无风险资产和标的资产进行组合以复制期权。这类组合被称为合成期权。我们将对这种方法进行简单的探讨。

为了确定合成期权应购买的股数（Δ）和无风险资产的初始投资额（B），需要联立以下两个公式：

$$\Delta \cdot S \cdot u + B \cdot R = Op_u$$
$$\Delta \cdot S \cdot d + B \cdot R = Op_d$$

进而得到：
$$\Delta = \frac{Op_u - Op_d}{S \cdot u - S \cdot d}$$

和
$$B = \frac{1}{R} \cdot \left[\frac{u \cdot Op_d - d \cdot Op_u}{u-d} \right]$$

因此，合成期权的成本是 Δ 单位股票和金额为 B 的无风险债券投资所构成的资产组合的成本。经过简化后，得到同样的表达式：

$$D = \frac{Op_u \cdot \Pi + Op_d \cdot (1-\Pi)}{R}$$

风险中性概率

对上述公式的直观理解是：期权的价值是到期时期权在上涨状态下的 Op_u

和下跌状态下的 Op_d 的加权平均现值。因此，直觉上可以将该公式中的 Ⅱ 和 $(1-Ⅱ)$ 理解为概率。然而，注意到股票价格变动的原始概率 q 和 $(1-q)$ 并没有被用于期权价值的计算公式。因此，期权价格与股票期望总收益是独立的。这是因为期权可以被合成复制，所以期权的价格与投资者的偏好和市场观点无关。

为了解释 Ⅱ，设想所有个体对不同风险的态度无差异——风险中性世界。在这种情形下，所有个体都同意在为风险资产定价时，只需将其未来价值按照无风险利率进行贴现[①]。因为公式中的看涨期权价值是当 Ⅱ 解释为股价上涨概率时的期望现值，所以 Ⅱ 通常被解释为风险中性概率，而这种衍生产品的定价方法被称为风险中性定价。这是我们在所有可以被合成复制的衍生证券定价中所运用的简单原则。

最后，可以证明，在风险中性世界中，股票的期望收益率也等于无风险收益率：

$$\Pi \cdot S \cdot u + (1-\Pi) \cdot S \cdot d = \frac{(R-d) \cdot S \cdot u}{u-d} + \frac{(u-R) \cdot S \cdot d}{u-d}$$

方程右边消去相同的项，两边同时除以 R 得：

$$\frac{\Pi \cdot S \cdot u + (1-\Pi) \cdot S \cdot d}{R} = S \cdot \frac{\frac{R \cdot u}{u-d} - \frac{R \cdot d}{u-d}}{R} = S$$

进而得到结论：在风险中性世界，每项资产都得到无风险收益率。在风险中性情形下，这对任何（交易的）金融资产都适用。

看涨期权

对于看涨期权，回报函数成为：

$$f(S_1;K) = \max(S_1 - K, 0)$$

一期二叉树可以表示如下：

```
              C_u = max(S·u-K, 0)
          q ╱
         ╱
    C ─
         ╲
          1-q ╲
              P_d = max(S·d-K, 0)
```

[①] 由于投资者是风险中性的，因此他们在贴现时不需要风险溢价。

Op_u 和 Op_d 分别用上涨状态的回报 C_u 和下跌状态的回报 C_d 代替可以得到 0 时刻看涨期权的价格。

【例 3 - 39】假设股票价格和行权价格均为 100 瑞士法郎，$u = 1.2$，$d = 0.8$，看涨期权的价值为 6.89 瑞士法郎。在上涨的状态，股价将为 120 瑞士法郎，导致期权到期时的价值为 Max（120 - 100，0）= 20 瑞士法郎，在下跌的状态，股价将为 80 瑞士法郎，期权到期时没有价值，由此，我们可以计算 A 为 20/40 = 0.5。从而，按 6.89 瑞士法郎的价格卖出的看涨期权空头与 0.5 份股票多头组成的资产组合在期末股价无论是上涨还是下跌状态时，都具有相同的现金流：-20 + 0.5 × 120 = 40 瑞士法郎和 0 + 0.5 × 80 = 40 瑞士法郎。

看跌期权

对于看跌期权，回报函数成为：

$$f(S_1;K) = \max(K - S_1, 0)$$

一期二叉树可以表示如下：

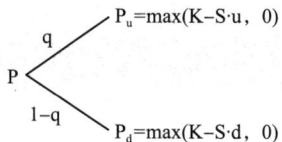

Op_u 和 Op_d 分别用上涨状态的回报 P_u 和下跌状态的回报 P_d 代替可以得到 0 时刻看跌期权的价格。

3.10.2 多期二叉树模型

将一期二叉树模型扩展到距离到期日二期的看涨期权。按照相同的二叉树分析过程，股票在二期后将呈现三个可能的价值（见图 3 - 38）。

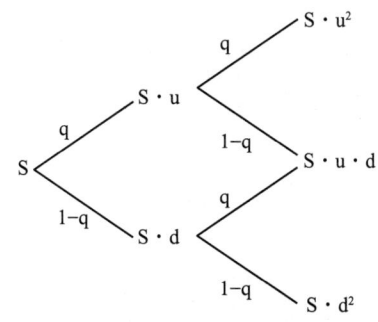

图 3 - 38 股票价格的可能变动（二期）

由于 u 和 d 是常数，二叉树有很多节点是重合的。换句话说，$S_{ud} = S_{du}$。这是一个非常重要的性质，因为这使得树形图在第 N 步仅有（N+1）个终值。如果选择 u=1/d，则得到的树形图将会是中心化的——向上一步再向下一步最终使标的资产价格回到起点。这对股票和期权都成立（见图 3-39）。

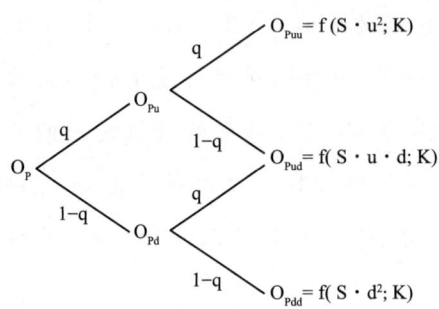

图 3-39 期权价格的可能变动（2 期）

其中，Op_{uu}——如果股票价值增加两次的期权的价值；Op_{dd}——如果股票价值降低两次的期权的价值；Op_{ud}——如果股票价值下降一次，又增加一次的期权的价值。

我们的想法是以倒退的方式进行，将整棵树分成一系列的单期模型。上面给出的每个终端节点的期权回报都是已知的。到期前的一个时期，即第一时期，只有两种可能的节点：向上或向下。在向上的节点Op_u，股票的价值是$S \cdot u$。鉴于我们处于这个节点，在下一阶段只有两个可用的节点：要么股票价格再次上涨，意味着期权的价值为Op_{uu}，或者它下跌，在这种情况下期权的价值是Op_{ud}。因此，它可以被看作是一个单期二项式模型，节点Op_u为起始节点。使用之前的方程，就可以得到：

$$Op_u = \frac{Op_{uu} \cdot \Pi + Op_{ud} \cdot (1-\Pi)}{R}$$

类似地，在下降的节点Op_d，可以得到：

$$Op_d = \frac{Op_{du} \cdot \Pi + Op_{dd} \cdot (1-\Pi)}{R}$$

只剩下初始节点，在开始时 Op 的期权值很容易确定，方法是使用上述两个值以完全相同的方式进行。

$$Op = \frac{Op_u \cdot \Pi + Op_d \cdot (1-\Pi)}{R}$$

$$= \frac{\left[\dfrac{Op_{uu} \cdot \Pi + Op_{ud} \cdot (1-\Pi)}{R}\right] \cdot \Pi + \left[\dfrac{Op_{du} \cdot \Pi + Op_{dd} \cdot (1-\Pi)}{R}\right] \cdot (1-\Pi)}{R}$$

经过简单的代数运算，可得：

$$Op = \frac{\Pi^2 \cdot Op_{uu} + 2 \cdot \Pi \cdot (1-\Pi) \cdot Op_{du} + (1-\Pi)^2 \cdot Op_{dd}}{R^2}$$

对于三期的二项式模型，其方法是相同的，如下例所示。

【例 3-40】对于某股票，初始股价为 s=100 瑞士法郎。每一期，股价可能上涨到 1.1S（概率为 q），也可能下跌至 S/1.1（概率为 1-q）。以三期的情况为例，每期的无风险利率均为 5%，如图 3-40 所示。

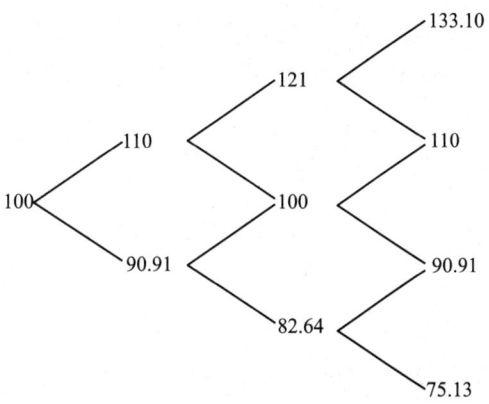

图 3-40 股票价格的可能变动（3 期）

现在，考虑这只股票的欧式看涨期权，该期权在三期后到期。看涨期权价值的二叉树如图 3-41 所示。

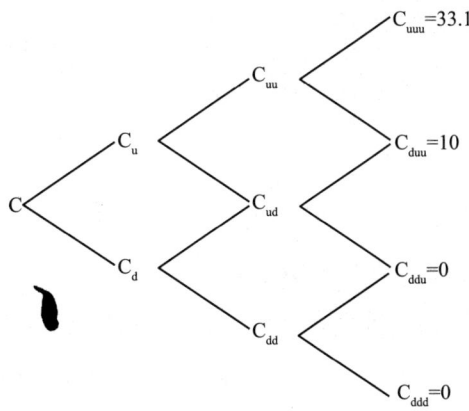

图 3-41 期权价格的可能变动（3 期）

当股票价格高时,看涨期权价值更大,单期风险中性概率是:

$$\Pi = \frac{R-d}{u-d} = \frac{1.05 - \frac{1}{1.1}}{1.1 - \frac{1}{1.1}} = 0.738095$$

由于我们知道终端节点的期权价值,我们可以向后看,确定上一期的看涨期权价格:

$$C_{uu} = \frac{0.73895 \times 33.10 + 0.261905 \times 10}{1.05} = 25.761905$$

$$C_{du} = \frac{0.73895 \times 10 + 0.261905 \times 0}{1.05} = 7.029478$$

$$C_{dd} = 0$$

重复同样的过程,可得:

$$C_u = \frac{0.73895 \times 25.761905 + 0.261905 \times 7.029478}{1.05} = 19.862660$$

$$C_d = \frac{0.73895 \times 7.029478 + 0.261905 \times 0}{1.05} = 4.941356$$

最后得到 $t=0$ 时看涨期权的价值:

$$C = \frac{0.73895 \times 19.862660 + 0.261905 \times 4.941356}{1.05} = 15.194952$$

人们可以注意到,最后一个方程看起来像一个期望值。更确切地说,它是使用风险中性概率的预期最终的期权回报,按相应的无风险利率折现。它是根据股票价格所服从的二项分布来计算的。可以看出,任何到期日 n、回报 $f(S_n;K)$ 的期权的一般估值公式为:

$$Op = \frac{\sum_{j=0}^{n} \frac{n!}{j! \cdot (n-j)!} \cdot \Pi^j \cdot (1-\Pi)^{n-j} \cdot f(u^j \cdot d^{n-j} \cdot S;K)}{R^n}$$

其中,$n! = n \cdot (n-1) \cdot (n-2) \cdots 2 \cdot 1$。如果股价上涨 j 个时期,下跌 (n-j) 个时期,则期权到期时的股票价格为 $(u^j \cdot d^{n-j} \cdot S)$。从而,$f(u^j \cdot d^{n-j} \cdot S; K)$ 就是到期时的期权回报。表达式 $\Pi^j \cdot (1-\Pi)^{n-j}$ 是观察到上涨 j 个时期而下跌 (n-j) 个时期的概率。表达式为在 n 期内有 j 期上涨的可能组合的数量,因为多种股价变动顺序可能最终得到相同的股价终值。

3.10.2.1 看涨期权

已知对于看涨期权的回报 $f(S_n;K) = \max(S_n - K, 0)$，上面的表达式可以被进一步推演。让我们将数字 a 定义为：在未来的 n 时期内，股票必须出现的最小的、保证看涨期权到期为实值期权而上涨的次数。因此，a 是一个整数，必须满足：

$$u^a \cdot d^{n-a} \cdot S > K$$

求解关于 a 的不等式可得：

$$a > \frac{\ln\left(\frac{K}{S \cdot d^n}\right)}{\ln\left(\frac{u}{d}\right)}$$

于是 a 是使得看涨期权回报不为 0 的、大于 $\frac{\ln\left(\frac{K}{S \cdot d^n}\right)}{\ln\left(\frac{u}{d}\right)}$ 的最小的非负整数。

对于任意小于 a 的次数 j，到期时看涨期权的回报为 $\max(u^j \cdot d^{n-j} \cdot S - K, 0) = 0$。对于任意大于 a 的次数 j，到期时看涨期权的回报为 $\max(u^j \cdot d^{n-j} \cdot S - K, 0) = u^j \cdot d^{n-j} \cdot S - K$。使用 a，我们可以不使用最大值，期权的定价公式为：

$$C = \frac{\sum_{j=a}^{n} \frac{n!}{j! \cdot (n-j)!} \cdot \Pi^j \cdot (1-\Pi)^{n-j} \cdot (u^j \cdot d^{n-j} \cdot S - K)}{R^n}$$

将上式分成两项可得：

$$C = S \cdot \sum_{j=a}^{n} \frac{n!}{j! \cdot (n-j)!} \cdot \Pi^j \cdot (1-\Pi)^{n-j} \cdot \frac{u^j \cdot d^{n-j}}{R^n}$$
$$- \sum_{j=a}^{n} \frac{n!}{j! \cdot (n-j)!} \cdot \Pi^j \cdot (1-\Pi)^{n-j} \cdot \frac{K}{R^n}$$

后一项是互补的二项分布函数 $\Phi^c()$。让我们把 X 表示为随机变量，代表在所考虑的时间步数 n 中的向上移动的数量。

对于介于 0 和 n 之间的任何数字 x 和任何概率 p（介于 0 和 1 之间），我们有：

$$\Phi^C(x,n,p) = P(X > x) = \sum_{j=x+1}^{n} \frac{n!}{j! \cdot (n-j)!} \cdot p^j \cdot (1-p)^{n-j}$$

于是，最后一项可以写作 $\Phi^C(a-1,n,\Pi)$，第一项是互补的分布 $\Phi^C(a-1,n,\Pi')$，修正概率 $\Pi' = \frac{u}{R} \cdot \Pi$。那么，看涨期权的二项式方法可以总结为：

$$C = S \cdot \Phi^C(a-1,n,\Pi') - \frac{K}{R^n} \cdot \Phi^C(a-1,n,\Pi)$$

这个公式和看涨期权的 B-S 公式很相似。

3.10.2.2 看跌期权

已知对于看跌期权的回报 $f(S_n;K) = \max(K-S_n,0)$，上面的表达式可以被进一步推演。和看涨期权一样，我们只考虑使得期权到期时处于实值状态时股票价格的模式。先前把 a 定义成使得看涨期权变成实值时股票价格必须上涨的次数。让我们将数字 b 定义为：在未来的 n 时期内，股票必须出现的最小的、保证看跌期权到期为实值期权而上涨的次数。因此，b 是一个整数，必须满足：

$$u^b \cdot d^{n-b} \cdot S < K$$

求解关于 a 的不等式可得：

$$b < \frac{\ln\left(\frac{K}{S \cdot d^n}\right)}{\ln\left(\frac{u}{d}\right)}$$

和前面一样，于是 b 是使得看跌期权回报不为 0 的、小于 $\frac{\ln\left(\frac{K}{S \cdot d^n}\right)}{\ln\left(\frac{u}{d}\right)}$ 的最大的非负整数。对于任意大于 b 的次数 j，到期时看涨期权的回报为 $\max(K - u^j \cdot d^{n-j} \cdot S, 0) = 0$。对于任意小于 b 的次数 j，到期时看涨期权的回报为 $\max(K - u^j \cdot d^{n-j} \cdot S - K, 0) = K - u^j \cdot d^{n-j} \cdot S - K$。使用 a，我们可以不使用最大值，期权的定价公式为：

$$P = \frac{\sum_{j=0}^{b} \frac{n!}{j! \cdot (n-j)!} \cdot \Pi^j \cdot (1-\Pi)^{n-j} \cdot (K - u^j \cdot d^{n-j} \cdot S)}{R^n}$$

重新整理可得：

$$P = \sum_{j=0}^{b} \frac{n!}{j! \cdot (n-j)!} \cdot \Pi^j \cdot (1-\Pi)^{n-j} \cdot \frac{K}{R^n} - S \cdot$$

$$\sum_{j=0}^{b} \frac{n!}{j! \cdot (n-j)!} \cdot \Pi^j \cdot (1-\Pi)^{n-j} \cdot \frac{u^j \cdot d^{n-j}}{R^n}$$

第一项可以写作累积二项分布函数 $\Phi(\cdot)$ [①]。使用和上面相同的符号，我们有：

$$\Phi(x,n,p) = P(X \leqslant x) = \sum_{j=0}^{x} \frac{n!}{j! \cdot (n-j)!} \cdot p^j \cdot (1-p)^{n-j}$$

于是，第一项可以写作 $\Phi(b,n,\Pi)$，第二项也是累积二项分布 $\Phi(b,n,\Pi')$，修正概率 $\Pi' = \frac{u}{R} \cdot \Pi$。那么，看跌期权的二项式方法可以总结为：

$$P = \frac{K}{R^n} \cdot \Phi(b,n,\Pi) - S \cdot \Phi(b,n,\Pi')$$

这个公式和看跌期权的 B-S 公式很相似。使用期权的看跌—看涨平价关系也可以推导出这个公式。

3.10.3 美式看涨期权和看跌期权

前面提到，美式期权可以在到期日之前的任何时刻执行。正如我们在第 4 节中看到的，对于不支付股利的股票看涨期权，美式看涨期权将不会提前行权，进而美式看涨期权的价值与等价的欧式看涨期权价值相同。

然而，对于支付红利的股票看涨期权和大部分看跌期权，一般而言，提前行权可能是最优的。提前行权的可能性加大了二叉树模型的复杂度（一般而言，也会使得期权定价更为复杂）。除了需要估计到期时的行权价值，然后向后递归，还必须在每一期进行检查，比较期权执行是否比不执行划算，期权价格必须取这两个价值中较大的一个。

因此，在二叉树的每一个节点，期权价值应该为：

$$Op_t = \max(Op_{dead}, Op_{alive}) = \max\left[f(S_n;K), \frac{\Pi \cdot Op_u + (1-\Pi) \cdot Op_d}{R}\right]$$

[①] 注：$\Phi(x) + \Phi^C(x) = 0$。

举例说明如下①。

【例3-41】某股票当前的股价为 S = 100 瑞士法郎，行权价格 K = 100 瑞士法郎；在下一期，股票价格可能是 1.1×S = 110 瑞士法郎，也可能是 0.95×S = 95 瑞士法郎；两期后，股票价格可能为 1.1×1.1×S = 121 瑞士法郎或 0.95×1.1×S = 104.5 瑞士法郎，或 0.95×0.95×S = 90.25 瑞士法郎，无风险收益率每期为 5%。股票价格的动态变化过程如图 3-42 所示。

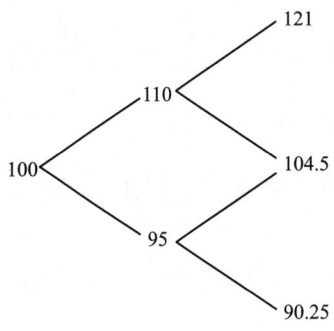

图 3-42　股票价格的动态变化

现在，考虑一只执行价格 K = 100 瑞士法郎的该股票的两期欧式看跌期权。到期时，如果股票价格上涨到 121 瑞士法郎或 104.5 瑞士法郎，看跌期权的价值是 0；如果股票价格下降到 90.25 瑞士法郎，看跌期权价值是 9.75 瑞士法郎。使用二叉树定价模型，欧式期权价格的动态变化如图 3-43 所示。

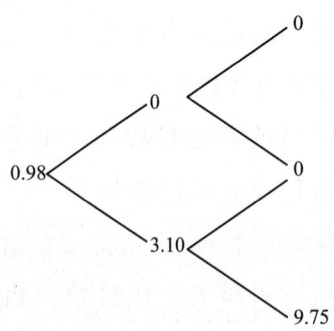

图 3-43　欧式期权价格动态变化

考虑有一个以同一个股票为标的的两期美式看跌期权。两个期权具有相

---

① 我们已经选择了美式看跌期权的情况，因为已经阐明了这些类型的期权提前执行的可能性，即使是没有任何红利支付的情况。方法将仍然与支付红利的股票的美式看涨期权相同。

同的到期，但是在到期前的一个时期，美式期权可能不同于对应的欧式期权。在上涨的状态，看跌期权的价值为0。但是在下跌的状态，如果执行期权则看跌期权的价值为5瑞士法郎，而继续持有，其价值仅为3.10瑞士法郎。因此提前执行看跌期权更有利（见图3-44）。

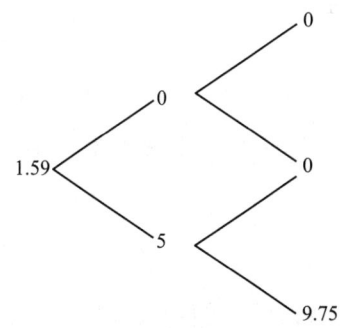

图3-44 美式看跌期权价格的动态变化

所以，在二叉树中，3.10瑞士法郎被5瑞士法郎替代，并且看跌期权的现值将更高，因为相比欧式看跌期权（0.98瑞士法郎），美式看跌期权为1.59瑞士法郎。

3.10.4 二叉树模型的极限情况

当考虑越来越小的时期时，二叉树期权定价模型会如何变化？在一个很重要的结论中，Cox、Ros和Rubinstein（1979）证明在极限状态下，多期二叉树期权定价模型收敛成B-S期权定价模型。

假定期权在τ时刻到期，n表示从现在（0时刻）到τ之间的时间间隔的数目，该数目要足够大，我们希望得到在n趋于无穷的情况下，上个问题的答案。继续按照二叉树的框架思考，用连续交易取代离散数量的时期交易。已知固定的步骤数目n，我们需要调整参数（1+R）、u和d以反映这样一个事实：每一期可以是一个很小的时间间隔。

（1+R）的调整很简单。我们设（1+R）的τ次方等于单位货币在时刻τ的价值。因此我们定义：

$$\rho^n = R^\tau, 使得, \rho = (1+R)^{\tau/n}$$

因此，ρ 为 1 加上一个长度为 n 的时间间隔内的某种利率。

二叉树模型中其他参数的调整更为烦琐。通过调整二叉树以反映股价的预期年波动率水平可以得到最简单的一个解决方案。我们有[①]：

$$u = e^{\sigma\sqrt{\frac{T}{n}}} \text{ 和 } d = \frac{1}{u}$$

举例说明如下。

【例 3-42】股票价格和行权价格均为 100 瑞士法郎，波动率为 25%，期权距到期还有 9 个月，选用 5 期的二叉树模型。离散利率为每年 6%。首先我们计算 u 和 d：

$$u = e^{\sigma\sqrt{\frac{T}{n}}} = e^{0.25 \cdot \sqrt{\frac{9/12}{5}}} = 1.101667$$

$$d = \frac{1}{u} = \frac{1}{1.101667} = 0.907715$$

然后我们将离散的年利率 6% 转换为适用 0.75 年的利率因子：

$$\rho = (1 + R)^{\frac{T}{n}} = (1 + 0.06)^{\frac{0.75}{5}} = 1.0087$$

我们利用基本的二叉树估值公式，设 n = 5，然后得到如表 3-34 所示的没有红利支付的欧式看涨期权和看跌期权的价值。

表 3-34　　　　没有红利支付的欧式看涨期权和看跌期权的价值

	二叉树模型 n = 5	B-S 模型
看涨期权	11.144	10.745
看跌期权	6.868	6.469

可以看到 5 期的二叉树模型为看涨期权和看跌期权定价的结果与 B-S 模型的结论相比非常接近。

【例 3-43】图 3-45 比较了选用不同步数的二叉树方法得到的期权价格，以及用 B-S 模型确定的看涨和看跌期权价格。很容易看到，二叉树方法得到的期权价值很快趋于连续时间的 B-S 模型得到的结果。参数的值为 S = 100，K = 100，波动率 = 25%，距到期的时间 = 0.75，按连续复利计的利率为 5.827%，n 的范围从 1 到 128。

[①] 证明参见 Cox John and Rubinstein Mark，1985，"Options Markets"，Prentice Hall International，New Jersey.

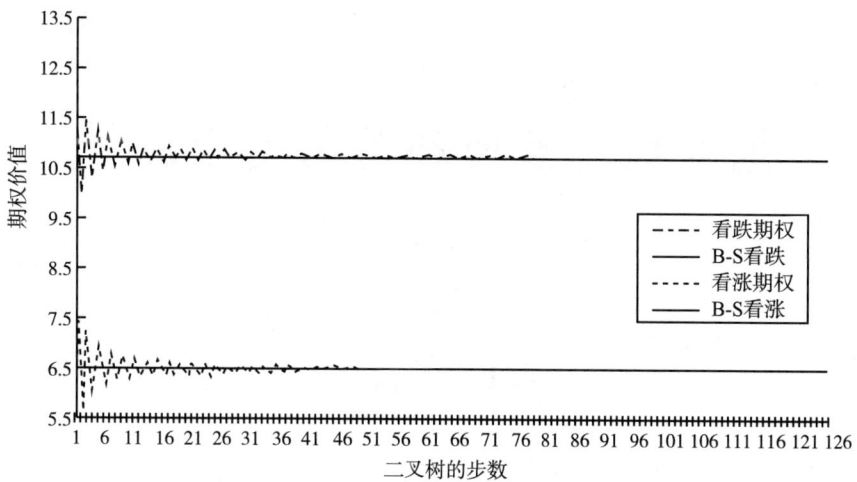

图 3-45　n→∞ 时期权的价格

我们阐述了二叉树方法构建模型来处理期权定价的能力。通过正确的选择参数 u、d 和概率测度，在给定的不同假设下，不同的过程可以收敛到同样的结果。因此二叉树模型既是一个有用的理论方法，又是一个数值化的方法工具。

第 4 章　互换和信用衍生品*

4.1　引言*

在本书的第三部分也是最后一部分，重点将放在互换和信用衍生品上。两者都是金融工具，具有相同的经济功能。它们允许投资者表达他们的观点，或者对冲、减少甚至增加他们的市场风险暴露。然而，它们的标的资产不同。在互换交易中，交易最活跃的工具是利率互换，当涉及普通的互换时，两个交易方交换固定利率和浮动利率。利率互换已被证明是非常强大而有效的工具。这个市场目前的规模充分证明了这个事实。截至 2017 年年底，国际清算银行（BIS）给出的估计为 318 万亿美元的未偿付名义金额。同时，对利率期权和 FRAs 的估计分别为 39 万亿美元和 68 万亿美元。信用衍生品在某种程度上非常明显是对利率互换市场的补充。投资于债务工具的每个人都充分意识到，后者有两个相互关联但又截然不同的风险来源，即利率风险和信用风险。因此，信用衍生品可以自然而然地被加入债务工具的调色板中，它们在 2000 年的快速成功表明市场对它们有需求。然而，在大的金融危机期间，它们遭受了不好的影响。许多人认为这些工具是所有问题的根源。经过积极的标准化进程和一系列的监管措施，它们又重新获得人们的信心。现在看来，信用衍生品显然会继续存在和发展。

4.2　互换*

在所有 20 世纪 80 年代所发生的场外金融创新中，没有一样能与互换市场相比。它在过去 20 年的发展是令人瞩目的。如今，资本市场互换是较为重要的金融衍生工具之一。互换与其他风险管理工具如期货和期权等相互竞争，同时又与它们形成互补。

4.2.1 定义和特征*

互换（Swap）是一种私下的契约性协议，交易双方，即对手方（Counterparts）同意彼此进行一系列的支付，也就是说根据事先约定的规则在事先确定的时间长度内，交换一系列未来的现金流。互换在开始日（Start Date）[价值日（Value Date）]开始生效，并在终止日（Termination Date）[到期日（Maturity Date）]结束。

互换结构如图4-1所示。

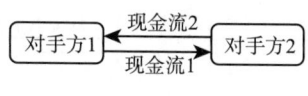

图4-1 互换结构

在互换市场发展的早期阶段，交易通常都是由银行或者投资银行来安排的，它们仅从中获取一定的费用。这意味着合约是直接在交易双方之间签订的。如今，在两个最终客户之间安排互换是一件很困难的事，但通过借助金融中介则能轻易解决这个问题。互换经纪人（Swap Brokers）通过寻找需求相符的交易双方并分别代表一方与另一方进行交涉，达成协议，从而获得佣金。然而，由于在最终的互换合约中并未持有头寸，所以他们并不用承担风险。与之相比，互换交易商（Swap Dealers）和做市商（Market Makers）则愿意在互换交易中成为交易的对手方。假设他们并不想承担相关的风险，那么他们就需要寻找一个相符的交易对手方或者对他们所持有的头寸进行套期保值。互换交易商从互换现金流的收支价差（Pay-receive Spread）[或买卖价差（Bid-ask Spread）] 中获得收益（见图4-2）。

图4-2 引入互换交易商的互换结构

基于以下两个原因，引入互换交易商对交易双方都是有利的：

首先，中介的作用是缩短了达成互换协议的时间。互换交易商随时准备设立互换协议，故交易者可随时设立互换协议；若没有互换交易商，交易双方即使在经纪人的帮助下也可能需要数天才能发现合适的交易对手。

其次，中介可以降低信用评估的成本。利率互换中的每个参与者都可能会破产，而无法履行他们所担负的合约义务。由于交易双方并不是对彼此都很熟悉，每一方都需要在直接交易达成前对对方的信用进行分析，从而承担由此产生的较高的评估成本。

图4-3、图4-4和图4-5分析了典型的互换的现金流，图中描述了最初名义本金的交换（这个交换是选择性的，而并非对所有互换都是必需的），对手双方的定期支付，以及名义本金的换回（这个交换同样也是选择性的，而并非对所有互换都是必需的）。为了简便，我们省略了定期支付中买卖报价的差价。

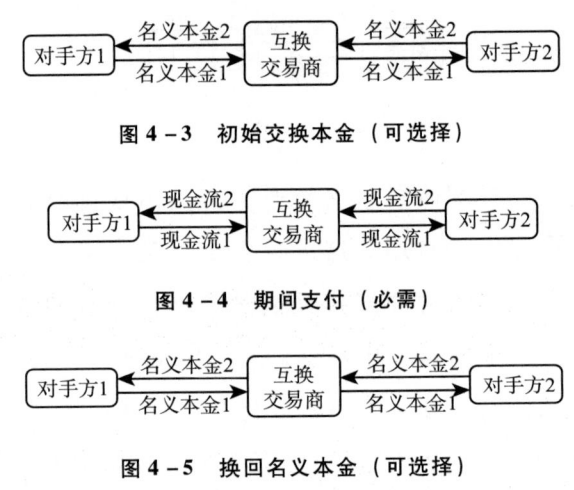

图4-3　初始交换本金（可选择）

图4-4　期间支付（必需）

图4-5　换回名义本金（可选择）

在美国，与其他大多数金融市场相比，利率互换市场较少受到法规约束，也没有集中的交易所和集中的清算机制。即使大部分交易使用国际互换交易商协会（ISDA）或英国银行家协会推荐的协议形式[①]中，但是互换协议的形式由合约双方决定，而无须披露。值得注意的是在互换协议生效时，有具体的协议内容甚至协议的发生都无须披露。迄今为止，缺乏相应的法规，但并没有导致重大问题。

尽管互换市场很少受到法规约束，而个体参与者仍受到相应的法规监管。特别是，美国联邦银行业的监管者将互换包括在风险资本标准内。互换是一

---

① 国际互换交易商协会（ISDA）出版了一本解释互换定义及条款的书，用以帮助互换协议的标准化。

种表外（Off-balance Sheet）交易，也就是说，在资产负债表中它既不出现在资产项下，也不出现在负债项下，但在评估整个金融机构风险敞口时必须考虑互换。

在互换市场主要有三类参与者：最终用户、中介和账户管理人。

- 最终用户（End-user）出于经济或融资原因签订互换协议。如果想获得低成本的融资（负债）或进行高收益的投资（资产），就对他的外汇或利率风险进行套期保值，或者仅仅为了投机。
- 中介（Intermediary）进入互换市场是为了获取手续费。他使互换信用增强，匹配交易双方，并获得以手续费为基础的收益。
- 账户管理人（Bookrunner）进入互换市场是为了赚取交易收益。他把互换视为可交易的证券，报价做市，促进流动性，并可能持有交易头寸。

4.2.1.1 利率互换*

利率互换（Interest Rate Swaps）是交易双方同意按约定的利率和名义本金向对方进行周期性（定期）支付的协议。所以利率互换合约必须有如下详细条款：

- 互换的开始日期。
- 互换的到期时间。
- 将进行交换的利率（固定利率和浮动利率）。
- 现金流支付的频率。
- 涉及的名义本金额（利息将以此为基础进行支付）。

最常见的利率互换是固定利率对浮动利率的互换（Fixed-for-floating Rate），也称为标准利率互换（Plain Vanila Swap）或普通互换（Generic Swap）。在这类互换中，其中一方按照浮动利率支付，而另一方按固定利率支付。现金流的支付往往采取以一年或半年为基础的延后支付。生效日（Efective Date）是指起息的日期，支付日（Payment Date）是指进行利率支付的日期。

运用图 4-6 进行说明。本例中，ABC 公司同意向 XYZ 公司按固定利率支付利息，相应地，XYZ 公司同意向 ABC 公司按浮动利率支付利息[①]。

---

① XYZ 是一个互换交易商。

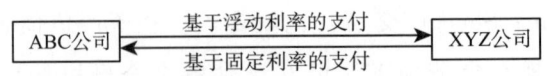

图 4-6 普通利率互换的结构

浮动利率是周期性重置的（Reset），也就是说，它是盯住在某些特定的利率重置日（Reset Date）的即期市场利率［称为参考利率（Reference Rate）］。

市场上有几种参考利率，这些利率来自：

- 交易，诸如联邦基金利率、有担保隔夜融资利率（SOFR）、EONIA 或欧元短期利率（€STR）等。
- 报价，比如欧洲银行间同业拆放利率（Euribor）。
- 交易和报价，比如瑞士平均利率（Swiss Average Rates，SAR）。

请注意，在 2021 年 3 月 5 日，FCA——英国当局——确认在 2021 年 12 月 31 日之后立即停止公布欧元、瑞士法郎、日元和英镑 Libor（以及 1 周和 2 个月期美元），美元的 Libor 将在 2023 年 6 月 30 之后立即停止。

固定利率现金流的支付方（Payer）称为支付方，也可被称为浮动利率现金流的接收方，并且通常被视为互换交易的买方或者多头方。浮动利率现金流的支付方称为接收方，也可被称为固定利率现金流的接收方（Receiver），并且通常被视为互换交易的卖方或者空头方。

两方支付被称为互换交易的两条"腿"或者两端（Sides）。固定利率称为互换的票面利率（Swap Coupon）。支付的现金流的计算是基于假定的货币金额，即名义金额（Notional Amount），或名义本金（Notional Principal），这在利率互换中通常是不进行交换的。

【例 4-1】上年 12 月 28 日，ABC 公司与 XYZ 公司签订互换交易协议。双方同意按照 1 亿瑞士法郎的名义本金，互换从 1 月 1 日到 4 年后的 12 月 31 日（共 5 年）的现金流。XYZ 公司（支付者）将按照 1 亿瑞士法郎的名义本金以 4% 的固定利率每年向 ABC 公司进行支付。ABC 公司（接收方）将根据相同金额的名义本金 1 亿瑞士法郎，依照 6 月期 SARON 的年利率水平的一半，每 6 个月一次向 XYZ 公司支付浮动利息。生效日为 1 月 1 日以及 7 月 1 日，如图 4-7 所示。

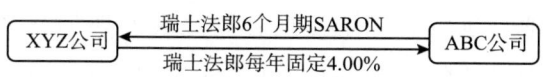

图 4-7　XYZ 公司与 ABC 公司的利率互换

从 ABC 公司的角度。在互换开始的时候，现金流如下①（见表 4-1）。

表 4-1　　　　　　　　　　互换现金流

支付日期	收到的固定利息瑞士法郎	支付浮动利息美元	SARON 设定	SARON
今年 1 月 1 日			今年 1 月 1 日	4.25%
今年 7 月 1 日		-2 125 000	今年 7 月 1 日	?
1 年后的 1 月 1 日	+4 000 000	-6 月期 SARON	1 年后的 1 月 1 日	?
1 年后的 7 月 1 日		-6 月期 SARON	1 年后的 7 月 1 日	?
2 年后的 1 月 1 日	+4 000 000	-6 月期 SARON	2 年后的 1 月 1 日	?
2 年后的 7 月 1 日		-6 月期 SARON	2 年后的 7 月 1 日	?
3 年后的 1 月 1 日	+4 000 000	-6 月期 SARON	3 年后的 1 月 1 日	?
3 年后的 7 月 1 日		-6 月期 SARON	3 年后的 7 月 1 日	?
4 年后的 1 月 1 日	+4 000 000	-6 月期 SARON	4 年后的 1 月 1 日	?
4 年后的 7 月 1 日		-6 月期 SARON	4 年后的 7 月 1 日	?
4 年后的 12 月 31 日	+4 000 000	-6 月期 SARON		

请注意，SARON 是在期初观察的。由于这个原因，初始计算期的浮动利率在交易日就已经知道了，并且通常包含在互换协议中。由于未来的 SARON 利率是未知的，未来要支付的浮动利率现金流也是未知的。如果 SARON 的年利率大于 4%，那么固定付款人将获得利息差。如果 SARON 的年利率小于 4%，那么浮动付款人将获得利息差额。

在实践中，理解适用于互换的天数惯例是非常重要的。固定利率和浮动利率往往不能直接进行比较。例如，浮动部分通常遵循相关货币的货币市场惯例（Act/360 或 Act/365），而固定部分的惯例通常遵循该货币/地区的债券惯例（例如，美国债券的 30/360）。

4.2.1.2　互换报价*

与期权期货不同，利率互换是在场外进行交易的，而非有组织的交易所。

---

① 在此，为了简化，我们没有考虑有效天数，并且假设 SARON 在支付日进行重新设定。

既没有固定的交易地点也没有保证互换合约兑现的票据交换所。因此互换的交易商通常会准备指示性的定价安排（Indicative Pricing Schedules）给他们的资本市场工作人员使用。市场上有集中类型的参考利率，这些指标来自：

- 交易，诸如联邦基金利率、有担保隔夜融资利率（SOFR）、EONIA 或欧元短期利率（€STR）等。
- 报价，比如欧洲银行间同业拆放利率（Euribor）。
- 交易和报价，比如瑞士平均利率（Swiss Average Rates，SAR）。

2021 年 12 月 31 日之后，Libor 中止。参见上面的 4.2.2.1 节。

互换价格经常是在政府债券利率的基础上加价产生，因此可以用来作为衡量银行系统信用风险的粗略指标。表 4-2 是不同期限利率互换报价单的举例。

表 4-2　假设的利率互换报价单举例

期限	固定利率支付者的相对于国债利率利差	固定利率接收者的相对于国债利率利差	现行国债利率
2 年	38 个基点	44 个基点	5.55%
3 年	46 个基点	52 个基点	5.72%
4 年	50 个基点	58 个基点	5.85%
5 年	52 个基点	60 个基点	5.92%
6 年	58 个基点	66 个基点	5.96%
7 年	62 个基点	74 个基点	6.00%
10 年	74 个基点	84 个基点	6.08%

这个报价单假设的是信用最高的公司进行子弹型交易（Bullet Transactions）（即非分期偿还本金）所提供的半年利率。所有的利率都是根据 6 个月的 Libor 利率产生的。对于每一个期限或者合约期，我们需要在当时相同期限国库券利率的基础上加上相应的价差来得到互换价格。例如，交易商是 5 年期互换固定利率的支付者，那么他所支付的固定利率将等于 5 年期国库券的利率加上 52 个基点。如果交易商是浮动利率的支付者，即固定利率的接受者，那么他所接收的固定利率就是 5 年期的国库券利率加上 60 个基点。我们可以通过平均支付以及接收的利率来得到一个中间利率。例如，5 年期利率互换的中间利率就为 6.48%，计算过程为：

中间利率 = [(5.92 + 0.52) + (5.92 + 0.60)]/2 = (6.44 + 6.52)/2

更常见的情况是，固定利率以一年期或半年期来表示；这取决于互换涉及货币所在国家的惯例。对买卖价差的粗略估计大约在 4 到 12 个基点之间。注意如果互换与标准利率互换不同时，则必须作出调整。

市场中常用的基准是互换曲线（Swap Curve），它描绘了标准利率互换（即固定利率对 6 个月 SARON 的互换）中不同期限固定利率端的情况。注意互换曲线的构建并没有一个统一的做法，因为存在可替换的输入参数、金融工具到期日的重叠、不同输入参数之间的不一致，以及各种内插技术的应用等。然而，互换曲线仍然是固定收益产品定价的一个关键因素——它衡量了债务类产品的相对价值及利率期望。

4.2.1.3 互换平仓*

在到期以前，互换头寸可以通过将互换合约卖给交易商或者另一方来进行平仓。或者互换合约持有者也可以通过持有一个相反头寸的互换来进行对冲，或者用期货和债券对剩余期限进行对冲。

【例 4-2】一个固定利率互换支付者发现利率正在下降，因此，他想要改变他所持有的头寸。他有哪些办法呢？

这名固定利率互换支付者可以：

- 将互换合约卖给交易商。
- 在一个新的互换合约中成为浮动利率的支付方。这将要求他按照 SA-RON 来进行支付，从而与之在先前的互换中所接收到的 SARON 相抵销。头寸的差异也就与他在第一个合约支付的较高的固定利率和后来的合约中接收的较低的固定利率之间的差异相等。
- 持有适当的期货合约的多头；这个策略在互换合约快要到期时很有优势。

4.2.1.4 其他利率互换*

至此，我们仅仅详细介绍了基础的利率互换结构，也称为标准利率互换或普通互换，这是互换的最简单形式，其中一方（支付方）支付给另一方（接收方）固定利率，并获得浮动利率。但还有许多其他形式的利率互换，我们在下面介绍主要的几种。

例如，有的交易方可能决定用一种浮动利率交换另一种浮动利率，如SARON交换优惠利率。金融机构可用这种互换来对冲具有不同浮动利率的资产和负债导致的风险。两端都为浮动利率现金流的互换称为基差互换（Basis Swaps）。收益率曲线互换（Yield Curve Swaps）是指交易双方同意基于给定的收益率曲线上的两点的利率差来交换现金流的基差互换。

有一些互换并不使用固定的名义本金：本金分期偿付方式互换（Amortising Swaps）是指本金在互换终止前某些时点上会减少的互换。本金逐步增加互换（Accreting Swaps）是指本金在互换终止前某些时点上会增加的互换。过山车互换（Roller Coaster Swaps）是同时包括名义本金的分期偿付和定期增加的互换。住房贷款抵押指数化（Mortgage-indexed）和住房贷款抵押担保债务（Collateralised-mortgage Obligation）互换使得名义本金按照抵押品或抵押担保债务池的摊还方式分期偿付。

零息票互换（Zero-coupon Swaps）是固定利率对浮动利率的互换，其中固定利率为零息票利率（到期前没有固定利率的支付，到期时按固定利率进行一次性支付）。

远期互换（Forward Swaps）或延期互换（Defered Swaps）是指在交换日确定互换的固定票面利率，但是双方开始只是累计利息，并不交换利息支付，而是安排未来某个日期开始进行交换。相反，延期利率设置互换（Delayed-rate Setting Swaps）是指互换立即开始，但互换的票面利率到未来某个日期才设定。

封顶利率互换（Rate-capped Swaps）是浮动利率有封顶的互换。

可逆互换（Reversible Swaps）指在互换持续期内支付方和接收方一次或多次互换角色，也就是说，固定利率的支付方支付浮动利率现金流，而浮动利率的支付方支付固定利率现金流。

差异互换（Differential Swaps）是指互换中固定利率的设置是基于一种货币，而浮动利率是基于另一种外国货币利率。

可赎回互换（Callable Swaps）［与可回售互换（Putable Swaps）相似］是指互换的支付方（接受方）拥有一项提前终止互换的权利。可延长互换（Extendible Swaps）指一方有权延长某个互换的到期日。

4.2.1.5 货币互换*

货币互换（Currency Swap）是双方定期支付，支付金额根据两种不同货币（Intwo Different Currencies）标记的本金按照指定的利率为基础进行计算①。

货币互换与利率互换非常相似，以下方面除外：

- 包括两种货币，所以交换的名义本金和期间现金流是用两种不同的货币标记的。
- 双方交换的利息流可以是不同形式：固定利率对固定利率，浮动利率对浮动利率，或者固定利率对浮动利率。

通常会有初始和最后的本金交换②，本金交换是在互换开始日和互换的到期日进行，因此基本的货币互换包括三个完全分开的现金流：

- 初始本金交换，由不同货币标记，并确定两种货币的汇率。
- 双方彼此支付的利息。
- 最后交换本金，或叫退汇，按照互换开始时的即期汇率。

标准货币互换（"Plain Vanilla" Currencyswap）的现金流结构如图 4-8、图 4-9 和图 4-10 所示。

图 4-8 初始交换本金

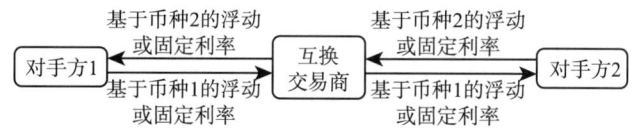

图 4-9 期间支付

图 4-10 换回本金

---

① 交叉货币互换与传统的货币互换并无冲突，交叉货币互换就是在简单的即期汇率交易的基础上，用一个远期交易在预先确定的时间重新交换回来，以抵销即期交易。这两个交易过程被安排成独立的交易。

② 称货币互换的本金为"名义"并不正确，因为本金确实被交换了，而不是一般认为的名义是意味着"假设"。

所以，一个货币互换合同必须定义：

- 互换的开始日期。
- 互换的到期日期。
- 交换的利率（固定或者浮动）。
- 现金流支付的频率。
- 用于交换的名义本金总量和币种（用于计算所需支付的利息），以及交易双方同意的汇率。

【例 4-3】假设在上年 12 月 28 日，ABC 公司与 XYZ 公司签订了一份互换交易，双方同意从今年 1 月 1 日起将名义价值为 1 亿瑞士法郎按照 4% 的固定利率与 8 000 万美元按照 6 月期 SOFR 进行交换，直到 4 年后的 12 月 31 日（共 5 年）。

XYZ 公司将每年按照 4% 的利率和 1 亿瑞士法郎的本金支付利息给 ABC 公司，而 ABC 公司则要每 6 个月以本金 8 000 万美元按照 6 月期 SOFR 浮动年化利率的一半进行支付（见图 4-11）。

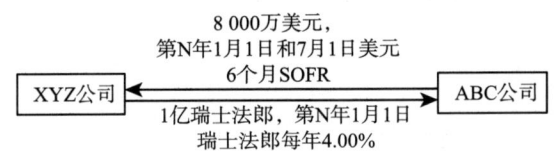

图 4-11　XYZ 公司与 ABC 公司的货币互换

在本例中，美元兑瑞士法郎的即期汇率为 1.25，在 4 年后的 12 月 31 日，XYZ 公司将偿还 ABC 公司 10 亿瑞士法郎，并从 ABC 公司收回 8 000 万美元，而不管当时的即期汇率是多少。

从 ABC 公司的立场看，从互换开始其现金流如表 4-3 所示①。

表 4-3　　　　　　　　　　　互换的现金流

支付日期	收到的固定利息瑞士法郎	支付浮动利息美元	SOFR 设定	SOFR
今年 1 月 1 日	-100 000 000	+80 000 000	今年 1 月 1 日	5%
今年 7 月 1 日		-2 000 000	今年 7 月 1 日	?

---

① 简单起见，我们没有考虑有效天数，并且假设 SOFR 是在支付日确定的。

续表

支付日期	收到的固定利息瑞士法郎	支付浮动利息美元	SOFR 设定	SOFR
1 年后的 1 月 1 日	+4 000 000	−6 月期 SOFR	1 年后的 1 月 1 日	?
1 年后的 7 月 1 日		−6 月期 SOFR	1 年后的 7 月 1 日	?
2 年后的 1 月 1 日	+4 000 000	−6 月期 SOFR	2 年后的 1 月 1 日	?
2 年后的 7 月 1 日		−6 月期 SOFR	2 年后的 7 月 1 日	?
3 年后的 1 月 1 日	+4 000 000	−6 月期 SOFR	3 年后的 1 月 1 日	?
3 年后的 7 月 1 日		−6 月期 SOFR	3 年后的 7 月 1 日	?
4 年后的 1 月 1 日	+4 000 000	−6 月期 SOFR	4 年后的 1 月 1 日	?
4 年后的 7 月 1 日		−6 月期 SOFR	4 年后的 7 月 1 日	?
4 年后的 12 月 31 日	+4 000 000	−6 月期 SOFR		
	+100 000 000	−80 000 000		

由于未来 SOFR 的利率不知道，所以除了第一笔支付，未来美元浮动利率现金流都无法知道。

4.2.1.6 其他货币互换*

标准货币互换（固定利率对浮动利率）不是总能很好地满足最终用户的需求，互换交易商已经创造了各种各样的货币互换，这里我们只引用了一些最为重要的，而没有穷尽和详述所有的合约。

固定利率对固定利率货币互换（Fixed-for-fixed Rate Currency Swaps）是双方按照固定利率进行互换。注意它们可以是通过一个单一的互换协议建立，也可以通过合并两个使用相同浮动利率的固定利率对浮动利率货币互换建立，这样的互换又叫作循环互换（Circus Swaps）。

浮动利率对浮动利率货币互换（Floating-for-floating Currency Swaps）[在 SOFR 对 SOFR 互换中通常叫作基差互换（Basis Swaps）]中双方支付浮动利率利息。它们同样可以是通过一个单一互换协议建立或者通过合并两个使用相同固定利率的固定利率对浮动利率的互换建立。

本金分期减少方式货币互换（Amortising Currency Swaps）是指最后的本金互换是分次分批进行的互换。

本金逐步增加货币互换（Acreting Currency Swaps）是指名义本金在互换存续期内有计划增长的互换。

4.2.2 互换运用策略*

互换市场的快速发展已经引发了关于这些工具经济原理的巨大争论。为什么一家公司要参与利率或者货币互换呢？金融经济学家已经提出了许多不同的假设来回答这个问题。早期的解释是，互换使公司可以对信用风险的错误定价进行套利，从而降低了财务费用，这种解释现在仍然很流行。下面我们就来证明这种说法。

4.2.2.1 一个例子：固定利率对浮动利率的利率互换*

互换的成本节约解释声称互换允许双方公司对信用价差差异（Quality Spread Differencials）（信用利差）进行套利。信用价差是指在给定的期限内，高质量公司（低信用风险）融资所需支付的利率与较低质量公司融资所需支付的利率的差异。这种差异应该完全归结于信用问题。然而，在某些案例中，不同市场的信息差异、制度上的限制，或者特定的交易费用都有可能导致某些市场缺陷，从而能很容易产生套利。

让我们考虑下面的例子：A 和 B 两个公司想从市场上融资。给出的市场条件如表 4-4 所示。

表 4-4　　　　　　　公司 A 和公司 B 的市场融资条件

	固定利率	浮动利率	差额
公司 A	3%	1 年期 SARON + 0.25%	
公司 B	4%	1 年期 SARON + 0.50%	
差额	1%	0.25%	0.75%

不难理解，因为 A 公司具有较低的信用风险，所以可以在两种利率上得到更多的优惠。与 B 公司相比，A 公司无论在固定利率证券市场还是浮动利率证券市场都具有绝对的融资优势。但是 B 公司在浮动利率借贷上具有比较优势（相对于 A 公司）[①]。在本例中，信用价差的差值或信用价差差异为 75 个基点。

---

① 或是一个"较小的劣势"。

如果想要利用这种信用基差,则只有当 A 公司想要按浮动利率借款,B 公司想要按固定利率借款(这时它有比较优势)的时候才能实现。在这种情况下。互换可以按以下步骤进行:

步骤 1:本金的最初借贷(见图 4 - 12)。每个公司在各自具有相对优势的市场发行债券融资,A 公司以 3% 的固定利率借款,而 B 公司将按 SARON +0.50% 的浮动利率借款。为简便起见,我们假设两笔借款具有相同的期限,都是 5 年到期,并且名义本金为 1 亿瑞士法郎。

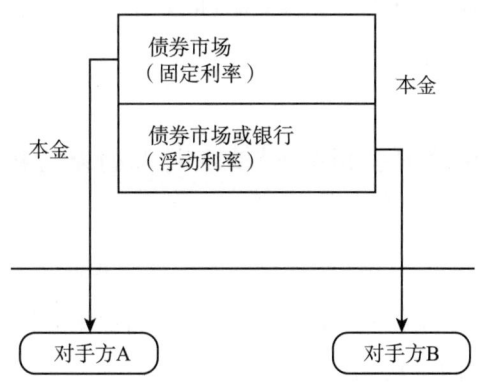

图 4 - 12 名义本金的初始借贷

步骤 2:进行互换交易。A、B 公司签订标准利率互换协议,双方协商同意如下条件:5 年期,名义本金 1 亿瑞士法郎,互换的利率为 3% 和 SARON。

步骤 3:一年后:我们看债务和互换的支付情况(见图 4 - 13)会发生什么样的变化。

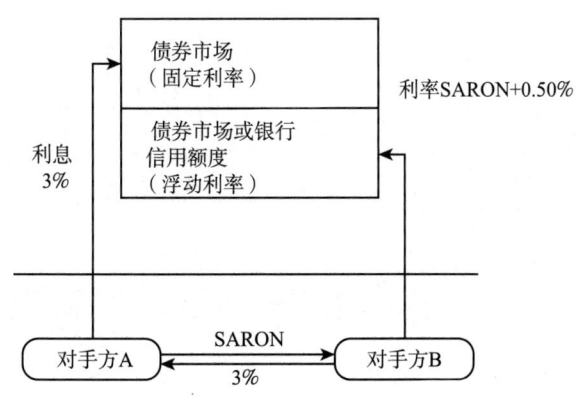

图 4 - 13 债务和互换支付

假设 1 年期 SARON 等于 3.5%。互换过程中，A 公司必须向 B 公司支付 350 万瑞士法郎［相当于 1 亿瑞士法郎乘以（SARON = 3.50%）］，而 B 公司必须向 A 公司支付 300 万瑞士法郎（相当于 1 亿瑞士法郎乘以固定利率 3%）。在实际利率互换中，通常不会有双向的现金流动，而只有两种利息的差额支付。在本例中，唯一的现金流为 A 公司支付给 B 公司的 500 000 瑞士法郎。

在债务核算中，A 公司必须支付 300 万瑞士法郎（相当于利率为 3% 的 1 亿瑞士法郎负债），而 B 公司必须支付 400 万瑞士法郎（相当于按照 SARON +0.50% =4% 的浮动利率的 1 亿瑞士法郎负债）。

这意味着什么呢？通过互换：

- A 公司收到 B 公司支付的 3% 固定利息，并用这笔钱支付从市场上按 3% 借款的利息。支付给 B 公司按 SARON 计算的浮动利率。结果是按浮动利率借款：

$$SARON + 3\% - 3\% = SARON$$

而如果直接从市场按浮动利率借款，它们需要支付（SARON +0.25%）。这就获得了 0.25% 的利率收益。

- B 公司支付给 A 公司 3% 的固定利息，并从 A 公司处收到按 SARON 计算的浮动利息。然后，B 公司对从市场借的款按（SARON +0.50%）支付浮动利率。结果是 B 公司按照固定利率借款：

$$3\% + (SARON + 0.5\%) - SARON = 3.5\%$$

如果直接从市场按固定利率借款，它们需要支付 4% 的利率。这就产生了 0.50% 的利率收益。

通过互换，两个公司都降低了它们的实际借款利率。我们可以看到总的利率收益（0.50% +0.25%）就等于两公司的信用级差之差额（0.75%）。请注意，本例的情况是假定的，双方可以以不同的方式分享收益——这本质上是由互换合约条款谈判的结果决定的。然而，互换双方总的收益将恒等于两公司的信用级差的差额，在本例中为 75 个基本点。

步骤 4：到期。两笔原始债务都到期，每个对手方都必须偿还 1 亿瑞士法郎的本金[①]（见图 4-14）。

[①] 此外，同样还有利率的互换，以及向贷款人支付利息，但本金已经在图中揭示。

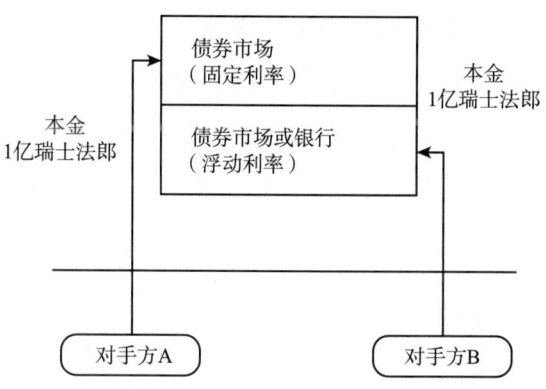

图 4-14 偿还名义本金

信用利差差额产生背后的原因是什么？有人提出信用利差差额是由于市场的非有效性产生的。但是，如果这真是原因，随着套利逐渐变得更为有效，每年新的互换的数量应该会逐年递减。其他各种各样的理论解释信用利差差额可能源于预期破产成本的差异、代理成本的不同、不同利率风险敞口等。

4.2.2.2 一个例子：固定利率对固定利率的货币互换*

对信用利差差额的讨论同样可以应用到货币互换上，我们将研究以下一个货币互换的例子。在这个例子中，互换双方的利率都是固定的。为简便起见，我们仍然省略了交易中的互换交易商。

假设一家英国公司需要一笔固定利率的美元资金，而一家美国公司需要一笔固定利率的英镑资金，期限都是 5 年。两家公司的市场环境如表 4-5 所示。

表 4-5 两家公司的市场环境

	英镑市场	美元市场	差额
美国公司	5.25%	6.75%	
英国公司	4.50%	6.50%	
差额	0.75%	0.25%	0.50%

显而易见，英国公司在美元和英镑市场都有借款的绝对优势，但美国公司仅在美元市场有比较优势。

由于美国公司需要固定利率的英镑资金（这时它具有比较优势），互换交易可以按照如下步骤进行：

步骤1：两个公司分别在其国内市场借款。

步骤2：两个公司签订一个固定利率的互换协议。它们交换本金，并同意以下条款（举例说明）：美国公司支付给英国公司4.75%的英镑利率，而英国公司支付6.5%的美元利率给美国公司（见图4-15）。

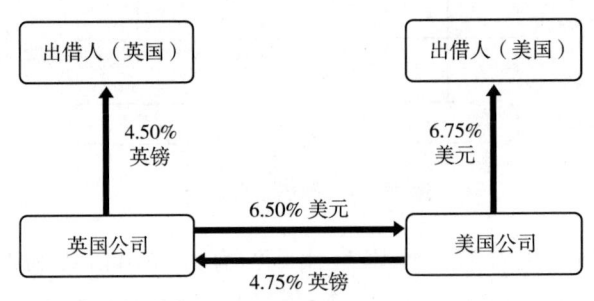

图4-15 交换本金

步骤3：对于利息的支付，英国公司要为其英镑贷款支付4.50%的英镑利率，而英国公司将从美国公司那里收到基于英镑贷款的4.75%的英镑利率，同时它要支付基于美元贷款的6.50%的美元利率给美国公司，这样英国公司减少了其美元的融资成本[①]，计算如下：

英国公司的成本 = 6.50% × 美元本金 + 4.50% × 英镑本金 − 4.75% × 英镑本金

= 6.50% × 美元本金 − 0.25% × 英镑本金

≈ 6.25% × 美元本金

如果英国公司直接借入美元，它支付的利率为6.50%。

对于美国公司，我们有类似的分析：

美国公司的成本 = 4.75% × 英镑本金 + 6.75% × 美元本金 − 6.50% × 美元本金

= 4.75% × 英镑本金 + 0.25% × 美元本金

≈ 5% × 英镑本金

如果美国公司直接借入英镑，它将支付5.25%的利率。这样，两个公司在五年内每年都节约了大约25点的利息。

步骤4：5年之后，两家公司将本金再次互换，并将其用来归还各自的贷款。

---

① 事实上，美元利率和英镑利率的差值并不能直接比较，只能是近似比较。

4.2.2.3 一个例子：固定利率对浮动利率的货币互换*

我们将研究下面一个货币互换的例子，在这个例子中一方是固定利率，而另一方是浮动利率。简便起见，我们仍然省略了交易中的互换交易商。

假设 A 公司需要一笔固定利率的欧元资金，而 B 银行需要一笔浮动利率的美元资金，两笔资金的期限都是 5 年。两家公司的市场环境如表 4-6 所示。

表 4-6　　　　　　　　　A 公司和 B 银行的市场环境

	欧元市场	美元市场	差额
A 公司	5%	6 个月 SOFR+0.50%	
B 银行	4%	6 个月 SOFR	
极差	1%	0.50%	0.50%

显而易见，银行借入欧元和美元都存在着绝对优势，而公司则只在美元借入方面存在比较优势。由于公司想在一个它具有比较优势的市场进行贷款，互换交易可以按照下列步骤进行：

步骤 1：A 公司以 6 个月 SOFR+0.50% 的利率借入美元，B 银行则以固定利率 4% 借入欧元。

步骤 2：A 公司和 B 银行签订一份固定利率与浮动利率的互换合约。它们交换彼此的本金，并且同意以下条款（举例说明）：公司基于欧元本金支付给银行一个 4% 的欧元固定利率，而银行基于美元本金支付给公司一个 SOFR-0.25% 的美元浮动利率（见图 4-16）。

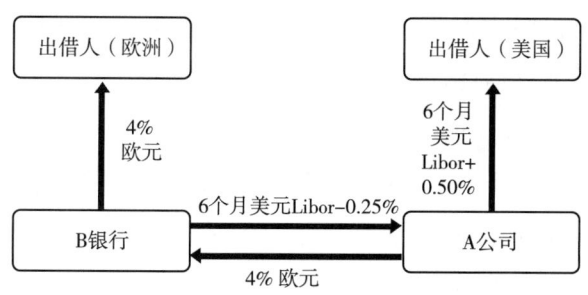

图 4-16　A 公司和 B 银行互换结构

步骤 3：对于利息的支付公司要为其美元贷款支付 6 个月 SOFR+0.50% 的利率。公司将从银行收到 6 个月 SOFR-0.25% 的美元利率，同时它将支付给银行4%的欧元利息。这样公司将减少其欧元的融资成本[①]计算如下：

$$公司的成本 = (SOFR + 0.5\%) \times 美元本金 - (SOFR - 0.25\%) \times 美元本金 + 4\% \times 欧元本金$$
$$= 4\% \times 欧元本金 + 0.75\% \times 美元本金$$
$$\approx 4.75 \times 欧元本金$$

如果公司直接借入欧元，它将支付5%的利率，同样的对于银行我们也可以进行类似的计算：

$$银行的成本 = 4\% \times 欧元本金 + (SOFR - 0.25) \times 美元本金 - 4\% \times 欧元本金$$
$$= (SOFR - 0.25\%) \times 美元本金$$

如果银行直接借入美元它的成本将是SOFR利率。这样公司和银行在5年内每年都节省了大约25个基点的利率。

步骤：5年之后公司和银行再次交换它们的本金并用其归还各自的贷款。

4.2.2.4 互换在风险管理策略方面的应用*

如果节约成本和信用级差是互换存在的唯一原理，那么互换应该在很早以前就已经消失了，因为市场参与者终究会使得信用风险的定价正确。但是，互换却一直存在着，这说明必定还有其他的解释。有的人已经注意到互换的出现伴随着一段时间的利率和货币市场显著波动。因此，很有可能互换市场的快速发展是由于它能有效地相互转换固定利率和浮动利率敞口，将资产和负债从一种货币转换为另一种货币，能进行更为普遍的一连串现金流之间的转换。另外，互换还提供了创造新的综合金融工具来进行风险控制的可能性。在下面的文章里，我们将仅仅说明一些利用互换来进行风险控制的策略并不能将其穷尽或进行细致描述。

4.2.2.4.1 创造合成的固定利率或浮动利率负债*

举个例子，如果一个公司的财务主管预期利率水平将上升，那么他可以通过互换协议将一个现有的浮动利率负债转换成一个合成的固定利率负债。在互换中公司将支付一个固定利率并收到一个浮动利率从而锁定短期负债的成本（见图4-17）。

---

① 事实上，美元利率和英镑利率的差值并不能直接比较，只能是近似比较。

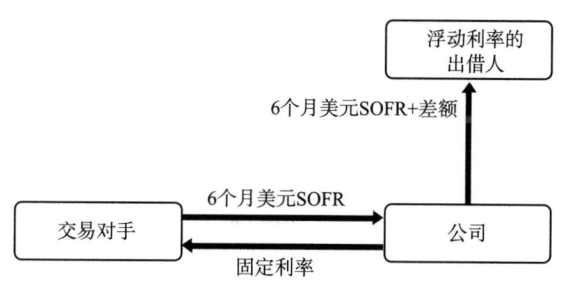

图 4-17　创造合成的固定利率负债

类似情况是，如果公司的财务人员认为短期利率将下跌，那么互换可以用来将一个现有的固定利率债务转化为一个合成的浮动利率债务。在互换中公司将会支付一个浮动利率而收到一个固定利率，如果短期利率下降的话，公司将会降低利息成本（见图 4-18）。

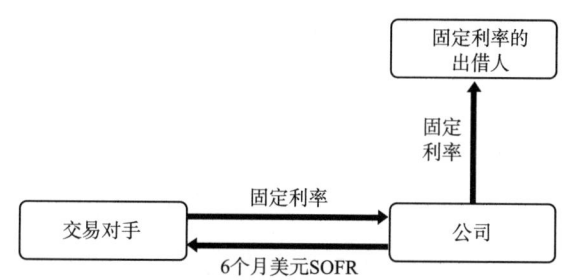

图 4-18　创造合成的浮动利率负债

4.2.2.4.2　对冲外汇风险敞口*

货币互换可以用于将现有负债的货币单位转换（Conert the Currency Denomination）为更合适的货币单位或者用于对冲货币风险敞口。举例说明，如果借款人现有债务的货币单位预期走强，那么他可以通过签订一个货币互换合约来对冲其汇率风险敞口。

下面的一个例子（见图 4-19）：一家法国公司在 10 月 1 日发行了一种 5 年期固定利率债券，总面值为 1 000 万美元。债券发行时的汇率欧元/美元为 1.17。一年以后，欧元/美元汇率上升为 1.25。公司十分担心在未来的 4 年美元的突然升值，因此决定签订一份货币互换合约来对冲该风险。公司与银行签订了一份货币互换合约，公司将支付本金为 800 万欧元所产生的利息，同时收到本金为 1 000 万美元所产生的利息。当然，公司应该选择签订的互换合约所收到的美元利息与其应偿还的美元利息尽可能地接近。

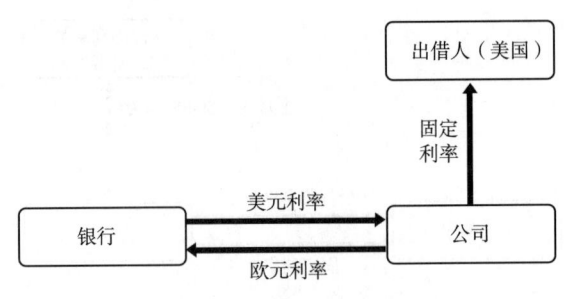

图 4-19 对冲外汇风险

这样，通过互换合约，公司可以抵御美元的突然升值（如果果真如此的话），并可以锁定来自于美元贬值所获得的收益。

4.2.2.4.3 基于资产的互换*

互换交易也可以用于管理投资组合（Manage Investment Portfolios）。举个例子，当到期收益率曲线的斜率为正时，一个投资组合的经理可能会签订一份互换合约，用于将固定利率的投资转化为浮动利率的投资。

互换在固定利率投资中也可以用于锁定收益和止损（Lock in Gains and Stop Losses）。举例说明，一个固定利率资产组合的经理，在利率出现大幅下跌的时候，可以通过与浮动利率投资的互换来锁定资本收益。

通过互换交易，有可能创造出合成的外汇资产（Synthetic Foreign Currency Assets），也可以在外汇投资中锁定收益或止损。

4.2.2.5 互换期权和互换期货*

互换期权是一种签订互换的期权。在利率互换的互换权中，"支付人互换"给了期权买方签订支付固定利率的互换的权利。互换期权通常是量身定做的欧式期权，在 OTC 市场上交易，在大多数情况下是现金结算，但也可能发生实物交割（即进入互换）。

互换期货也已在各种交易所推出。这些合约主要是为了对冲现金市场的利率互换。

4.2.3 互换的定价与价值*

4.2.3.1 利率互换定价*

普通利率互换可以被看作一种债券多头与另一种债券空头的组合来定价，

也可以将其视为一系列远期合约的组合来定价。

4.2.3.1.1 互换作为债券组合进行定价*

从经济学的现金流角度来看，普通利率互换中的固定利率支付方可以看作是发行了固定利率债券并且购买了浮动利率债券，相似地，固定利率接收方可以看作是购买了固定利率债券并且发行了浮动利率债券。因此最简单的普通利率互换合约的估值方法就是将其看作两种固定收益证券所构成的投资组合。互换的估值也就与这两种证券之间差异的估值同等，后者可以用传统的债券定价技术来进行估计。

两个因素使得基本的估值理念复杂化：

- 一般情况下，利率互换既不包括初始投资，也没有最终到期时的本金偿还，而只有利息的互换。如果双方同时购买和出售相同数量的浮动利率和固定利率证券，则这个因素不会导致任何问题，因为在生效日和到期日，两笔现金流都发生冲抵。
- 浮动利率证券的预期现金流是未知的，因为它取决于未来利率水平。这是一个所有浮动利率债券都会遇到的问题。我们只考虑最简单的一种解决方法。

假设互换条款中，金融机构收到固定利率现金流，并同时支付浮动利率现金流。我们用 V 表示互换的价值，B_1 表示互换中固定利率证券的价值，B_2 表示互换中浮动利率证券的价值，Q 表示互换协议中的名义本金，R_{0,t_i} 是 t_i 到期的有效折现率（Efective Discount Rate），K 表示 t_i 时刻将要支付的固定利率现金流。任意时刻，互换的价值表示为：

$$V = B_1 - B_2$$

因为 B_1 是固定利率债券的现金流的现值，则：

$$B_1 = \sum_{i=1}^{n} \frac{K}{(1+R_{0,t_i})^{t_i}} + \frac{Q}{(1+R_{0,t_n})^{t_n}}$$

对于 B_2，预期的现金流是不确定的，因为它取决于未来利率水平。但是在实际操作中，由于其频繁重新定价的特征[①]，债券 B_2 的价值接近于其面值。

---

① 因为债券 B_2 的票面利率将根据市场利率频繁地进行调整，它的到期收益率原则上就等于市场要求的必要回报率，因此，经过调整后的短暂时间内，它的价格就等于其票面值。

此外，在互换开始时和票面利率重置日后的短暂时间内，债券 B_2 的价值就等于名义本金 Q。按照这一特点，我们可以得到：

$$B_2 = \frac{K^*}{(1+R_{0,t_i})^{t_i}} + \frac{Q}{(1+R_{0,t_i})^{t_i}}$$

其中，K^* 是 t_1 时期用于支付的浮动利率现金流（最初已知）。

我们在之前一直使用的都是有效折现率，在实践中，则可能必须使用根据另一种不同的复利规则所得到的折现率。例如，如果我们持续融资，则 r_{0,t_i} 代表 t_i 到期的按连续复利计的折现率，两只债券的价值为：

$$B_1 = \left[\sum_{i=1}^{n} K \cdot e^{-r_{0,t_i} \cdot t_i}\right] + Q \cdot e^{-r_{0,t_n} \cdot t_n}$$

$$B_2 = K^* \cdot e^{-r_{0,t_1} \cdot t_1} + Q \cdot e^{-r_{0,t_1} \cdot t_1}$$

互换开始时，互换的价值应该等于 0，因为正常情况下互换交易协议是基于目前的市场利率，并使得各期支付的现金流净现值为 0。也就是说，在典型的利率互换中，固定利率的设定使得净浮动利息的市值正好等于净固定利息的市值。如果互换不是一个零净现值交换，则当互换订立时，互换中一方就要支付给另一方一笔款项，金额等于各期支付款的净现值的差额。

互换结束时，其价值也等于 0。而互换期间，它的价值可能是正值，也可能是负值，这取决于 B_1 和 B_2 的价值，即取决于利率的变动。

【例 4-4】[①] 某公司签订了一份利率互换协议，同意依照名义本金 1 亿美元支付 6 个月期的 SOFR，并收到 4% 的固定利率（半年计息一次的复利率），互换的剩余期限为 1.25 年。相关的 3 月期、9 月期和 15 月期的连续复利计的折现率分别为 5%、5.5% 和 6%。最近一个支付日的 SOFR 为 5.10%（半年复利的年利率）。

已知 K = 200 万美元，K^* = 255 万美元，则固定利率的债券价格为：

$$\begin{aligned}B_1 &= \left[\sum_{i=1}^{n} K \cdot e^{-r_{0,t_i} \cdot t_i}\right] + Q \cdot e^{-r_{0,t_n} \cdot t_n} \\ &= 2 \times e^{-0.25 \times 0.05} + 2 \times e^{-0.75 \times 0.055} + 2 \times e^{-1.25 \times 0.06} + 100 \times e^{-1.25 \times 0.06} \\ &= 98.25 \text{ 百万美元}\end{aligned}$$

浮动利率债券的价格是：

[①] 来源：HULL John C., 2015, "Options, Futures, and other Derivatives", 9th edition, Pearson.

$$B_2 = K^* \cdot e^{-r_{0,t_1} \cdot t_1} + Q \cdot e^{-r_{0,t_1} \cdot t_1} = 2.55 \times e^{-0.25 \times 0.05} + 100 \times e^{-0.25 \times 0.05}$$
$$= 101.28 \text{ 百万美元}$$

因此，对于支付浮动利率利息并接收固定利率利息的一方而言，互换的价值为 $V = 98.52 - 101.28 = -2.76$ 百万美元。对于另一个对手方（支付固定利率现金流，而收到浮动利率现金流），互换的价值为 $+2.76$ 百万美元。

同样的方法可以用来计算互换利率，也就是互换固定部分的利率"K"。对于这一点，我们可以利用价值的方程式。在开始时，它应该等于0。因此，我们有：

$$V = B_1 - B_2 = 0$$

$$\sum_{i=1}^{n} \frac{K}{(1 + R_{0,t_i})^{t_i}} + \frac{Q}{(1 + R_{0,t_n})^{t_n}} = B_2$$

注意到：

$$K \cdot DF + \frac{Q}{(1 + R_{0,t_n})^{t_n}} = B_2$$

其中，DF 是折现因子，它等于 $\sum_{i=1}^{n} \frac{1}{(1 + R_{0,t_i})^{t_i}}$，于是，

$$K = \frac{B_2 - \frac{Q}{(1 + R_{0,t_n})^{t_n}}}{DF}$$

【例 4-5】计算三年期的互换利率 K，知道目前一年期、两年期和三年期的即期利率分别为 2.0%、2.25% 和 2.50%。在互换开始的时候 B_2 等于 100%。同样地，Q = 100%。因此，有：

$$DF = \sum_{i=1}^{n} \frac{1}{(1 + R_{0,t_i})^{t_i}} = \frac{1}{(1 + 2\%)^1} + \frac{1}{(1 + 2.25\%)^2} + \frac{1}{(1 + 2.5\%)^3}$$
$$= 2.8655$$

$$K = \frac{B_2 - \frac{Q}{(1 + R_{0,t_n})^{t_n}}}{DF} = \frac{100 - \frac{100}{(1 + 2.5\%)^3}}{2.8655} = 2.49\%$$

4.2.3.1.2 货币互换的定价*

货币互换的定价与利率互换的定价相似。在没有违约风险的情况下，一份货币互换可以像利率互换一样被拆分成两种债券或者一系列的外汇远期合

约的组合。

4.2.3.1.3 像债券组合一样对货币互换进行定价*

假设依照一份货币互换，一个金融机构可以在支付一笔本国货币的同时收到一笔外汇。设 V 为互换的价值，B_F 为以外汇进行计算的外汇债券的价值，B_D 为以本国货币计算的债券价值，而 S 为外国货币与本国货币之间的即期汇率，其单位是每单位外国货币的本国货币数量。互换的价值可以表示为：

$$V = S \cdot B_F - B_D$$

其中，B_F 和 B_D 可以为浮动利率或固定利率债券，所以一份货币互换的价值可以由本国货币的利率结构、外国货币的利率结构和即期汇率决定。

【例 4-6】[①] 一家金融机构签订了一份互换，其将会以 5% 的固定利率收到日元并以 8% 的固定利率支付美元，每年收支一次，本金用两种货币计，分别为 1 000 万美元和 12 亿日元。互换距到期日还有 3 年，日元利率为每年 4%，美元利率为每年 9%（二者的期限结构都是平坦的，而且这些利率是连续复利），如果现在美元对日元的汇率为 110 日元/美元，则这个日元对美元的互换的价值是多少？

本国货币债券是本金为 1 000 万美元、息票利率为 8% 的附息债券，它的价值是：

$$B_D = 0.8 \times e^{-0.09} + 0.8 \times e^{-0.09 \times 2} + 108 \times e^{-0.09 \times 3} = 9.64 \text{ 百万美元}$$

外国货币债券是本金为 12 亿日元、息票利率为 5% 的附息债券，它的价值是：

$$B_F = 60 \times e^{-0.04} + 60 \times e^{-0.04 \times 2} + 1\,260 \times e^{-0.04 \times 3} = 1\,230.55 \text{ 百万美元}$$

互换的价值为 $\frac{1\,230.55}{110} - 9.64 = 1.55$ 百万美元。

因为对手方支付日元收到美元，所以它的互换的价值是 -155 万美元。

4.2.4 其他类型的互换*

4.2.4.1 股权互换*

股权互换（Equity Swaps）是其中至少一个浮动利率盯住某一股票指数总

[①] 来源：HULL John C., 2015, "Options, Futures, and other Derivatives", 9th edition, Pearson.

收益率的互换。

最简单的例子是考虑一个高度分散化（与标准普尔 500 指数高度相关）的投资组合的拥有者希望在一段时间内对冲市场下行的风险，一个可能的解决方法是与一个互换交易商签订一个将标准普尔 500 收益（包括资本的升值/贬值和分红）和一个浮动利率进行交换的互换协议（见图 4-20）。

图 4-20 一个简单的股权互换

这样的互换叫作股权对指数的互换（Equity-index Swap）

4.2.4.2 商品互换*

商品互换（Commodity Swaps）是美国 Chase Manhattan 银行在 1986 年为了对冲商品价格风险而提出的。

最简单的例子是考虑一个商品生产商，为了对冲商品价格的波动，他会签订一份商品互换，其中他将支付给互换交易商每单位的浮动价格（比如基于平均市场即期价格），并收到一个固定且确定的价格。每生产一单位产品，他将按照市场价格将其卖掉，相应获得的每单位的即期价格会用来支付给互换交易商。

通过这一互换，商品生产商保证他的商品可以得到一个提前确定的固定的价格，没有名义商品的交易，所有交易都是现金交易（见图 4-21）。

图 4-21 一个简单的商品互换

注意，商品互换也可以在没有即期商品交易的情况下用来进行投机。

4.2.4.3 波动率与方差互换*

波动率互换是关于已经实现的波动率的远期合约。它到期时的回报为：

回报 = 名义金额 × (已实现的波动率 − 协议波动率)

所有的波动率都是年化的并且以百分比的形式表示。

【例 4-7】 考虑一个波动率互换，名义金额为每个波动率百分点 100 000 欧元，交割价格为 20 个百分点。如果到期时，整个合约期间年化的已实现波动率为 21.5 个百分点，那么合约的买方将得到 150 000 欧元。如果到期时，整个合约期间年化的已实现波动率为 18.5 个百分点，那么合约的卖方将得到 150 000 欧元。

类似地，方差互换就是关于已经实现的方差的远期合约，它是已经实现的波动率的平方。

$$V_R = \sigma_R^2 = 252 \cdot \sum_{i=1}^{N-1} \left[\log\left(\frac{S_{t_{i+1}}}{S_{t_i}}\right) \right]^2$$

其中，S_{t_i}——时刻 t_i 的股票收盘价，N——成交日与到期日之间的交易日天数（包含到期日）。到期时的回报为：

回报 = 名义金额 × （已实现的方差 - 协议方差）

名义金额通常以每个波动率点数平方所对应的货币数量来表示。达成互换协议时协议方差通常会设定在一个使交易双方不需要进行任何现金流交换的水平上，即公平协议方差。

4.2.4.4 信用违约互换*

信用违约互换是提供信用风险保险的一种私下协商签订的双边协议。我们会在专门的信用衍生工具的章节里介绍。

4.2.4.5 金融工程简介*

金融工程主要关注如何使用金融技术和工具去解决各类问题。我们将通过一个简单的例子来介绍在互换在金融技术中的使用。

一家德国公司每 3 个月会使用 25 000 桶原油（一桶是从油井或油田出产的原油每天体积的一个通常的计量单位，一桶的体积大约为 42 加仑或 158.99 升）。在国际市场上，原油是以美元计价的，所以德国公司会同时面临石油价格的波动和欧元兑美元汇率的波动。德国公司可以构造一个可以固定石油价格（以欧元计算）的金融结构。

现在的欧元兑美元的汇率为 1.25。7 年期的石油互换是 70 美元每桶，7

年期美元利率互换是以5%交换3月期的SOFR，7年期欧元对美元的货币互换是以4%交换3月期的SOFR。

步骤1：签订一个商品互换，获得原油即期均价，支付固定价格。互换固定价格的一方每期的现金流是以25 000桶乘以70美元，即总价1 750 000美元。

步骤2：签订一个利率互换，获得固定利率，支付浮动利率，且都以美元表示。根据美元利率互换，固定方为了每3个月产生1 750 000美元，它的名义本金需要由每季度所需的现金流除以定期的利率（每年5%，即每季度1.25%）得到：

$$\frac{1\ 755\ 000}{0.0125}=140\ 000\ 000\ 美元$$

步骤3：签订一份货币互换，获得美元并支付欧元。

对于年利率为5%的利率互换的固定利率方，28期现金流的现值为41 256 356美元，现在即期的欧元兑美元的汇率为1.25，因此用欧元表示的现值为33 005 085欧元，对应的28期每期支付的现值为1 354 588欧元，其中使用的欧元利率为4%（每季度1%）。之后我们就可以确定在4%的利率下每季度产生1 354 588欧元的名义本金为135 458 800欧元。

最后的交易结构如图4-22所示。它可以使德国公司在未来7年以固定的每桶54.18欧元的价格购买石油（1 354 588欧元/25 000）。

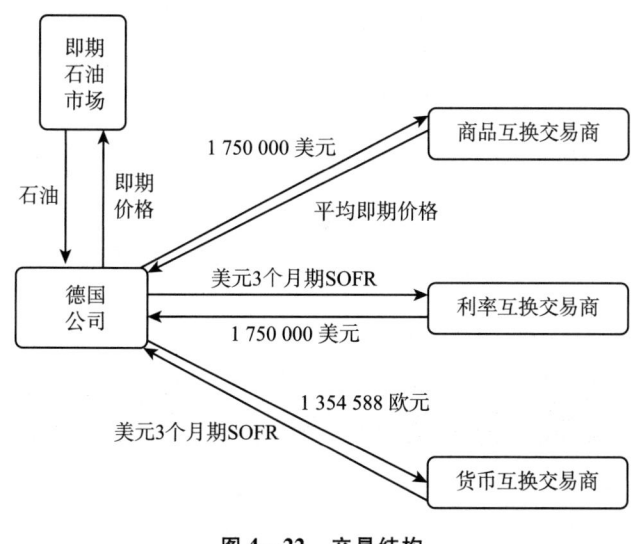

图4-22　交易结构

4.3 信用衍生品*

物如其名，信用衍生品是允许投资者进行交易、对冲和分担信用风险的金融工具。这个家族由许多部分组成，如抵押债务债务或总回报互换。但信用违约互换无疑是其中最著名的。

4.3.1 信用衍生品市场的机制*

20 世纪 90 年代后期最有趣的进展之一就是信用衍生品的快速发展。信用衍生品是一种金融合约，其回报与一个或者多个公司或国家的信誉相关联。这种工具可以用来对公司或者政府的信用进行套期保值、交易和投资。它们可以分离信用风险，将其打包，使其能够在市场参与者之间高效转移。简言之，信用违约互换（Credit Default Swaps，CDS）是一种双边协议，就像任何其他衍生品一样。信用违约互换的买方，也称为信用保护买方，定期向保护卖方支付费用，以换取或有付款。当预先定义的信用事件发生时，买方才能获得或有付款，以补偿其在信用事件发生后参考债券的面值和回收价值之间的差额。换句话说，信用违约互换的买方在某种程度上是在签订一份保险，用来帮助管理信用风险。因为如果支付发生，那是补偿由于信用事件造成的损失。买方支付的费用通常被称为"利差"，以合同名义价值的每年基点报价，通常每季度支付一次。更多关于 CDS 的内容将在下面的小节和第 4.3.4 节中具体说明。

如图 4-23 所示，自 20 世纪 90 年代中期以来，信用衍生品市场，特别是 CDS 就以惊人的速度增长。然而，2008 年的金融危机阻止了这种扩张。

根据国际清算银行（BIS）的估计，截至 2017 年年底，未平仓的信用衍生品合约名义金额约为 9.5 万亿美元。单名工具（Single-name Instrument）规模和指数产品的规模很相近（见图 4-24）。

根据国际互换和衍生品协会估计，截至 2008 年中期，信用衍生品合约的名义价值为 54.6 万亿美元，比 2001 年增长了 10 倍。在金融危机前，信用衍生品市场如此惊人的增长可以归因于合约的标准化、市场参与者的多样化和

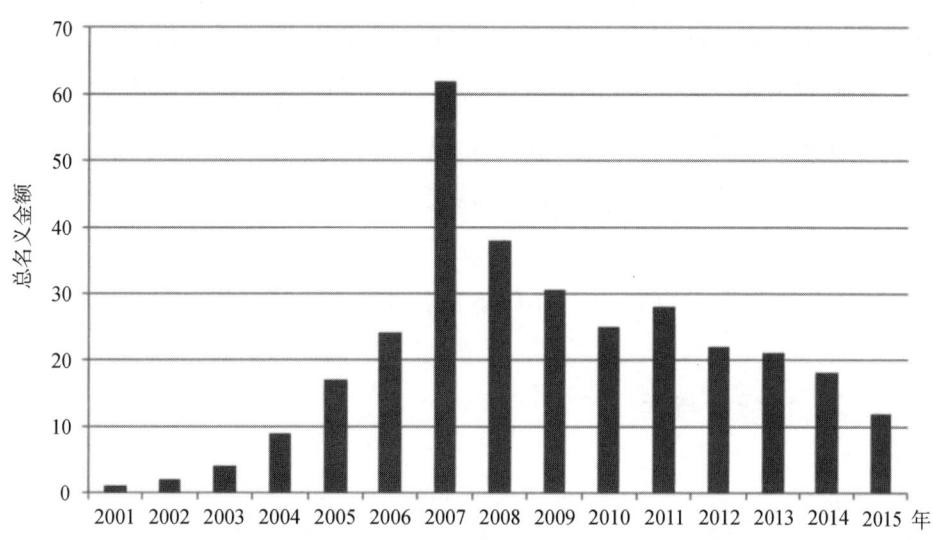

图 4-23 美国信用违约互换的名义金额

数据来源：国际互换和衍生品协会（ISDA）。

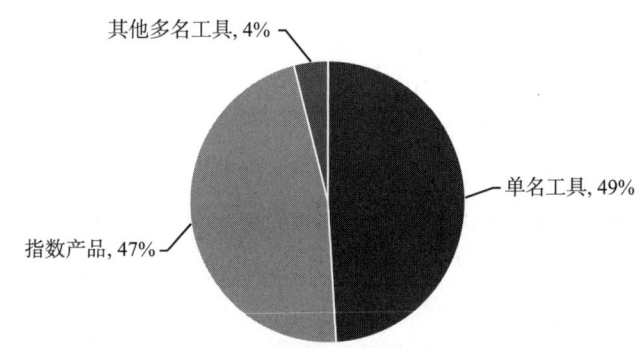

图 4-24 不同种类信用违约互换未平仓名义金额占比

数据来源：BIS 衍生产品统计（2017 年）。

产品本身的创新。信用衍生品已成为主流金融产品，被越来越多地用于分散化投资活动中。然而，这种快速的增长也引起了严重的担忧。首先，信用衍生品合约的名义价值远远超过了其标的资产的名义价值，这可能在实物交割时引发逼仓（Squeeze）。例如，Delphi 在 2005 年 10 月 8 日申请破产时，其公司尚有 20 亿美元的债券在以其面值的 60% 进行交易，据估计，与这些债券相关联的信用衍生品还有 250 亿美元。它不会自动产生问题。然而，违约最初是以"实物"方式管理的，也就是说，保护的持有人必须向卖方提供违约的证券以获得付款。不用说，这个机制使得对 Delphi 违约债券的需求激增，债券的价格猛增至远高于面值。其次,金融危机的发生凸显了金融系统内部的复杂性。它随后引起了政府和监管机构的关注,促使他们推动中央对手方"清算"尽可能多的衍生品。这有助于更好地进行净额结算和更准确地评估真正的市场头寸。2007 年和 2008 年名义总规模约 60 万亿美元,真正实行进行净额结算时,估计可以减少到其 1/10 的规模。最后,在金融危机之后的几年里,合成 CDOs 几乎崩溃,也减少了对 CDS 的需求。

4.3.2 市场参与者*

近年来,信用衍生品市场参与者多样化且发展迅速。不过,银行和对冲基金仍是这一市场的主要参与者。新出现的参与者有:保险和再保险公司、银行合成证券化部门、资产管理公司、特殊目的公司(SPV)和实体企业、中央对手方。他们在 CDS 市场中的分布占比如图 4-25 所示。

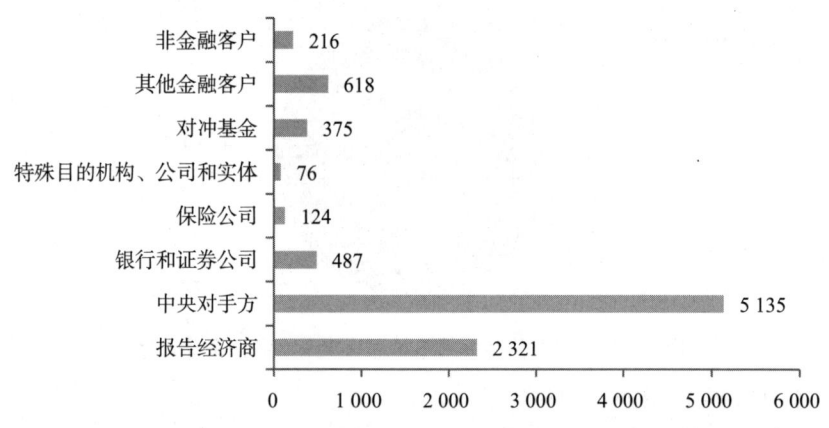

图 4-25 信用违约互换参与者的名义金额(2017 年下半年)

4.3.2.1 银行和贷款投资组合管理者*

银行是 CDS 市场的最早发起人。他们的最初动机是减少贷款的风险敞口,这同时可以减少他们的监管资本。银行还利用信用衍生品市场来对冲单实体或整体信用市场的风险敞口。

4.3.2.2 做市商*

在早期,由于对做市商有对单一企业或部门信用风险敞口量的限制,他们提供流动性的能力也被限制了。通过信用衍生品,即使在信用市场恶化时做市商也能对冲他们的信用风险敞口而维持证券组合的风险敞口不变。因此,得益于这一更有效的对冲机制,资金可以获得更高效的运用。

4.3.2.3 对冲基金*

对冲基金也是信用衍生品市场的最早参与者之一。他们的市场参与度不断提高并且创造出更多的分散化投资交易策略。过去主要关注可转债套利的对冲基金,现在也把 CDs 当作获取信用风险敞口的最有效方式。

4.3.2.4 资产管理公司*

资产管理公司显著地提高了其在信用衍生品市场的参与度。他们一般是风险的最后持有者,其或者将 CDS 作为估值工具,或者通过 CDS 提供现货市场上得不到的产品特征,如特定的到期日。在信用衍生品发展之前,表达对信用市场悲观情绪的方法,只有减少(卖出)含信用风险资产的头寸。现在资产管理公司可以通过 CDS 市场做多或者做空单个公司或者市场范围的信用风险。

4.3.2.5 保险公司*

寿险公司、财险公司等保险公司,以及再保险公司通过出售保护(风险多头)来获得购买者的保费。

4.3.2.6 企业*

企业相对来说是信用衍生品市场较新的参与者。他们大多侧重于风险管理,并越来越多地使用 CDS 指数及结构化信贷产品来增加养老金资产的收益或改善资产负债表的现金状况。

4.3.2.7 中央对手方*

中央对手方在金融危机后开始生效。随着限制系统性风险的意图和新法规的制定,中央对手方已成为场外衍生品市场的主要参与者。

4.3.3 制度框架*

4.3.3.1 盯市制度*

根据会计准则，信用违约互换和相关产品一般被认为是衍生产品。因此它必须以公允价值（即按市值计价）反映在交易方的资产负债表中，并且在每一期财务报表中反映公允价值的变动。在某些情况下，可以指定衍生产品作为现有资产或负债的对冲工具。

对 CDS 合约收益的估值方法类似于对其他金融工具的估值：将未来预期现金流贴现。按市值计价 = 名义本金 × ［合约规定的费率 − 当前市场费率（按年化基点计）］ × 合约风险调整后的久期。

为了说明这一点，假设一个 5 年期的 CDS 合约的保费为 150bp（1.5%）。如果市场费率变为 100bp，则原始合同的出售者将获得显著的收益。假设这一合约名义金额为 1 000 万美元，则收益为每年（0.015 − 0.01）× 10 000 000，即 50 000 美元，5 年共 250 000 美元。如果现金流没有风险，人们就可以用无风险利率将这些现金流折现得到现值，其值应略小于 250 000 美元。因为这些合约包含信用风险，所以它的价值小于上面的计算结果。假定 150bpCDS 的原出售方在市场价为 100bp 时平仓。那么他现在每年能从一个合同上得到 150 000 美元，而在另一个合同上支付 100 000 美元。没有违约的情况下，其净现金流是每年 50 000 美元。在违约的情况下，两个合约相互抵销使原 CDS 出售方不会有其他损益，只是失去了剩余期限的净现金流。信用违约事件发生的概率越大，卖方得不到这些现金流的可能性越大，此时信用衍生品为出售方带来的价值也降低了。

4.3.3.2 标准化的合约*

国际互换和衍生品协会（International Swaps and Derivatives Association，ISDA）对合约文件的标准化规定极大地促进了 CDS 市场的发展。ISDA 在 1999 年推出了第一个标准化 CDS 合约版本。如今，CDS 通过一个标准化的简短的确认函进行交易。这种确认函包括 2003 年 ISDA2003 对信用衍生品的定

义,并且 CDS 在一个 ISDA 主协议的总体框架下进行交易。概括起来,这些协议规定了:

- 哪些参考实体的违约将触发 CDS;
- 合约规定的所有义务;
- 违约互换的名义金额;
- 什么事件会触发信用事件;
- 信用事件的解决程序。

标准化的确认文件和市场协议极大地提高了流动性。合约双方唯一需要指明的是合约的特定条款(比如:参照实体、到期日、信用价差、名义金额)。交易的方便性也增加了,因为 CDS 参与者不仅可以撤销交易,还可以同另一个交易对手签订一个相反的对冲合约。与其他衍生工具一样,CDS 在标准的 ISDA 合约下能更方便地与其他参与方签订。另外,单实体的 CDS 合约通常在标准的季度结束日到期。这两个特征提高了 CDS 的流动性,也促进了 CDS 市场的发展。ISDA 的标准化合约在强大的信用市场压力下经受了检测并被证明是有效的。如世通公司在 2007 年 7 月申请破产之时,据估计,当时还有 600 份 CDS 合约没有平仓,名义价值超过 70 亿美元。更近一点的,帕玛拉特(Parsapat SPA)在 2003 年 12 月违约时,有近 4 000 份约 100 亿欧元的 CDS 未平仓。此外,帕玛拉特是一个初始信用指数的一个成分实体。在上述所有情形下,合约没有遭受任何技术性问题全部被结清,没有任何争议和诉讼发生。然而,相信结算总是顺利进行是错误的,最近由 Banco Popular 案件引起的不安很好地说明了,对 CDS 所有者的赔付在今天仍然可能存在不确定性。

4.3.3.3 交易对手方的考虑*

在信用事件发生后,合约的买方(风险空头方)把参照实体的可违约债券交付给卖方(风险多头方)并得到债券的面值。因此,保护买方的一个附加风险是卖方在参照实体违约时有可能不能全额支付债券面值。这种风险叫作交易对手风险,其最大值是面值减去回收额。虽然遭受损失的可能性很小,类似于债券违约,但一旦发生,损失的金额是相当大的。市场参与者的交易对手风险通常可通过交易双方抵押品的存放[ISDA 的主协议的抵押支持附录(Collateral Support Annex, CSA)中有相关定义]降低。

4.3.4 信用违约互换（CDS）*

4.3.4.1 定义*

信用违约互换本质上是一个双边协议，是一方（信用保护买方）为获得约定期限内参考债券（Pre-specified Reference Bond）因发行人发生破产或债务重组等信用事件而价值受损部分的补偿，而向另一方（保护卖方）支付周期性费用的合约。这笔补偿通常等于参考债券的面值与发生信用事件后的回收价值之间的差额。保护买方向卖方支付的费用通常被称为"信用利差"，以合约名义价值的年基点表示，一般按季度支付。

【例4-8】金融危机之前，福特5年期的信用违约互换合约报价为160bp。这意味着，如果你想为福特信用购买一个5年期的1 000万美元的保护，那么你需要每个季度支付40bp，即40 000美元作为你获得保护的保费。

其实CDS的机制是很简单的，如图4-26所示，如果没有违约发生，则不会有关于CDS的偿付。

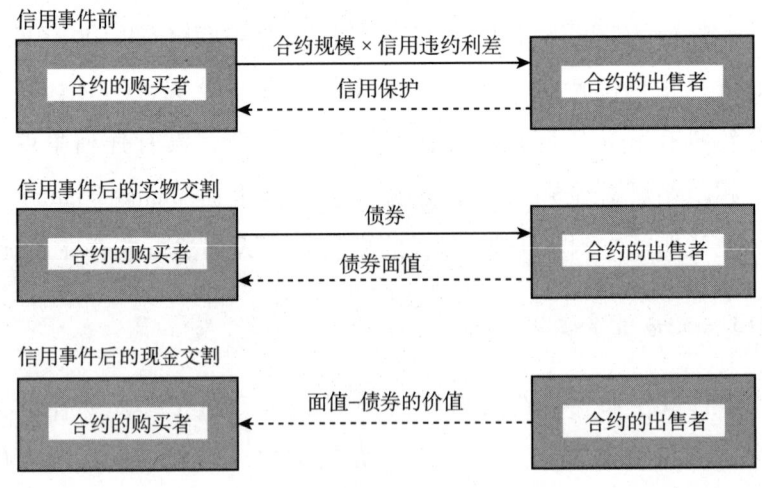

图4-26 信用违约互换的机制

注意：
- 一旦信用事件发生，保护买方就可以停止支付信用利差——即他只需要一直支付利差到信用事件发生前。这使得双方都能在信用事件发生后迅速平仓，降低可能存在的管理成本。

- 虽然价差一般是周期性支付，但也有一些互换合约会提前一次性支付。依标的信用不同，CDS 被赋予不同的名称，代表不同类型的 CDS。
- CDS：表示标的债务是由公司或国家发行的高级未担保债券。
- LCDS：贷款 CDS（Loan - only CDS），其合约标的为有担保的银团杠杆贷款。它们处于资本结构的较高部分，比 CDS 有更高的违约回收率。
- MCDS：市政 CDS（Municipal CDS），参考实体为市政当局，参考债务为市政债券。
- ABCDS：基于结构化证券的 CDS（CDS on structured securities），标的券一般为资产支持债券。
- 优先股 CDS：基于优先股的 CDS。

从经济学的角度来看，所有的 CDS 与购买信用事件的保险是相似的。因此这些合约可能与期权而不是互换更为接近。合约购买者实质上有在信用事件发生时以面值出售标的债券的权利。然而，与传统期权不同的是，CDS 的"期权费"是分期支付的，而不是一次性支付。另外注意到 CDS 的价格通常以基点（bp）表示，其价格可以看作对参考实体信用风险的衡量。

4.3.4.2 CDS 和债券收益率[①]*

为了确定 CDS 的利差，我们可以考虑由一份平价发行、收益率为 6% 的 5 年期公司债和一份报价为 150bp 的 5 年期 CDS 多头组成的资产组合，则这个资产组合（近似）等价于一个年收益率 4.5% 的无风险债券多头。因此，CDS 的作用是将公司债券转化为一个无风险（至少接近无风险）债券。事实上，如果债券发行人没有违约，投资者每年可以获得 4.5% 的收益（6% — 1.5%）。如果债券确实发生违约，那么投资者将在违约前获得 4.5% 的年收益，在违约发生时因 CDS 而获得债券面值赔付，然后在违约后的剩余期限内（5 年——违约发生时点），可以将已获得的本息以无风险利率进行投资。因此，理论上，n 年的 CDS 报价 s 应该与按面值出售的 n 年期公司债的收益率 y 减去无风险利率 r 的值接近，即：

[①] J. Hull, M. Predescu, A. White, The Relationship Between Credit Default Swap Spreads, Bond Yields, And Credit Rating Announcements, Journal of Banking and Finance, 28 (Nov. 2004), 2789 - 2811.

$$s = y - r$$

否则就会存在套利机会。

当然上述关系只在一定的假设下近似成立,而现实中存在很多违背无套利假设的情形,具体如下:

- 套利理论假设市场参与者可以卖空公司债券,这在现实中只能部分成立。
- 套利理论假设市场参与者可以以无风险利率借贷,这在现实中几乎不可能。
- 套利理论没有考虑信用违约互换中的"最便宜交割债券"选择权问题。但事实上,在违约事件发生后,CDS 买方有权在一组债券中选择其中一种进行交割。
- 套利理论假设利率是常数,因此按面值交易的债券始终按面值交易。当然,通过将套利中使用的公司债券定义为按面值发行的浮动利率债券,将无风险债券定义为按面值发行的浮动无风险利率债券,可以去掉利率为常数的假设。不幸的是,在实践中,几乎没有按面值发行的浮动利率公司债券。
- 套利理论假设不存在对手风险,但 CDS 买方会承受对手方违约的风险。
- 考虑到税收的影响和流动性因素,与附加 CDS 的公司债券或附加公司债券的 CDS 相比,投资人更倾向于投资无风险债券。

不过,上述等式的主要问题还是如何选择无风险利率 r。债券交易商通常将零息国债到期收益率曲线看作即期无风险利率曲线,认为公司债券的利差等于公司债券的到期收益率减去具有相似条款的政府债券的收益率。而衍生品交易商通常在定价模型中将互换收益率曲线(有时也称作 SOFR 收益率曲线)作为即期无风险利率曲线。他们认为 SOFR 或互换利率与资本的机会成本非常接近。

选择零息国债收益率曲线作为即期无风险利率曲线是因为通常债券的收益率反映了发行实体的信用风险,而由政府发行的本国货币债券是没有信用风险的,因此它的收益率应该等于无风险利率。但事实上,除了信用质量以外,还有许多其他因素,诸如流动性、税收、监管等会影响债券的收益率。例如,美国政府债券的收益率要明显低于其他零信用风险或超低信用风险债券的收益率。原因在于:首先,国债会被金融机构用于满足各种各样的监管需求；其次，金融机构投资国债需要提取的资本拨备要明显小于投资同信用级别的公司债券；最后，国债的利息收入是免州税的，而其他固定收益债券的利率需要缴纳州税。正是由于这些非信用风险的存在，美国国债到期收益率要低于其他低风险债券。

互换即期利率收益率曲线通常是通过 SOFR 存款利率、欧洲美元期货和互换利率计算出来的。互换收益率曲线的信用风险具有一定的迷惑性。在互换收益率曲线中，期限小于一年的收益率就是 SOFR 存款利率，即为银行间市场金融机构愿意将资金出借给另一金融机构的短期利率，而借款机构必须要达到可以接受的信用等级（通常是 Aa）。以此类推，我们可以假设长期利率也应该是 Aa 级机构可以借款的利率。但事实并非如此，当 n > 1 时，n 年期互换利率要低于 Aa 级金融机构借款 n 年的利率，因为利率互换代表的是一个 Aa 级金融机构进行一系列短期贷款的信用风险，而不是一个 Aa 级金融机构长期贷款的信用风险。例如，考虑一个 6 个月期 SOFR 与固定利率互换的 5 年期利率互换，银行在签订这一互换合约（支付浮动利息，获取固定利息）的同时，向一些低风险公司提供连续 10 次的 6 个月期贷款，假设这些公司都是在 6 个月借款的期初符合 SOFR 借款条件的信用良好的公司，此时银行获得的组合收益正是 5 年的互换利率。从中我们可以看出，通过互换收益率曲线计算出的利率是风险非常低的利率，当然并不是完全没有风险的，但它同样是不需要交税的利率。

实证研究表明，信用违约互换市场通常也使用互换收益率而不是政府债券收益率作为无风险利率。更精确的计算结果表明，市场通常将互换利率降低 10bp 作为无风险利率。因此，在前面的等式中：r = 互换利率 − 10bp。这个假设是合理的，因为 10bp 是 AA 级 6 个月期金融工具合理的违约风险溢价。

4.3.4.3 信用事件*

一般决定到期偿付的信用事件、偿付义务以及交割机制都是交易双方在交易初期协商制定的。为便于交易，大多数 CDS 合约所采用的确认文件及法律定义都是由国际互换和衍生品协会（ISDA）规定的。ISDA2003 版 CDS 的标准文件还特别规定了多种触发事件：

- 破产（Bankruptcy）是指参照实体无力偿债。当破产导致参照实体违约时就认为它已经发生了。破产的认定是一个公司无力偿债的书面证明，必须由执法部门、监管部门或行政部门提供文件认定。

• 无法支付（Failure-to-pay）是指参照实体经过一定的宽限期后，仍不能支付到期的本金或利息。在CDS合约中通常会规定最低的偿付金额，当买方损失超过这个金额时，该信用事件被触发（默认为100万美元）。

• 债务重组（Debt Restructuring）是指债务条款结构发生了不利于债权人的改变。重组是目前所有触发事件中最麻烦的，因为"不利的改变"是一个很模糊的概念。与破产或者无法支付不同，它的主要问题在于一些债务重组可能并不会导致投资者的损失。而且，如果债务重组涉及交换不同息票或者不同到期日的债券，即使投资者遭受了财物损失，损失的数量也很难确定。因此，一些市场参与者更倾向于将重组条款从一个信用衍生品合约中完全排除，或者限制条款的范围。目前，ISDA协议提供了处理债务重组事项的四种选择：

◆不重组：该选项完全将重组从合约的信用事件中排除，以消除合约出售者在合约购买者未产生损失的情况下遭受一个"软"信用事件带来的偿付可能性。

◆完全重组：该选项允许合约购买者在债务重组以任何形式发生后向合约出售者交付任意到期日的债券。

◆修正重组：修正重组最近几年在北美非常流行，它规定只有重组发生后距到期日少于30个月的债券为可交付债券。

◆修正的修正重组：这是修正重组的修正版，它的产生是因为修正重组对于可交付债券限制过于严格。修正的修正重组通常在欧洲比较流行，它将可交付的债券期限延长至重组发生后的60个月。

• 债务加速（Obligation Acceleration）是指由于参照实体违约使得它的债务提前到期和偿付，当买方损失超过CDS合约中规定的最低偿付金额时，该信用事件被触发（默认为100万美元）。

• 不能履行债务（Obligation Default）包含一个参照实体不能履行其中一项债务的情况。如果"债务加速"被规定为一个参照实体的信用事件，那么在同一交易中，就不能再将"不能履行债务"也规定为信用事件。

• 拒绝履行（Repudiation）/延期偿付（Moratorium）是指债券的发行者

（参照实体）拒绝它的债务，拒绝支付利息或本金，或者宣布延期偿付所有的或者一部分债务。

4.3.4.4 交割*

信用事件发生后，第一步是由买方或卖方发出"信用事件通知"，这个通知描述了触发方认为已经发生的信用事件，一旦该信用事件被证实，信用事件通知即被认可，合约会进入交割阶段。然后信用违约保护的卖方按照合约规定，通过实物交割或者现金交割对保护买方进行补偿。

实物交割（Physical Settlement）是市场标准。它是指在信用事件之后，保护买方向卖方交付面值与合约名义金额相等的"可交付的债务"，然后合约卖方向买方交付与名义金额相等的现金。

在实践中，合约的购买者可以交付任何符合标准的，由参照实体发行的，与合约中指定债券优先级别相同的债券。通常一个 CDS 合约会明确指明违约事件后可以交割的一组债券，它们可能有相同的等级，但在违约发生后可能不会按照面值的同样比例出售。这为 CDS 的持有者创造了一个交付最便宜交割债券（Cheapest–to–deliver）的期权。如果发生违约事件，合约的购买者会在市场上购买最便宜交割债券以达到交割的要求。之所以出现这个现象，原因是：对违约事件的索赔等于债券的票面价值加上应计利息。因此，在违约时具有高的应计利息的债券在违约后价格会较高。同时，市场会假设在公司的重组过程中部分债券的持有人会比其他的持有人获得更好的收益。

除非已经持有可交付资产，合约购买者通常会选择现金结算（Cash Settlement）以避免任何潜在的标的资产夹仓。另外，用信用互换合约来合成信用空头的合约买方也会选择现金交割。

考虑到这种双边协议的性质，交易双方通常会同意根据违约债券的市场价格（如面额为 100 的市价为 40）结束交易，该价格通常为数个做市商对这种债券报出价格的平均值，保护卖方会向买方支付差额（上例中为 $100-40=60$），这被称为"现金交割"。债券的回收价格（在本例中为 40）是不确定的，只能在信用事件之后决定。

【例 4–9】假设一个投资者有利率为 6.75%、第 N+3 年 2 月 7 日的福特汽车公司的 1 000 万美元的债券。他害怕信用的质量会进一步恶化，因此购买了一个 3 年期、到期日为第 N+3 年 3 月 20 日的 CDS。签订合约时的 CDS 利差报价为 167bp。从 CDS 现金流（见图 4-27）可以看出，只要没有发生违约，投资者每季度都需要向出售者支付 10 000 000×0.25×0.0167=41 750 美元。实际上，我们可以通过计算各季度的实际天数（A）得出每季度的支付（A/360）×10 000 000×0.0167。如果发生违约，合约买方仅需要支付保费到违约日，而合约的出售者必须进行违约偿付。

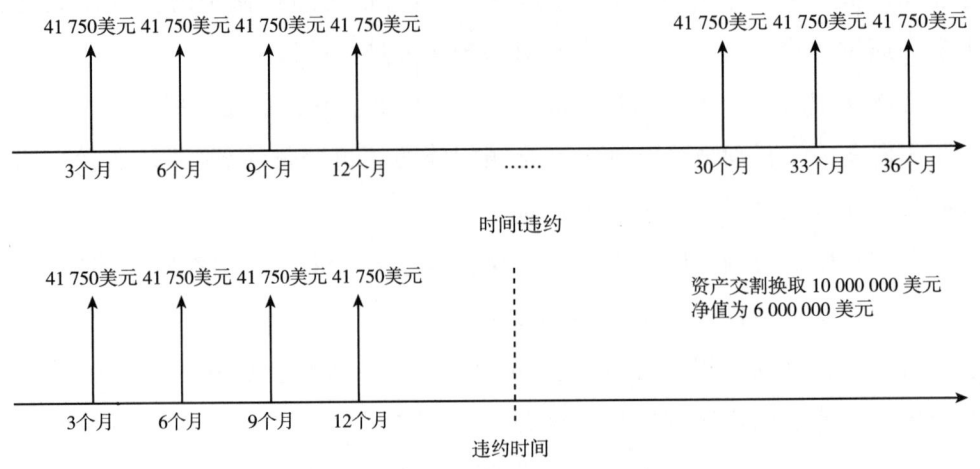

图 4-27 CDS 合约的现金流

假设回收率是 40%。如果发生违约，在现金交割的情况下，保护卖方要向保护买方支付 6 000 000 美元，同时获得违约日当天的最后一期应付保费。在实物交割的情况下，保护买方需要将价值 4 000 000 美元的福特债券交给保护卖方，以换取 10 000 000 美元的赔付。

4.3.4.5 信用违约互换：彭博资讯的例子*

鉴于信用违约互换的重要性，不难想象金融市场已经有一系列对这些产品进行描述和估值的工具。在接下来的部分，我们简单地展示彭博（Bloomberg）关于 CDS 的常用市场数据显示屏。这里略过所有的技术细节，仅展示 CDS 交易中比较关键的信息（彭博的每一个页面都有帮助功能，用于介绍指标计算的所有细节）。

首先，我们需要找出存在的 CDS 合约（或者建立新的 CDS）。下面以电信行业未平仓 CDS 的查找为例介绍。让我们查找 2018 年 7 月的 Deutsche Telekom

AG 的信用违约互换，这是一个 5 年期、报价为 54.34bps 的 CDS。最近价格下跌了 0.54bps，最近的 3 个月里共上涨 12.4bps（见图 4-28）。

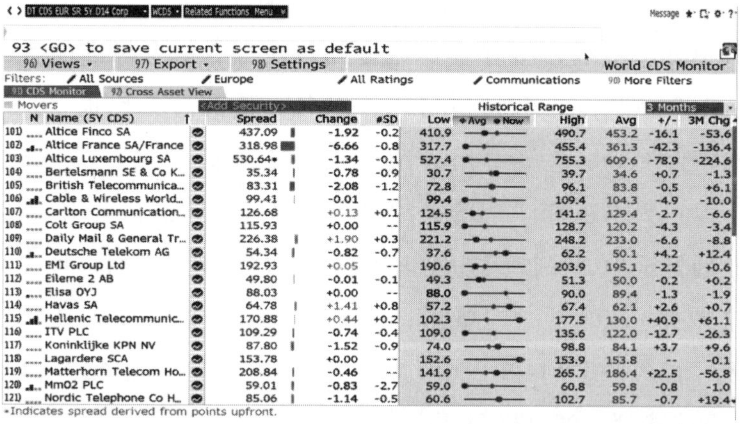

图 4-28 从现有的 CDS 中选一个信用违约互换合约

可以借助彭博界面上的"CDSW"查看我们选择的 CDS 的细节（见图 4-29）。

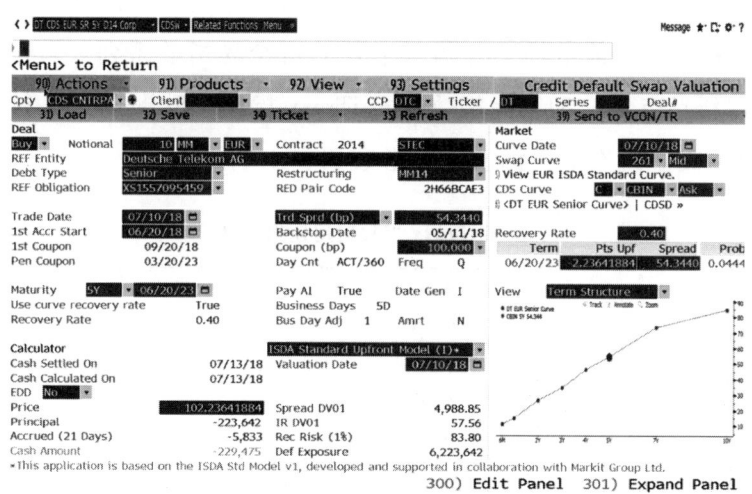

图 4-29 信用违约互换计算器 CDSW

我们可以看到许多关于这份 DeutscheTelekom 信用违约互换的参数。这些信息包括一些交易细节：发行人，面值 100 万欧元，到期日为 2023 年 6 月，息票率为 100bps 且支付频率为季度，假定回收率为 40% 等。

2009 年，ISDA（国际互换和衍生品协会）发布了"大爆炸"协议，试图通过标准化合同来推动 CDS 市场的发展。在此日期之前，CDS 是平价交易的，也就是说，进入成本为零。它们按平价价差报价，这使得 CDS 的净现值为零。对于所有的保护买家来说，进入的成本是零，他们只需要支付定期的票据付款。

在"大爆炸"之后，所有的 CDS 合同现在都有一个标准的票息（在上面的例子中是 100 个基点）和预付费用，以名义值的百分比报价——预付点数（PUF），或平价价差。这笔费用必须给出报价就好像保护买方会支付一样。换句话说，保护买方在签订 CDS 合约时将支付或收到预付费用。

在上面的例子中，保护买方应该支付 54.4 个基点。如果他支付 100 个基点（即标准票据），即更高的票据，他应该得到补偿。简单计算建议金额为 10 000 000 × (1% − 0.544%) × 5 年 = 228 000 欧元。根据彭博社所建议的准确计算，赔偿额为 229 475 欧元。

4.3.4.6 指数 CDS 产品*

随着信用违约互换市场的重要性日益增加，指数发布商开始创造可交易的信用违约互换指数，即 CDS 的标准化投资组合，它也成为投资银行发行结构化证券的基础。当前市场上有两只主要的可交易指数系列：道琼斯 CDX 指数（北美和新兴市场）和国际指数公司 iTraxx 指数（欧洲、日本和亚洲），它们都属于 Markit。现有的欧洲 iTraxx 指数如表 4-7 所示。

表 4-7　　　　　　　　　　欧洲 iTraxx 指数信用违约互换

指数名称	主体个数	描述
iTraxx Europe	125	在指数滚动之前的 6 个月里，交易最活跃的主体
iTraxx Europe HiVol	30	来自 iTraxx 欧洲指数的最高价差（风险最大）的非金融主体
iTraxx Europe Crossover	75	次投资级别的主体
iTraxx LEVX	40	欧洲第一留置权贷款 CDS
iTraxx Non-Financials	100	非金融主体
iTraxx Financials Senior	25	高级从属的金融主体
iTraxx Financials Sub	25	初级从属的财务主体
iTraxx TMT	20	电信、媒体和技术主体
iTraxx Industrials	20	工业主体
iTraxx Energy	20	能源工业主体
iTraxx Consumers	30	消费产品的制造业主体
iTraxx Autos	10	汽车行业主体

数据来源：Markit 网站和维基百科。

这些 CDS 指数产品有固定的参考实体和到期期限。成分 CDS 的名字会留在指数里，直到这个 CDS 合约由于信用事件被触发。新的指数——称为当期指数（On-the-run-indices）——每 6 个月推出一次（一年两次）。当期指数将采用新的参考实体进行编制。包含在指数中的单实体信用违约互换（单名信用违约互换，Single-name CDS）的挑选过程是十分严格的，在市场中表现突出且流动性强的单实体信用违约互换是首选。有一些 CDS 指数包含分类指数（Sub-indices），这些分类指数通常依据信用评级、行业领域或参考实体所在地区来分类编制。另外久期和流动性也是创造新指数的部分依据。现存的指数——称为非当期指数（Off-the-run）——会一直交易到到期日。当然，当期指数会比非当期指数更具有流动性。

例如，上面提到的 iTraxx 欧洲指数包含了 125 个欧洲投资级实体［10 个汽车类实体，30 个消费类实体，20 个能源类实体，20 个工业类实体，20 个 TMT（科技、媒体和通信）类实体，25 个金融类实体］，这些实体在发行日前 6 个月具有最高的 CDS 交易量。每年 3 月 20 日和 9 月 20 日（称为滚动日，Roll Date）会推出一个新的指数系列。新指数于滚动日开始上市，指数中的每个实体是等权重的。在新的指数系列发布之前，做市商会通过电话会议就指数的组成、参照债务、利息水平及回收率等问题达成一致。

当期指数系列发行时，其 CDS 主要涉及报价（保费）的确定问题。就 iTraxx 系列 5 年期欧洲指数而言，票息是 100bps，"交易利差"是 67bps。换句话说，进入这个 CDS 相当于每季度支付 100 个基点的票息，即每 3 个月支付 25 个基点，并以现金方式结算。1 000 万欧元的名义金额的一次性预付款是 166 485 欧元。在这个例子中，一个愿意对冲信用风险并支付 100 个基点的票据的投资者收到了一笔预付款（见图 4-30）。

假设一个投资者想以无资金/CDS 的形式获得 1 000 万欧元的 iTraxx 欧洲风险敞口，成为保护卖方。如果在合同的有效期内没有发生信用事件，投资者将继续收到基于原始名义金额的保费（100 个基点），直到到期。

相反，如果信用事件发生（例如某参照实体在第三年发生信用事件，该参照实体的权重是 0.8%），投资者将付给做市商 80 000 欧元（0.8% × 10 000 000），而做市商需要将面值为 80 000 欧元的参照实体可交付债券交给投资者。用于计算保费的名义本金此时将减少 0.8%，变为 99.2% × 10 000 000 =

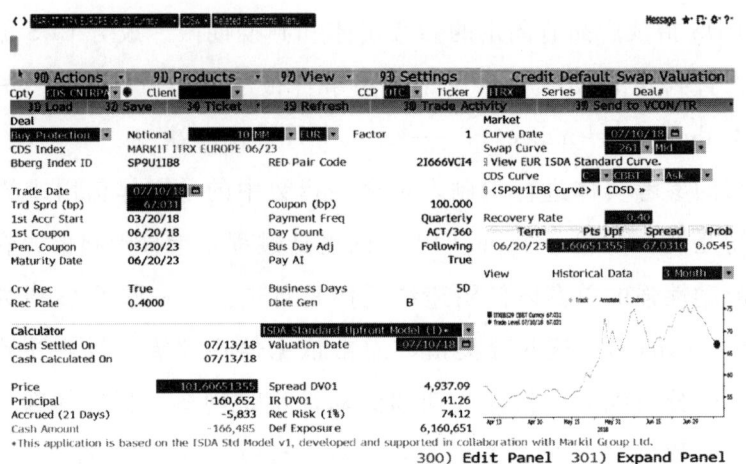

图 4－30 信用违约互换指数

9 920 000 欧元。在信用事件发生之后，投资者在到期日或者新的违约事件发生前将继续按季度收到名义本金为 992 万欧元，年费率为 100bps 的保费。

图 4－31 展示了 iTraxx9 系列 5 年期欧洲指数的部分指数成分以及它们相应的权重。名为“spread”的最后一栏给出了对应的 5 年期 CDS 的最近的费率。

MARKIT ITRX EUROPE 06/23 1) Export to Excel CDS Index Member List

Index MARKIT ITRX EUROPE 06/23 BB Number ITRXEBE
RED Code 2I666VCI4 Deal Spread (bp) 100
1st Accrual Start Date 03/20/18 Current Spread (bp) 66.3720/67.0310
Maturity Date 06/20/23 Version 1

Sector All Pricing Source Derived Spreads

Company Name	Wgt	ISIN	RED Pair	Corp Tkr	5 Yr CDS Tkr	Spread (bp)
11) Accor SA	0.800	FR0011731876	0A477BAF4	ACFP	CACC1E5	N.A.
12) Aegon NV	0.800	XS0105290349	007GB6AA0	AEGON	CAEGO1E5	72
13) Airbus SE	0.800	XS1050846507	NN2A8GAB3	AIRFP	CAER1E5	39
14) Electrolux AB	0.800	XS1148169060	0B11AHAF1	ELTLX	CELT1E5	54
15) Volvo AB	0.800	XS0858089740	9BAGDBAE2	VLVY	CVLVY1E5	60
16) Akzo Nobel NV	0.800	XS0719962986	0B11AIAE2	AKZANA	CAKZO1E5	55
17) Allianz SE	0.800	XS0406076843	DD359MAI7	ALVGR	CALZ1E5	35
18) Anglo American PLC	0.800	USG0446NAG90	037CDUAG5	AALLN	CAALL1E5	167
19) Anheuser-Busch InBev SA/NV	0.800	BE6258027729	BBRV5GAB2	ABIBB	CY021331	73
20) Assicurazioni Generali SpA	0.800	XS1014759648	0E996BAF8	ASSGEN	CASS1E5	122
21) AstraZeneca PLC	0.800	XS1411403709	04A988AD8	AZN	CAZN1E5	38
22) Atlantia SpA	0.800	XS0193945655	TT594FAD6	ATLIM	CATS1E5	105
23) Auchan Holding SADIR	0.800	FR0010746008	FF4D9PAA2	AUCHAN	CAUCH1E5	90
24) Aviva PLC	0.800	XS1509003361	GG6EBTAH9	AVLN	CAVL1E5	54
25) AXA SA	0.800	FR0011380468	FF667MAF3	AXASA	CAXA1E5	52
26) BAE Systems PLC	0.800	XS0789683462	05A75UAF8	BALN	CBAE1E5	64

300) Edit Panel 301) Expand Panel
480 BN 9:34 Pennon News Interest Jumps; Shares Decline 4.1%
479 EDG 9:34 Trovagene, Inc.: 8-K 2018/07/09
BN 9:34 *TRADING RESUMED: SAH (NYSE)

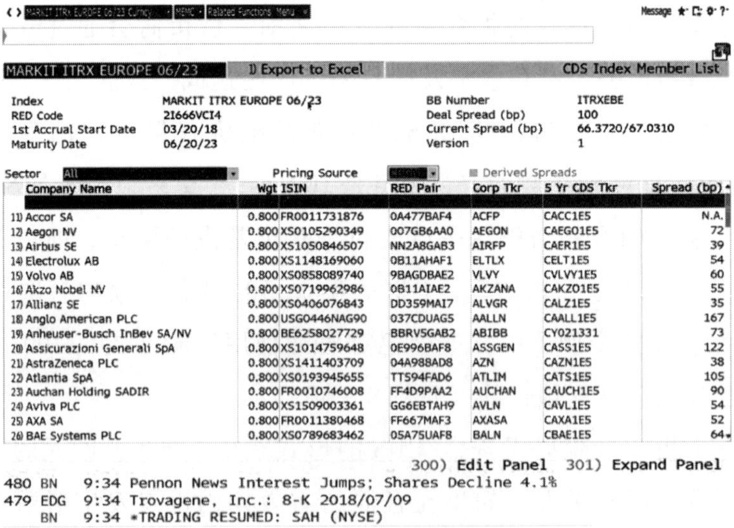

图 4－31 部分指数成分及价值权重

CDS 指数是一项重要创新，它使得市场参与者可以以更低的成本在一个更具流动性的市场交易标的资产范围更广的信用产品。现在，可交易的 CDS 指数已经可以覆盖特定行业、各个地区和各种信用评级。

4.3.5 信用联结票据*

信用联结票据（Credit Linked Notes，CLN）是在传统的固定收益结构中嵌入一个信用违约互换的证券。它对某些债券投资者很有吸引力，同时也允许发行人转移特定的信用风险。

广义上说，CLN 是一个本金或有的债务工具，本金的实现依赖于参照实体发行的特定参照资产的信用表现。如果参照实体在 CLN 的整个存续期间没有发生任何信用事件，那么本金将在到期时偿还给投资者。如果参照实体发生了信用事件，CLN 将被赎回，投资者将不会收回原始投资的本金，而是得到由参照实体发行的债券。CLN 投资者因此承担了由于参照实体违约可能造成的潜在损失。作为回报，他们也获得一些额外的收益，通常是获得更高的票息。

实践中的操作过程举例如下：假设一家银行发行了中期票据并且想要构造一个 CLN。一般过程如下（见图 4-32）：

图 4-32　银行出售信用互换并且发行 CLN，投资者购买 CLN 并获得定期利息支付

- 银行挑选一个参照实体并且基于它出售 CDS 合约。出售合约意味着银行从 CDS 合约的对手方获得了定期的固定支付。
- 银行发行与 CDS 本金数量和到期日相同的 CLN。CLN 的终止条款应该与 CDS 的相关条款完全相同。CLN 的投资者可以向银行支付现金购买票据。
- 银行在 CLN 到期之前必须向投资者定期支付利息。

假设参照实体没有发生信用事件，投资者将在到期时获得投资本金，就像持有一个普通债券一样（见图 4-33）。

图 4-33　到期且无信用事件发生

- 但是如果参照实体发生了信用事件，那么投资者将遭受信用损失（见图4-34）：
- 银行所出售的 CDS 合约被触发。银行必须向 CDS 合约的对手方支付与合约本金数量相符的现金。银行获得一个可交割工具——由现在已经违约的参照实体发行的债券。
- CLN 合约同样被通知发出。银行向 CLN 投资者交付面值与其投资本金相同的、参照实体发行的债券。投资者因此遭受损失，因为交割债券的价值将比原始的投资本金要少，损失的程度取决于交割债券的市场价值。

图4-34 到期且信用事件发生

实质上，CLN 投资者所处的位置等同于他们持有债券的同时向银行出售了以该债券为标的的 CDS 违约保护，因此他们通过 CLN 可以获得比普通债券更高的息票率。

【例4-10】一个投资者有 100 万美元的本金，打算投资于墨西哥 10 年的国家信用。一种投资策略是直接购买收益率为 5.75% 的 10 年期墨西哥债券，另一种策略是将这笔钱存 10 年获得无风险收益，收益率 4.95%，同时出售 10 年期面值为 100 万美元的墨西哥债务的 CDS 合约，获得每年 1.2% 的保费，无风险利率（4.95%）加上保费（1.2%）比债券的收益率 5.75% 要高。在第二种投资策略下，投资者其实创造了一个 CLN 多头。

注意：
- CLN 的持有者承担了票据发行者和 CLN 合约中规定的参照实体的信用风险敞口。
- 受到操作、法律或者监管约束而被限制交易的信用衍生品投资者也可以通过 CLN 进行他们想要的投资。
- CLN 的息票率、到期日、标的实体（Underlying）等可以灵活调整以符合投资者的需要。
- CLN 可以在交易所上市，也能被评级机构评级。

自 1997 年以来 CLN 变得越来越流行，因为银行需要降低它们对公司或新兴市场贷款的违约风险敞口。最近，CLN 还有助于银行满足其监管资本的要求，因为 CLN 发行者不承担参照债券的信用风险。

CLN 的标的可以是单实体、一篮子实体，或者与第 N 个实体违约相关联。这里简要回顾一下这些术语。

单实体 CLN（Single name CLN）只有一个参照实体。如果在 CLN 存续期间没有信用事件发生，CLN 的持有者将定期获得票面利息，同时在 CLN 到期时收回本金。如果在到期以前发生了信用事件，事件发生后将停止支付本息，单实体 CLN 通过交割参照资产赎回。

一篮子 CLN（Basket CLN）表示有一篮子的参照实体。投资者在 CLN 到期日前或者一篮子参照实体中第一次发生信用事件前获得固定的票面利息。在典型的一篮子 CLN 中，如果发生了信用事件，CLN 的名义金额将按照相关参照实体在篮子中所占的权重等比例减少，同时投资者将获得面值等于相应比例的本金，由信用事件发生实体发行的债券的回收价值（现金赎回）。由于 CLN 的名义金额已经减少，票面利息的支付也将等比例减少或者被重新设置息票利率。

注意与单实体 CLN 不同的是，一篮子 CLN 并不因为一起信用事件的发生而终结。剩余的名义资本将在剩下的期限里继续接受信用时间的考验。由于有了一篮子 CLN，每个参考实体的潜在损失被限制在它们在篮子里所占的比重范围内，例如，在一个 CLN 篮子里有 5 中等权重的实体，投资者在每起信用事件发生时损失的最大值为名义本金的 20%。

【例 4 – 11】考虑一个有银行发起的 1 000 欧元的一篮子 CLN，参考篮子有 5 种 200 万欧元面值的债券 A、B、C、D 和 E 组成。CLN 平价发行。

发行时的流程如图 4 – 35 所示。

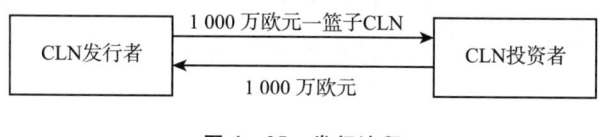

图 4 – 35　发行流程

在 CLN 的存续期间，如果没有违约，现金流如图 4 – 36 所示（息票率可以是固定的或者浮动的）。

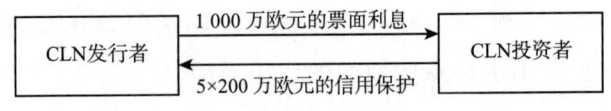

图 4-36 现金流（没有违约）

如果参照实体 B 违约，CLN 篮子中的 200 万欧元将被赎回，现金流如图 4-37 所示。

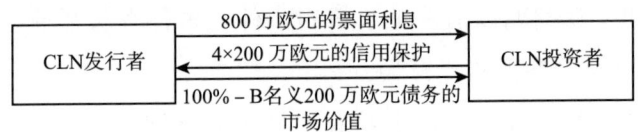

图 4-37 现金流（发生违约）

N 次违约 CLN（N^{th} - to - default CLN）也是基于一篮子参照实体的票据。与一篮子 CLN 名义本金随信用事件发生等比例递减不同的是，当发生信用事件的参照实体的数量达到预先约定的值 N 时，N^{th} - to - default CLN 的卖方进行偿付，合约终止，因此首次违约 CLN（First - to - default）将在第一次有参照实体发生信用事件时终止，二次违约 CLN（Second - to - default）在累计两个参照实体发生信用事件时终止，以此类推。

与一篮子 CLN 相比，N 次违约 CLN（N^{th} - to - Default CLN）每个参照实体发生信用事件带来的潜在损失并不限于该参照实体在篮子中的权重，而是 N 次违约 CLN 的所有名义本金。当第 N 个参照实体发生信用事件时，利息将不再支付给投资者，同时 N 次违约 CLN 将面值等于总名义本金，由第 N 个违约实体发行的债券的市场价值以现金的方式支付给投资者（现金赎回）。换句话说，在 N 次违约 CLN 里，投资者可能遭受的最大损失为 100%（而非 20%）名义本金，这种偿付取决于第 N 个信用事件的发生，即取决于某个参照实体，即使在 N 次违约 CLN 里有 5 个实体也同样如此。

4.3.6 其他信用违约互换产品*

基于单实体 CDS 所创造的信用工具使得投资者可以根据他们对信用的波动、利差曲线的形状及回收率的判断进行交易。后来产生的花样繁多的信用产品包括：CDS 期权、数值违约互换、回收率互换、固定期限 CDS、信用利差互换、第一次违约篮子和合成抵押债务证券。鉴于抵押债务证券（CDO）市场份额增长迅速，本节的剩余部分将对其进行详细介绍。

合成抵押债务证券（Synthetic Collateralized Debt Obligation，也称作抵押互换债务或 CDO）实质是一篮子信用违约互换的变形。它将一篮子参照实体的违约风险打包，并分成不同层级，参照投资组合的损失风险被分为逐渐升高的多个层级。损失将最先影响"权益层"或"第一损失"层，其次是"中间"层，最后是"优先层"和"超优先层"①。投资者依据他们所购买的债券层级承担信用风险并获取相应的利息收入。

通过将标的资产组合的信用风险重新分配，满足不同投资者的风险或收益需求，信用分层提高了市场的有效性。合成 CDO 在历史上一直是"量身定做"的，这意味着是终端投资者选择标的投资组合、各层级金额及层级规模。现在也产生了以道琼斯 CDX 和 iTraxx 指数中的信用风险作为标的的标准化合成抵押债务证券。这些分块指数产品创新出标准化的、具有流动性的、信息透明的信用工具来交易不同层级的信用风险。它使得对冲其他 CDO 结构或者发现市场隐含的关联性违约成为可能，而后者是驱动分级信用市场的关键。

4.3.7 信用违约互换的利差波动*

除了信用事件，信用违约互换还可由于其他的原因改变价值。类似于债券，当参照实体的信用风险增大时利差就会变大，而当参考实体的信用状况改善时，利差就会缩小。

【例 4-12】投资者 B 购买了一个 5 年期的信用违约互换（风险空头），每年支付 50bp 的费率。假设一年后费率上涨到每年 75bp。投资者 B 可通过卖出一个 4 年期费率为 75bp 的信用保护来平仓该头寸。于是投资者 B 将收到约等于剩下 4 年里每年（75bp-50bp）乘以面值的收益的现值。

流动性最强的合约是期限为 5 年和 10 年的，市场正在提高所有期限的合约的流动性。投资级债券标准的交易规模是 1 000 万到 2 000 万美元，而高收

---

① "超优先"层的优先级高于 AAA 级层。

益债券的标准规模为 200 万到 500 万美元。在欧洲，最常见的是 1 000 万欧元的高信用级别证券和 200 万到 500 万欧元的低信用级别证券。

4.3.8 信用衍生品：信用违约的互换估值*

典型的 CDS 合约通常会有两种可能的现金流——固定现金流和或有现金流。固定现金流是指保护买方在 CDS 到期前或参照实体发生信用事件前所支付的一系列固定的保费。或有现金流是指一旦参照实体发生了合约指定的信用事件，合约的出售者所做的赔付。我们如何给这样一份合约定价呢？

4.3.8.1 构造合成 CDS*

首先，我们注意到一份 CDS 合约可以用一个资产互换来复制。具体的交易设计如下（见图 4-38）：

- 购买固定利率的参照债券（资产）可以得到定期的利息收入，我们定义息票率为 c。
- 用浮动利率融资得到步骤 1 中购买债券的资金，这需要定期支付利息，利息率为 SOFR 加上 s1 的利差，即 SOFR + s1。
- 参与一个利率互换，支付固定利率 c 获得浮动利率 L + s2。
- 以上交易结果是得到一个固定的现金流，净息票率为 s = s2 − s1。

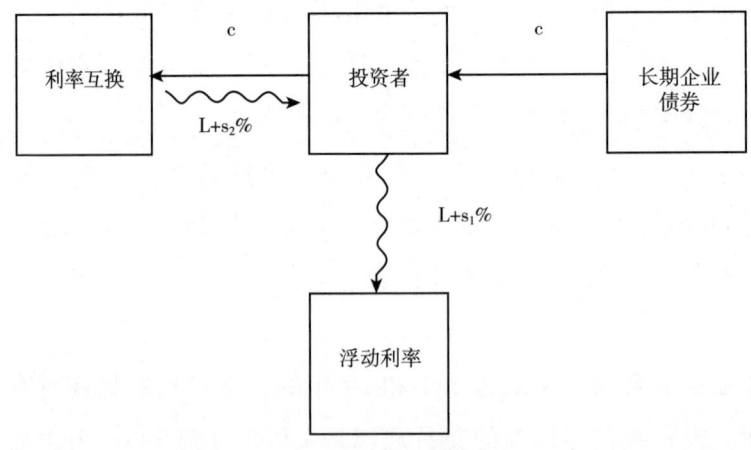

图 4-38 合成 CDS 空头

这就相当于合成了一个 CDS 头寸。如果这一交易中相关金融工具在合约存续期内都没有违约，合成 CDS 的卖方将得到定期的利差收益。如果违约发生，合成 CDS 的卖方终止所有的合约。如果参照资产的回收率为 ϕ，CDS 的卖方将损失固定利率证券 $(1-\phi)$ 的比例。

假设一个做市商卖出某一参照实体的 CDS（等价于做多信用风险）。为了对冲这一头寸，做市商需要持有相反的合成 CDS 头寸。也就是说，他首先卖出了一个风险债券，将所得收入存入无风险账户，并作为卖方签订一个利率互换（即收取固定利息支付浮动利息）。如此可以对冲 CDS 的空方头寸，做市商从中赚取买卖差价。

如此看来，在无套利的基础上，现货市场和 CDS 市场有简单的关系。如果 CDS 的利差不等于 s，那么剔除交易成本及两个市场之间结构性利差之影响，人们就可利用套利策略赚取两市场的差价。当然，现实世界中操作起来更复杂一些（这里我们不再做更多的分析）。一个可违约债券可分拆为下列头寸的组合：

可违约债券多头 = 无违约风险存款多头 + 收款人利率互换 + CDS 空头

类似于看涨—看跌期权平价公式的应用，投资者可以按照这个等式，用一些金融工具的组合来复制另一个。为了获得 CDS 的对冲头寸，我们调整这个等式为：

可违约债券多头 − 无存款风险存款多头 − 收款人利率互换 = CDS 空头

负号表示该工具的反向头寸。整理为：

CDS 空头 = 可违约债券多头 + 无违约风险贷款

+ 付款人利率互换（收入浮动利率付出固定利率）

一个出售一份 CDS 合约的做市商需要持有相反的头寸，对照方程的右边：他将持有风险债券的空头并将获得收入存成无违约风险存款，同时，他还将作为固定利率支付方，即利率互换方签订一份互换合约。这些操作的结果将和 CDS 的多头相互抵销，交易商所获得的利润仅为买卖差价。

4.3.8.2　通过无套利方法对信用违约互换估值*

CDS 估值的最终目标是获得保护买方向卖方定期支付的均衡保费，使得保费现金流现值与或有偿付的现值相等。因此，定价 CDS 需要违约互换价差的期限结构，假定的回收率和一个模型。

金融文献中已经建立了几种模型：

- 在结构化模型中，违约是由一些公司事件导致的，比如公司资不抵债。这些模型一般是 Merton（1974）公司价值模型的扩展。因此，这类模型需要获取公司资产负债表的信息，将权益定价与债务市场联系起来。
- 在简约模型中，信用事件过程由给定的违约概率模型直接决定，然后通过市场价格隐含的违约概率来校正模型参数。

这些模型都有些复杂，我们仅对一个离散时间集上的简约模型介绍其基本原理。如图4-39所示在每个合同付款日：若发生违约事件，合约终止，卖方偿付金额为 $N\times(1-R)$，以红色标注，这里 R 是回收率；若没有发生违约，保费支付为 $(N\cdot c)/4$，以蓝色标注。在图的两侧是截至这一节点产生的现金流，保费支付标记为蓝色而违约支付标记为红色。如果合同终止则节点上的方块用实心标记。

在第 i 个付款日，(t_i-1) 至 t_i 之间不发生违约的概率是 P_i，违约概率是 $(1-P_i)$。

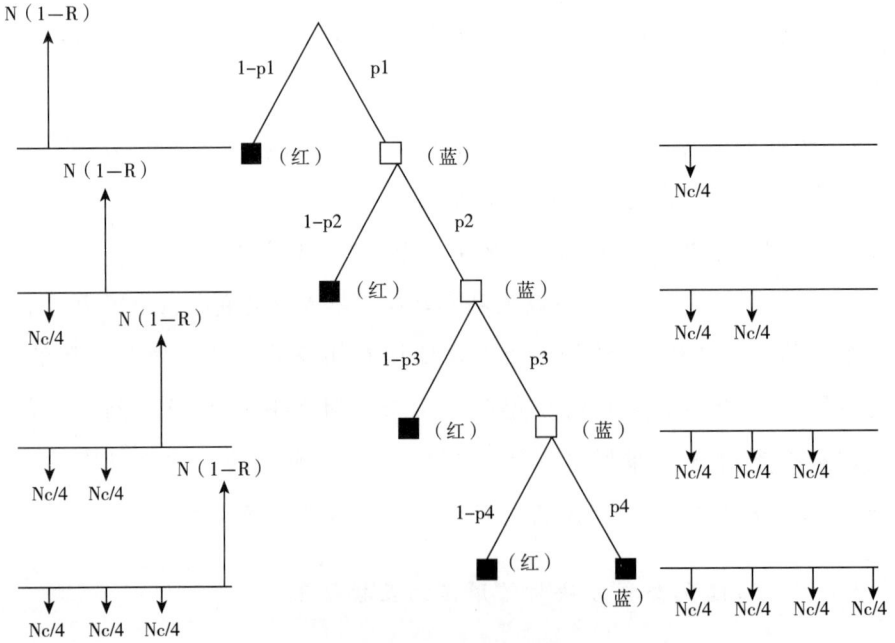

图4-39 离散时间集上的简约模型

来源：维基百科。

CDS 市场利差的中间价可以利用违约概率（见表 4-8）的估计值计算出来（基本原理见 Hull[①]）。作为练习，我们假定参照实体的条件违约概率为 3%，即在之前年份没有违约的条件下，下一年违约的概率为 3%。

表 4-8 违约概率与存续概率

时间（年）	违约概率	存续概率
1	0.0300	0.9700
2	0.0291	0.9409
3	0.0282	0.9127
4	0.0274	0.8853
5	0.0266	0.8587

从今天来看，第 1 年（无条件）违约概率是 0.03。因此，该实体在第一年年底不违约的概率为 0.97。第二年的（无条件）违约概率是 $0.03 \times 0.97 = 0.0291$，第二年年底不违约的概率是 $0.97 \times 0.97 = 0.9409$，以此类推。

假设无风险利率（SOFR）为 3.5%，为连续复利，则 $\exp(-0.035 \times 1) = 0.9656$，$\exp(-0.035 \times 2) = 0.9324$，等等。s 是 CDS 每年支付的保费。假定回收率为 20%，我们假设违约只发生在每年的年中。表 4-9 计算了名义面值为 1 美元、年费率为 s 的 CDS 的期望支付的现值。例如，第四次 s 被支付的概率是 0.8853。因此，预期支付 = 概率 × 支付 = $0.8853 \times s$，其现值为 $0.8853 \times s \times \exp(-0.035 \times 4) = 0.7696 \times s$。所有预期支付现值的总和是 $4.1261 \times s$（见表 4-9）。

表 4-9 预期支付的现值

时间（年）	存续概率	预期支付	折现因子	预期支付现值
1	0.9700	0.9700 × s	0.9656	0.9366 × s
2	0.9409	0.9409 × s	0.9324	0.8773 × s
3	0.9127	0.9127 × s	0.9003	0.8217 × s
4	0.8853	0.8853 × s	0.8694	0.7696 × s
5	0.8587	0.8587 × s	0.8395	0.7209 × s
总计				4.1262 × s

---

① 见 HULL John C., 2015, "Options, Futures, and other Derivatives", 9th edition, Pearson, chapter 25.

如表 4-10 所示，假设违约在一年年中发生。在第四年有 0.0274 的违约概率。鉴于（预计的）回收率为 20%，此时的期望回报应为 $0.0274 \times 0.8 \times 1 = 0.0219$。期望偿付的现值是 $0.0219 \times \exp(-0.035 \times 3.5) = 0.0194$。期望偿付总的现值是 0.1039 美元。

表 4-10　　　　　　　　　　　期望偿付的现值

时间（年）	违约概率	回收率	期望偿付（美元）	折现因子	期望偿付现值
0.5	0.0300	0.2	0.0240	0.9827	0.0236
1.5	0.0291	0.2	0.0233	0.9489	0.0221
2.5	0.0282	0.2	0.0226	0.9162	0.0207
3.5	0.0274	0.2	0.0219	0.8847	0.0194
4.5	0.0266	0.2	0.0212	0.8543	0.0181
总计					0.1039

在最后一步，我们计算违约情况下的应计支付。假设第三年年中发生最后一笔应计支付的概率为 0.0274。应计支付为 $0.5 \times s$，期望应计支付是 $0.0282 \times 0.5 \times s = 0.0141 \times s$，其现值是 $0.0141 \times s \times \exp(-0.035 \times 2.5) = 0.0129 \times s$。期望应计支付的总现值为 $0.0649 \times s$（见表 4-11）。

表 4-11　　　　　　　　　　　期望应计支付现值

时间（年）	违约概率	期望应计支付	折现因子	期望应计支付现值
0.5	0.0300	$0.0150 \times s$	0.9827	$0.0147 \times s$
1.5	0.0291	$0.0146 \times s$	0.9489	$0.0138 \times s$
2.5	0.0282	$0.0141 \times s$	0.9162	$0.0129 \times s$
3.5	0.0274	$0.0137 \times s$	0.8847	$0.0121 \times s$
4.5	0.0266	$0.0133 \times s$	0.8543	$0.0113 \times s$
总计				$0.0649 \times s$

因此，预期支付的现值是 $4.1261 \times s + 0.0649 \times s = 4.1911 \times s$。预期偿付的现值是 0.1039。令两式相等，得到一个新 CDS 的利差为 $4.1911 \times s = 0.1039$ 或 $s = 0.0248$。因此，市场利差的中间价应为本金的 0.0248 或者说每年 248bp。在这个利差水平上信用违约互换合约双方（买方和卖方）的净现值都是零，就像大多数其他的互换合约一样。

上面的例子是经过简化的。在实践中，因为每年支付通常多于一次，我们每年要承担的违约就可能多于一次,计算将更加复杂。和其他多数互换交易一样,CDS 在签约时价值接近于零。之后它的价值可正可负。假设实际的 CDS 利差从最初的 248bp 下降至 150bp,名义金额为 1 000 万美元,这意味着违约的概率降低了。事实上,若表 4-9 到表 4-11 中的违约率改为 1.827%(其他条款不变),预期支付现值变为 $4.312 \times s$,而预期回报的现值变为 0.0647。令二者相等,可以得到新的 CDS 价差为 $4.312 \times s = 0.0647$ 或 $s = 0.0150$。

CDS 的卖方若要平仓头寸,可以以 150bp 的价差买入一个新的 CDS。他将收到 248bp 而付出 150bp。因此对于卖方,其互换价值为 $4.312 \times (0.0248 - 0.0150) = 0.0423$ 乘以名义本金($10\ 000\ 000 \times 0.0423 = 423\ 000$ 美元);买方的互换价值为 -0.0423 乘以名义本金得到 $-423\ 000$ 美元。

4.3.8.3 估计违约概率*

用于估计 CDS 价值的违约概率应是风险中性违约概率,而不是现实世界中的违约概率。风险中性违约概率可从债券价格或资产互换中估计。一种替代办法是利用 CDS 报价计算,这和在期权市场获得隐含波动率的方法类似。但这个讨论已超出本书的范围,可以参考技术性文献。

4.3.9 信用衍生品的作用*

信用衍生品的持续爆炸性增长并不是偶然现象。它们在金融市场上扮演着重要角色,在可以预见的未来仍将如此。信用衍生品的下列特点发挥了非常重要的作用。

4.3.9.1 信用风险分离*

信用衍生品可以将传统信用工具的信用风险从其他内在固有风险中分离出来。一个公司债券包含了很多不同类型的风险:利率风险、货币风险、期限风险和信用风险。信用风险自身包含两种风险:违约风险和信用等级变化导致信用利差波动的风险。如果投资者想改变债券的信用风险敞口,他需要买入或卖出相应债券,进而买入或卖出所有依附在这些债券上的所有不同的风险。信用衍生品的使用就提供了一个将信用风险从利率（和其他）风险中剥离的方法，因此它可以实现信用风险的单独管理。

4.3.9.2 卖空信用的有效机制*

当投资者看空标的资产的信用风险时，投资者很难通过借入公司债券或卖空银行贷款来实施单独卖空信用的策略。但是，通过购买信用保护，管理者可以轻易地卖出指定的信用风险或者一个综合信用指数。由此，投资者或者可以对冲现有的信用敞口，或者在信用利差的不利运动中获利。让我们看一个具体的例子。

【例 4-13】使用 CDS 对冲债券信用风险。

假设，一个投资者在 2018 年持有价值为 1 000 万欧元的西班牙电信的债券，该债券为 Baa3/BBB 级，票面利率为 8.5%，到期日为 2030 年 9 月。该债券现在价格为 129.39 欧元，收益率为 4.75%。假设投资者不卖出债券，而是希望使用 CDS 对冲债券的利差风险。他作为信用保护的购买者选择的 CDS 细节如下：名义本金 1 000 万欧元、5 年保护期、票息报价 100bps、1 年分四次支付、收到一次性预付款 55 749 欧元（基于 ISDA 标准模型），如图 4-40 所示。

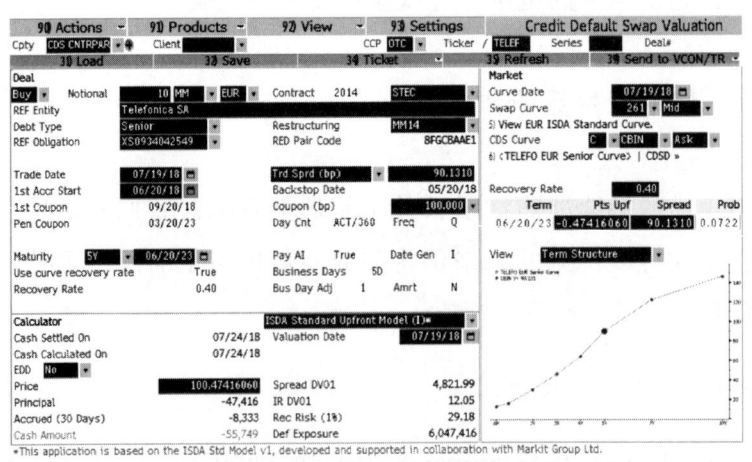

图 4-40 Telefonica 5 年期 CDS 结构和定义

4.3.9.3 纯信用风险市场*

信用衍生品为纯信用风险创造了一个市场。它在市场参与者之间有效地分配了信用风险。CDS 可以被当作纯信用风险成本的估计。CDS 市场对影响信用价格的消息的反应速度通常要快于债券和借贷市场。它是债券、借贷、股票及与股票相关市场参与者共同关心的市场。

4.3.9.4　市场动荡时提供流动性*

信用衍生品市场可以在市场萧条（比如高违约率）时提供流动性。没有 CDS 市场时，处于债务困境的或者濒临违约的债券即使降价也很难流通。债券交易商的现金债券交易窗口（Cashbond Desk）通常存在多头风险（他们持有债券存货）。市场困难时期，他们自然不愿再承担更多的风险。通过信用衍生品交易平台，可以通过买入 CDS 为其持有的信用风险提供保护（即做空信用风险）。市场困难时期，投资者可在信用衍生品市场购买保护来对冲风险多头头寸，完美的对冲可将其风险头寸调整为信用风险中性。

4.3.9.5　定制信用投资和对冲*

信用衍生品为定制信用投资和/或信用状况提供了很多选择。投资者可以选择承担不在现货市场实际交易的信用实体的信用风险，可以量身定做其风险敞口规模和到期日，也可以通过信用衍生品与其他资产类别的价值比较来套利。

4.3.9.6　保密交易*（Confidential Transactions）

如同证券在二级市场上交易一样，信用风险被拿来交易的参照实体自身并不是衍生交易的一方当事人，甚至可能对此不知情。这种保密性使得风险管理者在不影响商业关系的前提下毫谨地分离和转移信用风险。

4.3.10　2008 年金融危机的后果*

在金融危机之后，信用衍生品市场遇到了一系列的变化。特别是随着中央结算的广泛使用，报告要求和合同的标准化也随之而来。同时报告交易商的重要性在下降，他们已经逐渐被中央对手方或 CCP 取代，如图 4-41 所示①。CDS

---

① 来自 I. Aldasoro and T. Ehlers, "The credit default swap market: what a difference a decade makes", BIS Quarterly Review, June 2018.

合约的清算高度集中于少数主要的 CCPs。ICE 欧洲清算所在 2017 年每天清算约 400 万份涉及多种资产类别的合约，是世界上最多样化和领先的清算所之一。它为利率、股票指数、农业和能源衍生品以及欧式信用违约互换（CDS）提供中央对手方清算和风险管理服务。LCH CDSClear 近年来也在这一领域取得了进展，它是一家领先的多资产类别和多国清算所，多数股权由伦敦证券交易所集团拥有。请注意，中央对手方在信用衍生品市场的存在，特别是在 CDS 市场上的存在，是源于 2009 年 G20 领导人的决定，即要求足够标准化的合同应进行集中清算。这首先在美国和日本，然后在欧洲至全球范围内实施。然后问题是，中央对手方是否有助于改善市场的运作和流动性？实证分析结果往往会出现分歧。Loon 和 Zhong（2016）提到，有证据表明流动性得到了改善，而 Akari 等（2018）发现没有①。然而，他们都同意，为了减少对手风险，信用利差在开始会有所增加。

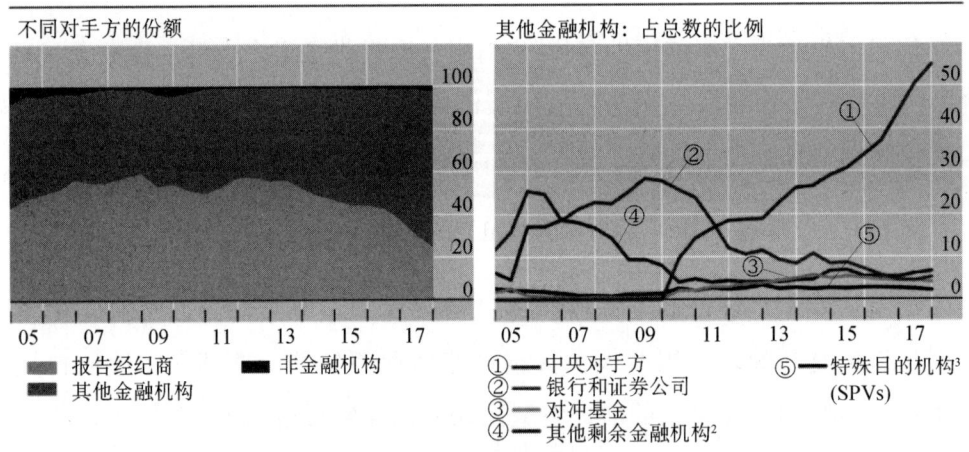

图 4−41 CDS 市场结构

来源：BIS 衍生品统计。

从另一个角度看，我们应该强调，未偿付的名义金额从 2008 年的约 60 万

---

① Y. Loon and Z. Zhong, The impact of central clearing on counterparty risk, liquidity, and trading: Evidence from the credit default swap market, Journal of Financial Economics, Vol 12, pp. 91 - 115, 2014. M. Akari, R. Ben-Abdallah, M. Breton and G. Dionne, "The impact of central clearing on the market for singlename credit default swaps", working paper, 2018。

亿美元下降到 2018 年的不到 10 万亿美元①，并不表明市场已经失去了对投资者的吸引力。这种下降的很大一部分原因首先是压缩②，然后是中央结算所允许的多边净额结算。信用衍生品市场依然是有活力的，并且很好地履行了其功能。

---

① 见图 4-23。
② 当两个或更多的交易方用新的合同取代现有的合同，目的是减少他们的数量和总风险，同时保持固定的净风险暴露时，人们就会谈论压缩。

习题：问题

【问题 1】

今天是 2015 年 9 月 21 日，你是在日内瓦一家私人银行工作的客户关系经理。一个客户拜访你，并出示了一张术语解释单，上面描述了瑞士 Sulzer 股份有限公司（一家专门从事工业机械设备、表面技术，以及周转设备维修的公司）的一个称为"秃鹫"的期权策略。该策略的构成是买入一份执行价格 K1 = 90 的看涨期权合约，卖出一份 K2 = 95 的看涨期权，卖出一份 K3 = 105 的看涨期权，买入一份 K4 = 110 的看涨期权，该公司交易的所有期权都为欧式期权，6 个月后到期。目前 Sulzer 公司价位在 100 瑞士法郎。一份期权合约代表 100 股，下表给出相关期权的数据。

看涨期权的执行价格	价格	德尔塔
K = 90	13.15	0.76
K = 95	9.93	0.66
K = 105	5.18	0.44
K = 110	3.59	0.34

a) 你首先要回答一些与该策略有关的基本问题。

a1) 何为秃鹫策略的初始成本？ (3 分)

a2) 找到多头秃鹫策略在到期时 V_T 值，将其作为标的股票价格 S_T 的函数，完成下表。

$$V_T = \begin{cases} \text{\dotfill} & (\text{如果 } S_T < 90) \\ \text{\dotfill} & (\text{如果 } 90 \leq S_T < 95) \\ \text{\dotfill} & (\text{如果 } 95 \leq S_T < 105) \\ \text{\dotfill} & (\text{如果 } 105 \leq S_T < 110) \\ \text{\dotfill} & (\text{如果 } S_T \geq 110) \end{cases}$$

(6 分)

a3）找到该策略的最大利润，最大损失，以及损益平衡点【即该策略盈利结果为零时的标的证券到期时的价值】。画出到期时以盈利/损失作为标的股票 S_T 价格函数图（请忽略策略实施起初期权价值的利息），并指出所有相关的价值。 (9分)

b）对于一个采取买入秃鹰策略的投资者来说，他的预期标的证券有何变动？ (3分)

c）通过利用牛市看涨期权价差，你如何实现一个多头秃鹰策略？【即尝试用一组牛市看涨期权价差策略来复制秃鹰策略】 (4分)

d）只利用看跌期权复制多头秃鹰策略。【即尝试用一组看跌期权来复制秃鹰策略】 (5分)

e）看跌期权工具实现的秃鹰策略的初始成本和看涨期权工具实现的秃鹰策略初始成本相比，将会更高、更低还是相同？请写出你的答案。【提示：利用看涨看跌期权平价关系来回答】 (5分)

f）假定你实施该策略不久以后【按上表描述的情形】，你需要出国一周，你的业务负责人要求你临时将该策略中性化。请描述为实施一个德尔塔对冲，你的标的证券需要采取何种措施。 (4分)

【问题2】

信用违约互换（CDS）是两个对手方之间的一种信用衍生合约，合约规定买方定期支付卖方一笔费用，相应地如果标的金融工具违约，就会接受一笔偿付。标的工具可以是公司债券或类似工具。

ABC 公司有一种 5 年后到期的公司债券，息票利率为 5%，完全按面值交易。5 年期浮动利率为 Libor + 0.2%，可以按该利率借贷任意金额的款项。5 年后到期的利率互换，其固定利率为 5%，浮动利率为 Libor + 1.50%。回答时，假定所有利息一年支付一次。忽略买卖价差和交易成本。

CDS 的偿付可以通过使用债券和其他工具合成。

a1）你持有何种债券头寸能得到与"CDS 空头"同样的偿付？"CDS 空头"会定期收到一笔不变费用。作为交换，它必须覆盖违约时的损失；与之相反的头寸是"CDS 多头"。 (4分)

a2）对上述头寸你将每年支付多少？请以基点为单位来回答。 (3分)

事实上，ABC 公司 5 年期 CDS 正以 180 个基点的价格进行交易，但是在这个价格套利是可能的。假定你做了 1 000 万美元 ABC 公司的债券交易。

b1) 为实现该套利，你应该持有何种头寸？ (8 分)

b2) 如果 ABC 公司在下一个 5 年没有违约，套利交易会盈利多少？

(3 分)

b3) 如果 ABC 公司在 2 年后违约，你那时如何平掉头寸，盈亏是多少？

(4 分)

实际上 b) 题中描述的交易没有发生，在 CDS 价格和根据债券价格计算的价格之间存在一个缺口。为何会产生这种缺口？请解释原因。 (4 分)

【问题 3】

a) 自次债危机以来，在交易所交易的衍生品体系中的 1) 保证金账户系统和 2) 清算体系也已被引入到场外衍生品中。以下我们讨论交易所衍生品，从投资者和金融机构间的期货保证金账户系统和理论期货价格开始。

自 2016 年 6 月 1 日开始交易时，一些投资者购买了 2 单位于 2017 年 6 月交割的黄金期货（每单位 100 盎司，共计 200 盎司）。期货价格为每盎司 1 285 美元，初始保证金为每单位 2 000 美元，总计为 4 000 美元。而且维持保证金为每单位 1 500 美元，共计 3 000 美元。此外黄金即期价格在 2016 年 6 月 1 日开始交易时为每盎司 1 250 美元。无风险利率为年率 2.3%（视为一个不连续利率），黄金的储藏成本为每年每盎司 3 美元，延期支付。

a1) 黄金期货价格在 2016 年 6 月 1 日交易结束时，从 1 285 美元降为 1 282 美元。

请计算初始保证金账户的余额。 (3 分)

a2) 黄金期货价格在 2016 年 6 月 2 日交易结束时，从 1 282 美元降至 1 279 美元，请计算初始保证金账户余额是多少？并找出价格变动保证金是否必要？如果认为变动保证金是必要的，请计算其值。 (4 分)

a3) 从 2016 年 6 月 1 日开始，在即期黄金与黄金期货间存在一个套利机会。

请解释在该时间内 100 盎司黄金的套利交易，并计算一年后（2017 年 5 月 31 日）从套利机会中得到的金额。 (6 分)

b) 考虑金融机构和清算机构之间的清算功能。以下左边的图形显示了一个没有清算机构的体系，三家证券公司在协商基础上进行交易。证券公司 A 有义务支付 1 000 万美元给证券公司 B。证券公司 B 有义务支付 2 000 万美元给证券公司 C。证券公司 C 有义务支付 1 000 万美元给证券公司 A。假定这里引入清算机构（中央对手或 CCP）作为交易中介，如右侧显示的图形。请找出各证券公司和清算机构交易的方向和金额。例如，回答此方向和数额为：从证券公司 A 向清算机构方向支付 5 000 万美元，从清算机构到证券公司 B 方向支付 3 000 万美元。 (5 分)

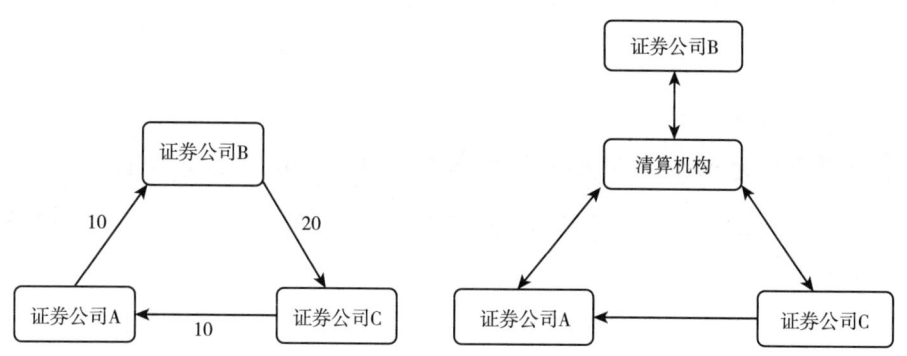

c）公司 X 是一家日本公司，计划 3 个月后支付 1 000 万美元，需要管理货币风险。当前 USD/JPY 的货币汇率为 100（即 1 USD = 100 JPY），3 个月美元的无风险利率年率为 3%，3 个月日元的无风险利率年率为 1%。市场中仅交易 3 个月期执行价格为 100 日元的欧式外汇看涨和看跌期权。【注意外汇看涨（看跌）期权是在到期日按日元执行价格买入（卖出）美元的权利】

为便于简化，假设公司 X 能按无风险利率进行借贷。远期和期权交易单位为 10 000 美元。请回答以下问题。

c1）假设当前 USD/JPY 货币汇率为 S_0，当前 3 个月美元无风险利率年率为 r_A，日元无风险利率年率为 r_1，USD/JPY 货币的 3 个月期远期汇率为 F_{01}，请写出远期抵补利率平价公式，然后计算当前 USD/JPY 货币的 3 个月期远期汇率。 (5 分)

c2）公司决定做一笔货币远期交易，公司 3 个月后从中将收到 1 000 万美元。为完成 3 个月后的义务，公司现在需要多少日元？写出计算过程。(4 分)

c3）公司决定不做远期交易，而是使用平值期权来对冲 3 个月期 1 000 万美元的货币风险。它将进行何种期权交易（看涨期权还是看跌期权）？应该买入还是卖出期权？需要交易多少单位？并依据 3 个月后 USD/JPY 的即期汇率 S_T（不考虑期权费），指出换 1 000 万美元需要的日元成本。　　　　　(7 分)

c4) 假设当前外币为 S_0，3 个月期执行价格为 K 的欧式货币看涨期权的价格为 $C_0(K)$，看跌期权的价格为 $P_0(K)$，美元无风险利率年率为 r_A，日元无风险利率年率为 r_J。此时这些变量的看涨看跌期权平价公式成立：

$$C_0(K) - P_0(K) = \frac{S_0}{1+(r_A/4)} - \frac{K}{1+(r_J/4)}$$

请将外币看涨看跌期权平价公式与未付红利的股票的平价公式进行比较。

(5 分)

c5) 假设目前正在交易一对 3 个月期执行价格为 90 的看涨和看跌期权。3 个月期执行价格为 90 的看涨期权价格为 $C_0(90) = 16.38$ 日元，看跌期权价格为 $P_0(90) = 5.41$ 日元。请举例说明在此时可能实现的套利交易，算出将取得的回报是多少？　　　　　(6 分)

c6) 讨论对货币看涨期权定价时，布莱克—休尔斯模型存在的局限性。

(5 分)

【问题 4】

下表显示了当前中期国债和互换的利率。所有中期国债、互换和伦敦银行同业拆放利息按一年支付一次。中期国债的即期利率栏中列示了相应的贴现（零息）债券的收益率。

注：为简化计算，假设中期国债、互换和伦敦银行同业拆放利息每年支付一次。

表　　　　　　　　　　　国债和互换的利率

年份	国债		互换
	即期利率	票面收益率	
1	2.00%	2.00%	2.40% *
2	2.50%	2.49%	2.83%
3	2.80%	2.79%	3.09%
4	3.00%	(a1)	3.26%
5	3.20%	3.17%	(b2)

注：浮动利率互换支付基于一年期伦敦银行同业拆放利率，表中的互换利率是指对它支付的固定利率。所有的国债和互换每年支付一次利息。星号（*）代表该利率等于一年期伦敦银行同业拆放利率。

a) 尽管实际浮动利率互换支付是根据伦敦银行同业拆放利率，假设在这些问题中，它是基于一年期国债利率。

a1) 4 年期国债的票面利率（按百分比）是多少？写出你的计算过程。

(4 分)

a2) 尽管我们并不知道 3 年后按浮动利率要支付多少（从现在开始的 2 年后的 1 年期利率），我们知道应付利息是可以固定的。请计算这样一个远期利率 $F_{2,3}$，相当于 2 年后开始的 1 年期利率是多少？ (4 分)

b) 浮动利率互换支付实际上是基于 1 年期伦敦银行同业拆放利率，它一般会高于 1 年期国债利率。两者间的差价被称为 TED 价差。【其为美国短期国债 T-Bill 的首字母和欧洲美元期货合约的代码 ED 的合并】互换的固定利率就是据此确定的。以下公式说明了在 t 年的 TED 价差（即 1 年期伦敦银行同业拆放利率与 1 年期国债利率之间的差额）与（t-1）年的 TED 价差之间的关系，都以百分比来表示。

$$TED_t = 0.12 + 0.40 \cdot TED_{t-1}$$

b1) 1 年期的 TED 价差目前为 0.40%。计算以后 5 年中预测的 TED 均值（百分比）是多少？写出计算过程。 (5 分)

b2) 按百分比计算的第 5 年的互换利率（固定利率）是多少？写出计算过程。 (5 分)

c) X 公司正考虑如何对后四年的资本投资进行融资。

有可能利用滚动的短期借款（每年的再借款）与一个互换的组合，来有效地按固定利率借款。请描述所需的交易。假设 X 公司在以后的 4 年中，每年能按 Libor + 0.30% 借款，那么按百分比计算的固定利率是多少？ (4 分)

【问题 5】

一家日本的 X 公司每月进口需支付 10 百万美元。预计日元会贬值。为了对冲增加的日元支付，X 公司与 Y 银行协商在 2020 年 1 月 1 日实施以下合同：

付款日期：2020 年 7 月至 12 月每月第一天（共支付 6 次）。

收到美元：每次 10 百万美元。

汇率：2020 年 7 月 1 日第一笔支付的合约汇率固定在 JPY95/USD。在 t 月中每次付款日的上午 10 点整，如果即期汇率中值 S_t 高于 JPY90/USD，下个月

的合约汇率 C_{t+1} 要重新设定为 JPY95/USD。否则下月的合约汇率由以下公式给定：

$$C_{t+1} = C_t \cdot 90/S_t$$

其中下限为 JPY90/USD，上限为 JPY200/USD。

当 X 公司在 1 月 1 日上午 10 点签订合约时，即期汇率为 JPY100/USD。日元的年率为 1%，美元的年率为 2%。两者都按连续复利计算。

a）假设 2020 年 7 月 1 日按预期日元贬值到 JPY120/USD。请计算 2020 年 7 月 1 日和 8 月 1 日每次支付的合约汇率（单位美元兑日元）是多少？（4 分）

b）再假定日元在 7 月 1 日贬值到 JPY120/USD。考虑一个备选套期保值方案：X 公司在 2020 年 1 月 1 日买入远期 10 百万美元，交割日定为 2020 年 7 月 1 日。请计算适用的 6 个月远期汇率，1 美元兑换多少日元？保留一位小数。7 月 1 日共支付多少日元？ （5 分）

c）假定与预期相反，7 月 1 日日元升值到 JPY80/USD。请计算 2020 年 7 月 1 日和 8 月 1 日每次支付的合约汇率（单位美元兑日元）是多少？ （5 分）

d）请计算在以下两种情形下，7 月合约的支付比做远期套期保值的和不做套期保值的即期交易这两者各多（或少）多少？（i）当 2020 年 7 月 1 日和 8 月 1 日即期汇率都为 JPY120/USD 时；（ii）当这两个日期的即期汇率都为 JPY80/USD 时。请同样分析 8 月的支付情况。 （10 分）

【问题 6】

回答以下有关期货的理论价格和使用期货的对冲策略等问题。

a）你正考虑一笔套利交易，并在一份期货合约中发现了一个套利机会。该合约于 3 个月后买入/卖出某无股利支付的股票（股票 A）。当前股票 A 的价格为 1 000 美元，3 个月无风险利率为年率 2%（连续复利）。股票 A 的期货价格为 1 020 美元。请描述交易一股股票 A 的套利交易，并计算你将获利多少？计算结果保留一位小数。 （5 分）

b）你正在考虑一份期货合约的理论价格。该合约在 6 个月后买入/卖出某年股利收益率为 1%（连续复利）的股票（股票 B）。目前股票 B 的价格为 10 000 美元，6 个月无风险利率为年率 3%（连续复利），请回答股票 B 期货的当前理论价格是多少？计算结果保留一位小数。 （4 分）

c）回答以下关于使用期货的股票组合策略问题。

c1）当前为 201N 年 1 月，你想使用 13 个月后到期的 S&P 500 股指期货，为当前价值 20.5 百万美元的股票组合（组合 C）对冲一年后的价格波动。目前一年的无风险利率为年率 3.5%（连续复利），S&P 500 股指的股利收益率为年率 1%（连续复利），S&P 500 股指的价格为 2 000 点，S&P 500 股指期货交易单位为 250 美元乘以 S&P 500 股指期货价格。股票组合 C 相对于 S&P 500 股指的贝塔值为 1.5。注意贝塔值是通过以组合价值变化的百分比对期货价格变化的百分比进行线性回归来估计的。

计算你应买卖多少单位的 S&P 500 股指期货。假设股指期货的市场价格等于理论价格，将理论价格保持到小数点后一位。以整数表示合约数量。

(5 分)

c2）在一年后的 201N+1 年 1 月，S&P 500 股指降到 1 800 点，一年无风险利率不变，保持在年率 3.5%（连续复利），S&P 500 股指的股利收益率也不变，为年率 1%（连续复利），股票组合贝塔值仍为 1.5，其基准是 S&P 500 股指。

计算一年期的 S&P 500 股指期货的盈利/损失，以及组合 C 的盈利/损失。【注意：为计算 S&P 500 股指期货的盈利/损失，不考虑题 c1），假定在 201N 年 1 月你以 2 055 的理论价格交易了 60 个单位的期货，请计算 201N+1 年 1 月的期货理论价格。保持到小数点后 1 位。为计算组合的盈利/损失，假定它的回报与 CAPM 一致】

(10 分)

c3）首先计算在题 c2）中的对冲组合的一年回报率，然后将此回报率与无风险利率比较，并解释为何两者并不完全相同。

(4 分)

习题：解答

问题 1 答案：

（注意：用 B&S 模型对期权定价，基于以下条件：$S_0 = 100$，$r = 1\%$，$t = 0.5$，$s = 25\%$，$y = 0$）

a）—a1）

期权策略的初始成本 $= 100 \times (-13.15 + 9.93 + 5.18 - 3.59) = -163$ CHF

a）—a2）

到期日该项策略的价值 V_T 为：

$V_T = 100 \cdot [\max(S_T - 90; 0) - \max(S_T - 95; 0) - \max(S_T - 105; 0) + \max(S_T - 110; 0)]$

$= \begin{cases} 0 & (\text{if } S_T < 90) \\ 100 \cdot (S_T - 90) & (\text{if } 90 \leq S_T < 95) \\ 500 & (\text{if } 95 \leq S_T < 105) \\ 100 \cdot (110 - S_T) & (\text{if } 105 \leq S_T < 110) \\ 0 & (\text{if } S_T \geq 110) \end{cases}$

a）—a3）

最大盈利 = 期权最大化价值 − 初始成本 = 500 − 163 = 337

最大损失 = 初始成本 = −163

盈亏平衡点 = 91.63 和 108.37

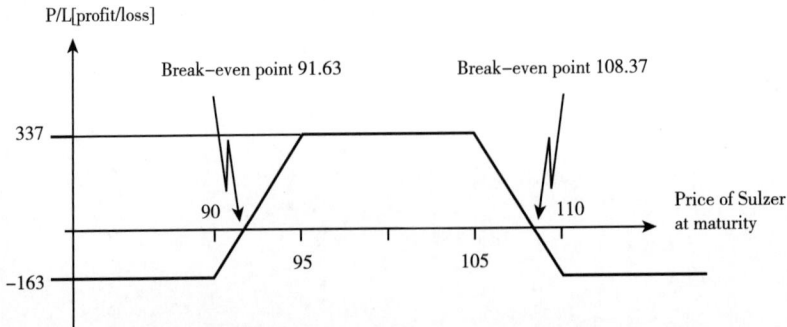

（注意：在目前的情形下，我们忽略期权费的利息以便简化结果的计算和理解）

（阅卷人注意：如果考生将利息加进期权费中，答案可以接受）

b)

秃鹰期权的买方认为标的资产价格后续会保持平稳，截止日时它的价格在 95 到 105 之间，或者至少在 91.63 到 108.37 这个区间内。

秃鹰期权风险有限（最大损失为 163 瑞士法郎），是无方向策略的一种，即如果标的资产价格变化不大则可以获利。 (3 分)

c)

秃鹰期权 = 买入牛市看涨期权价差 $[K_1 = 90, K_2 = 95]$ + 卖出牛市看涨期权价差 $[K_3 = 105, K_4 = 110]$

d)

买入执行价格 $K_1 = 90$ 的看跌期权，卖出执行价格 $K_2 = 95$ 的看跌期权，卖出执行价格 $K_3 = 105$ 的看跌期权，并且买入执行价格 $K_4 = 110$ 的看跌期权。

e)

$P = C - S + Ke^{-r \cdot t}$，因此：

$$P_{90} - P_{95} - P_{105} + P_{110} = C_{90} - C_{95} - C_{105} + C_{110} + (90 - 95 - 105 + 110) \cdot e^{-r \cdot t}$$
$$= C_{90} - C_{95} - C_{105} + C_{110}$$

也就是说他们有相同的初始成本。

f)

该策略 $\Delta = 100 \times [0.76 - 0.66 - 0.44 + 0.34)] = 0$

因此该策略已经德尔塔中性，没必要再对标的证券采取任何措施。

问题 2 答案：

a) —a1)

CDS 空头头寸基本上与借钱购买债券相同，因此如果采取互换的形式，你需要按浮动利率（Libor L + 20 bp）借款及按固定利率（5%）购买债券，同时购买一个利率互换进行固定利率支付。

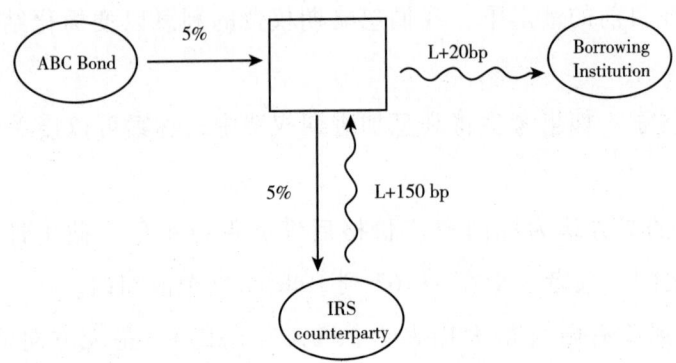

a) —a2)

该结构将产生以下现金流，会给出 CDS 的价格为：

130 bp:5.00% − (Libor + 0.2%) + (Libor + 1.50 − 5.00%) = 1.3%（3 分）

b) —b1)

CDS 的实际价格高于 a2) 中的价格，因此你应该卖出 CDS 并买入合成的价格 [与 a1 的相反头寸]。换句话说，你应该：

○ 卖出 10 百万美元 ABC Co. 's CDS 名义本金。

○ 卖出空头 10 百万美元 ABC Co. 的债券。

○ 按浮动利率（L + 20 bp）贷款 5 年期。

○ 卖出 10 百万美元利率互换的名义本金（收到 5% 固定利率，支付 LIBOR + 1.5%）

b) —b2)

如果没有违约，年盈利为：

$\{1.80\% - 5.00\% + (Libor + 0.20\%) - (Libor + 1.50\% - 5.00\%)\} \cdot$ 10 million = USD 50 000,

其为 5 年里每年将收到的盈利。

b) —b3)

你得到了 10 百万美元的贷款，完成了 CDS 义务，收到了 ABC 公司的债券。你使用它清偿了 ABC 公司债券的空头头寸，而且进行了利率互换。当所有的头寸未平仓时，盈亏接近为零（由于存在利率互换未平仓时的利率，可能出现轻微的盈利或亏损）。同时由于在违约之前已有 2 年，你已经赚得年盈利 50 000 美元，如 b2 题中所见。

c)

○ 公司债券投资者与 CDS 市场参与者不同，没有套利。

○ 套利要求持有债券空头头寸，但是债券市场一般缺乏流动性，所以不太可能卖出空头头寸。

问题 3 答案：

[阅卷者注意：下列答案并不代表可用的唯一计算方法或解释。请做正确解答，只要定义、计算和相互关系是合理的。（请注意计算方法不同，最后的数字也会有所不同）]

a) —a1)

每盎司价格变化为 3 美元，因而初始保证金 200 盎司将会减少 600 美元。4 000 美元减去 600 美元，我们会得到 3 400 美元。

$4\,000 - 200 \times (1\,285 - 1\,282) = 3\,400$

a) —a2)

每盎司价格变化为 3 美元，因而初始保证金 200 盎司将会减少 600 美元。因此 3 400 美元减去 600 美元，我们会得到 2 800 美元。

$3\,400 - 200 \times (1\,282 - 1\,279) = 2\,800$

保证金账户需要补充资金到初始保证金数额，因为余额低于维持保证金（2 800 < 3 000），因此要提供 1 200 美元（= 4 000 - 2 800）的抵押款。

a) —a3)

按无风险利率借 125 000 美元，在即期市场购买 100 盎司黄金。

一年后支付 $125\,000 \times (1 + 2.3\%) = 127\,875$ 美元，还要支付 300 美元作为仓储成本。收到的金额为 128 500 美元（= 1 285 × 100）。因此套利利润为：

$128\,500 - 127\,875 - 300 = 325$（美元）

b)

来自证券公司 B 的 10 百万美元流向清算机构，来自清算机构的 10 百万美元流向证券公司 C。

c) —c1)

$$1 + \frac{r_J}{4} = \frac{1}{S_0} \cdot \left(1 + \frac{r_A}{4}\right) \cdot F_{01}$$

$$\therefore F_{01} = S_0 \cdot \frac{1+(r_J/4)}{1+(r_A/4)}$$

$$F_{01} = S_0 \cdot \frac{1+(r_J/4)}{1+(r_A/4)} = 100 \times \frac{1+(1\%/4)}{1+(3\%/4)} = 99.5037$$

采用期货、远期汇率的理论价格：

$$F_{t,T} = S_t \cdot \left(\frac{1+R_{dom}}{1+R_{for}}\right)^{T-t} \Rightarrow F_{01} = S_0 \cdot \left(\frac{1+R_J}{1+R_A}\right)^{0.25} = 100 \cdot \left(\frac{1+1\%}{1+3\%}\right)^{0.25} = 99.5110$$

c）—c2）

从 c1），在该货币的远期汇率中，公司支付"远期价格乘以 10 百万美元"（即，约 995 百万日元）3 个月后兑换 10 百万美元。因此当前时点的金额应在 3 个月后支付：

$$\frac{F_{01} \cdot 10\,000\,000}{1+(r_J/4)} = \frac{995\,000\,000}{1+(1\%/4)} = 992\,518\,703$$

即：JPY 992.52 百万美元。

使用年化复利：$\frac{F_{01} \cdot 10\,000\,000}{(1+R_J)^{0.25}} = \frac{995\,000\,000}{1.01^{0.25}} = 992\,527\,931$

c）—c3）

他必须买（1 分）1 000 交易单位（1 分）执行价格为 K = 100 日元（1 美元）（1 分）的看涨期权。

到期时：

● 如果 $S_T < 100$，将不执行期权，且 10 百万美元的成本将为（10 百万·S_T）日元

● 如果相反，$S_T \geq 100$，将执行期权，并且 10 百万美元的成本将是（1 000百万）日元。

因此：

● 如果 3 个月中 $S_1 < 100$，期权价值为零，公司用日元支付 10 百万·S_1；如果 3 个月中 $S_1 > 100$，期权价值为 $(S_1 - 100)$，并且公司：

● 用日元支付 10 百万 S_1；

● 收到日元 10 百万 $(S_1 - 100)$；

● 因此总共支付 10 百万 × 100 日元（或 10 百万 × K 日元）。

c）—c4）

看涨看跌期权平价公式是由看涨、看跌期权和标的资产的投资策略下的

无套利条件推导出来的,它说明了在这些条件下这些资产价格之间的关系。该情形下的等式不同于更常见熟悉的看涨看跌期权平价关系,既然那里的货币衍生产品将有两个利率出现在公式里。这源于事实,外汇市场中的利率是作为一种形式的收入(或者类似股权中的红利)反映在公式中。公式是从无套利扩展推导而来。该公式是由无摩擦市场运用离散贴现/复利的无套利参数推导而来,并受这些假设的限制。

[不要求采用以下延伸介绍的方法,仅用于教学示范]

问题中给出的关系可推导为:

下图表明了3个月后收到的支付额与3个月后外汇汇率 S_1 之间的关系,从购买1单位3个月到期的欧式看涨期权的头寸,到同时卖出1单位有同样执行价格 K 的看跌期权。

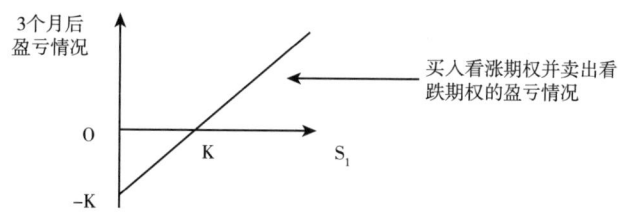

换言之,购买1单位看涨期权头寸以及卖出的1单位看跌期权 (S_1-K) 得到3个月的回报。

然而,按利率 r_J 借入3个月日元 $\dfrac{K}{1+(r_J/4)}$,同时用美元购买 $\dfrac{S_0}{1+(r_A/4)}$ 日元,按利率 r_A 投资3个月,然后按汇率 S_1 转换成日元,3个月后日元的转换回报为 $-K+S_1$。

然而在当前时点,这等于购买1单位看涨期权和卖出1单位看跌期权构成的头寸在3个月后推断的回报(执行价格为 K)。

如果没有套利机会,当前创造的两个头寸的成本必定相等。

c)—c5)

$$P_0(90)+\frac{100}{1+(0.03/4)}-\frac{90}{1+(0.01/4)}=5.41+99.25-89.78$$

$$=14.88<16.38=C_0(90)$$

因此,根据看涨看跌期权平价公式,执行价格为90的看涨期权的价格太高了（按看涨看跌期权平价得到看涨期权的价格为 14.88，市场上看涨期权的价格为 16.38）。公司因此卖出执行价格为 90 的 1 交易单位的看涨期权，同时购买执行价格为 90 的 1 交易单位的看跌期权。此外，用美元购买 $\frac{1\,000\,000}{1+(0.03/4)}$ 日元，按 3% 利率投资 3 个月美元，然后按汇率 S_1，把它们转换成日元，同时按 1% 利率借款 $\frac{900\,000}{1+(0.01/4)}$ 日元，3 个月后偿还。3 个月后该交易的日元转换回报为零，但在当前时点，可赚取日元套利利润为：

$(16.38 - 14.88) \times 10\,000 = 15\,000$

我们可以使用下表表示的套利过程：

项目	今天	3 个月后
卖出 1 单位看涨期权	16.38JPY	$-\max(S_T-90;0)$ JPY
买入 1 单位看跌期权	-5.41JPY	$\max(90-S_T;0)$ JPY
今天买入美元，3 个月后 1 美元，把他们按汇率 S_T 兑换成日元	$-100/(1+0.03/4)$ $=-99.25$JPY (-0.9925 USD，因为 $S_0=100$)	0.9925 USD $\times (1+03/4) \times S_T$ $=1 \times S_T$ $=S_T$ JPY
借日元，3 个月后偿付 90 日元	$90/(1+0.01/4)$ $=89.78$ JPY	-90 JPY
合计	1.50JPY	0JPY
交易 10 000 单位美元获得	$10\,000 \times 1.50$JPY $= 15\,000$JPY	

c) —c6)

在给定的条件下，在布莱克—休尔斯公式中，使用日元无风险利率作为连续复利的无风险利率，汇率作为标的资产的汇率。把货币看涨期权价格作为无红利的欧式看涨期权，其价格高于同样期权的理论价格。

当把外国货币用作标的资产时，外国利率可以考虑为标的资产的红利回报，真实价格为附红利的标的资产的期权价格。然而，在布莱克—休尔斯公式中，只有货币汇率被认为是标的资产，忽略了红利（r_A）。这导致了布莱克—休尔斯公式中无红利欧式外汇看涨期权的价格高于真实价格。（例如，如果你买入一个附红利的平值看涨期权，到期时与买入一个无红利平值看涨期权相比，你会有更少获得平值机会。因此，附红利会使你得到一个更低的看涨期权理论价格。)

问题4 答案：

a) —a1)

C 为 4 年期国债的价格等于票面价值的息票率。利用表格中的即期汇率来贴现现金流，我们可以写出如下公式：

$$100\% = \frac{C\%}{(1+2\%)^1} + \frac{C\%}{(1+2.5\%)^2} + \frac{C\%}{(1+2.8\%)^3} + \frac{(100+C)\%}{(1+3\%)^4}$$

$\therefore C = 2.98\%$

也就是说，4 年期国债的票面收益率是 2.98%。

a) —a2)

考虑投资于年利率为 $R_{0,2}$ 的 2 年期贴现债券。到期时，将收益再投资于当时盛行的（浮动的）1 年期利率，或等同于今天达成一致的远期利率 $F_{2,3}$。累计总利率是 $(1+R_{0,2})^2(1+F_{2,3})$，它应该等于 3 年期贴现债券 $(1+R_{0,3})^3$，解题过程：

$$1 + F_{2,3} = \frac{(1+R_{0,3})^3}{(1+R_{0,2})^2} = \frac{(1+2.8\%)^3}{(1+2.5\%)^2} = 1.034$$

$\therefore F_{2,3} = 3.4\%$

b) —b1)

给定：$TED_t = 0.40$

因此

$TED_{t+1} = 0.12 + 0.4 \cdot TED_t = 0.12 + 0.4 \times 0.4 = 0.28$

且，

$TED_{t+2} = 0.12 + 0.4 \times 0.28 = 0.232$

$TED_{t+3} = 0.12 + 0.4 \times 0.232 = 0.213$

$TED_{t+4} = 0.12 + 0.4 \times 0.213 = 0.205$

因此，后 5 年的平均 TED 为 0.27%：

$$\frac{0.40 + 0.28 + 0.232 + 0.213 + 0.205}{5} = 0.27$$

b) —b2)

之前的问题是，未来 5 年的平均 TED 价差为 0.27%。因此，对 5 年期互换利率的快速估计大概是3.44%（=3.17+0.27）。

更准确地说，让 E（Rs）为适用于 s 年中的一年期的（未来）无风险利率，即为在 s 年底到期的（未来）1 年期国债的利率，从表中得知 E（R1）= 2%。让 SS 为 5 年期掉期利率与 5 年期国债面值收益率之间的差额，可从表中得知，C = 3.17%。5 年期的互换交易是 1 年期的浮动利率 Libor、E（Rs）+ TEDs、固定利率、C + SS，与这些现金流的现值相匹配，我们得到：

$$\frac{2\% + TED_t}{(1+2\%)^1} + \frac{E(R_2) + TED_{t+1}}{(1+2.5\%)^2} + \frac{E(R_3) + TED_{t+2}}{(1+2.8\%)^3} + \frac{E(R_4) + TED_{t+3}}{(1+3\%)^4} +$$

$$\frac{(100 + E(R_5) + TED_{t+4})\%}{(1+3.2\%)^5} = \frac{(C+SS)\%}{(1+2\%)^1} + \frac{(C+SS)}{(1+2.5\%)^2} + \frac{(C+SS)}{(1+2.8\%)^3} +$$

$$\frac{(C+SS)}{(1+3\%)^4} + \frac{(100+C+SS)}{(1+3.2\%)^5}$$

注意，等式两边同时也包含 TEDs = 0 和 SS = 0，因为根据 C 的定义，等式右边等于票面值 100，而根据 E（Rt）的定义，它等于左边值。

将 b1）中的 TED 价差代入，我们得到：

$$\frac{0.40}{(1+2\%)^1} + \frac{0.28}{(1+2.5\%)^2} + \frac{0.232}{(1+2.8\%)^3} + \frac{0.213}{(1+3\%)^4} + \frac{0.205}{(1+3.2\%)^5}$$

$$= \frac{SS}{(1+2\%)^1} + \frac{SS}{(1+2.5\%)^2} + \frac{SS}{(1+2.8\%)^3} + \frac{SS}{(1+3\%)^4} + \frac{SS}{(1+3.2\%)^5}$$

这给出了答案，SS = 0.27%。在 b1）题中，简单的平均值等于舍入误差，因为无风险收益率曲线（表中国债的即期利率）并不那么陡峭。

因此，5 年期互换利率是 3.17% + 0.27% = 3.44%。

（两个答案都应接受，并给 5 分。但答题者须提到第一个答案仅是近似值，如果没提，最高 3 分）

c）

用 4 年的互换来覆盖滚动的短期借款，公司 X 支付固定利息并获得浮动利息。实际的支付将是：（Libor + 0.30）+（3.26 – Libor）= 3.56%。

问题 5 答案：

a）

2020 年 7 月 1 日的合约率固定在 JPY95/USD。由于 2020 年 7 月 1 日的即期汇率高于 JPY90/USD，2020 年 8 月 1 日的合约率保持在 JPY95/USD。

b）

使用平价条件，得出 6 个月的远期汇率为：

$100 \cdot e^{(0.01-0.02) \cdot (6/12)}$ = JPY99.5/USD

总共支付日元：

99.5 × 10 million USD = JPY 995 million

c）

2020 年 7 月 1 日的合约率再次固定在 JPY95/USD，既然 2020 年 7 月 1 日的即期汇率高于 JPY90/USD，2020 年 8 月 1 日的合约率为：

$95 \cdot \dfrac{90}{80}$ = JPY106.9/USD

d）

情形（i）：

如果 7 月 1 日日元贬值到 JPY120/USD，有对冲合约，将支付 45 百万日元 [= 10 百万 × （99.5 – 95）]，少于远期套期保值，250 百万日元 [= 10 百万·（120 – 95）] 少于未套期保值即期合约。

从题 a）开始，8 月合约率维持在 JPY95/USD。1 月 1 日，8 月 1 日交割的 7 个月远期汇率为 $100 \cdot e^{(0.01-0.02) \cdot (7/12)}$ = JPY99.4/USD。因此 8 月合约支付成本为 44 百万日元 [= 10 million × （99.4 – 95）] 少于于远期套期保值，少于未套期保值即期交易 250 百万日元。

情形（ii）：

然而如果 2020 年 7 月 1 日日元升值到 JPY80/USD，合约支付将再花费 45 百万日元少于远期套期保值，但会有 150 百万日元多于未套期保值即期合约交易 [= 10 百万 ×（95 – 80）]。

根据题 c），8 月合约率为 JPY106.9/USD。因此 8 月合约支付成本为 75 百万日元 [= 10 百万 ×（106.9 – 99.4）] 少于远期套期保值，269 百万日元高于未套期保值即期合约 [= 10 百万 ×（106.9 – 80）]。

问题 6 答案：

a）

既然理论期货的价格 F = $1\,000 \cdot \exp^{(2\% 3/12)}$ = USD 1 005 低于期货的市场价

格，你买入标的现货卖出期货。

当 t = 0 时，你按无风险利率借入 1 000 美元 3 个月，购买一股股票，卖出一份期货合约。

当 t = 3 个月时，你一定得到 $F = 1\,000 \cdot epx^{(2\%/3/12)} = USD\,1\,005$，你从期货交易中获得 1 020 美元交换你持有的股份。通过减法，你可以在 3 个月内赚到 1 020 - 1 005 = 15 美元。

b)

$$F = S \cdot e^{(r-y) \cdot t} = 10\,000 \cdot e^{(3\% - 1\%) \cdot 0.5} = 10\,100.5$$

c) —c1)

目前标准普尔 500 期货的理论价格是 $2\,000 \cdot epx^{(3.5\% - 1\%) \cdot 13/12} = 2\,054.9$

1 单位期货的价格是 2 054.9 × 250 = 513 725

因此 $N_f = \dfrac{1.5 \cdot 20.5 \text{ million}}{513\,725} = -59.86$，因此你要卖出 60 份合约。

[补充说明：

在本例中，贝塔值的估算结果如下所示。

$$\frac{\Delta S}{S} = \alpha + \beta \cdot \frac{\Delta F}{F} + \varepsilon$$

贝塔值表示由于期货价格变动率的变化而导致现货价格变化率的变化。因此：

$$\frac{\dfrac{\Delta S}{S}}{\dfrac{\Delta F}{F}} = \frac{F}{S} \cdot \frac{\Delta S}{\Delta F}$$

这意味着下面的对冲比率和贝塔系数之间的关系是正确的：

$$HR \equiv \frac{\Delta S}{\Delta F} = \beta \cdot \frac{S}{F}$$

从以下期货交易单位与标的资产数量之间的关系中可以发现要求的套期保值合同的数量。

$$N_f = -HR \cdot \frac{N_s}{K}$$

因此：

$$N_f = -\beta \cdot \frac{S}{F} \cdot \frac{N_s}{K} \cdot \text{Note that } S \cdot N_s \text{ 表达投资组合的价值。}]$$

c）—c2）

到年底，标普500指数为1 800。请注意，在一个月内到期的指数期货价格将是 $1\,800 \cdot \exp(3.5\% - 1\%) \times (1/12) = 1\,803.8$

因此，期货的利润为 $60 \times (2\,055 - 1\,803.8) \cdot 250 = \text{USD } 3\,768\,000$

连续复利的指数回报为：$r = \ln(1\,800/2\,000) = -10.536\%$

因此，根据CAPM，投资组合的预期收益率是：

$3.5\% + 1.5 \times (-10.536\% + 1\% - 3.5\%) = -16.054\%$

因此，投资组合的损失是：$20.5 \text{ million} \times [e^{-16.054\%} - 1] = -3\,040\,496$

这就产生了总利润 $3\,768\,000 - 3\,040\,496 = 727\,503$

c）—c3）

对冲投资组合的回报率是 $\frac{727\,503}{20\,500\,000} \times 100\% = 3.54\%$，而无风险资产的回报率是3.5%。

（2分）

理论上，一个完美对冲的投资组合应该有一个等同于无风险利率的回报。在目前的情况下，由于合同数量的四舍五入，两者之间的差别很小。

后　记

2024 版《注册国际投资分析师考试指定用书》是由中国证券业协会主持翻译、审定、出版的。具体翻译、审译工作分工如下：李明亮、陆宇建、何诚颖、李磊宁、杜冬云和邹洋、涂红、高洁、刘程、彭海兰同志承担了《经济学》《财务会计和财务报表分析》《公司财务》《股票估值与分析》《固定收益证券估值与分析》《衍生产品估值与分析》和《投资组合管理》的翻译工作，陆宇建、梅丹、邹洋、杜冬云、涂红、刘程同志承担了《财务会计和财务报表分析》《公司财务》《衍生产品估值与分析》《经济学》《股票估值与分析》《固定收益证券估值与分析》《投资组合管理》的审译工作。参加教材翻译、审译工作的人员有杨高宇、章耀、林珊珊、戴丹苗、路颖、吴一萍、周洪荣、朱蕾、王伟、臧赢鹏、陈海楠、黄桂勇、王伟豪、张眲、刘琬璐、任天一。

教材的翻译工作还得到了海通证券股份有限公司、国信证券股份有限公司、中航证券有限公司、南开大学、中央财经大学、对外经济贸易大学的帮助。

在本套教材的编辑出版过程中，中国财政经济出版社做了大量工作。

在此对以上各方参与专家、工作人员及相关单位一并表示衷心感谢！

中国证券业协会

2024 年 7 月